KB043643

카뮈, **침묵하지 않는 삶**

카뮈, 침묵하지 않는 삶

ALBERT CAMUS AND A LIFE WORTH LIVING

로버트 자레츠키 | 서민아 옮김

P 필로소픽

A LIFE
WORTH
LIVING

목차

"심지어 내 죽음을 가지고도 논쟁거리로 삼겠지. 그렇지만
오늘 내가 간절히 바라는 건 조용한 죽음, 내가 사랑하는 이들
에게 평화를 가져다줄 조용한 죽음이다."[1]

그가 바란 바는 아닐 테지만, 알베르 카뮈가 인생의 마지막 십 년
을 앞두고 쓴 이 예언은 결국 들어맞은 셈이다. 이 프랑스계 알제리
인 작가의 유산을 놓고 지난 수십 년간 논쟁이 끊이지 않고 있으니
말이다.

니콜라 사르코지는 프랑스 대통령으로 취임한 직후 알제리를 공
식 방문했다. 이 방문은 비상한 관심을 모았다. 프랑스가 식민지 지
배국이었다는 이유로 사과해야 할 필요는 없다는 식의 직설적인 발
언을 서슴지 않는 보수주의자로 평판이 자자한 그가 대통령 자리에
올랐다는 것이 부분적인 이유였다. 그의 여행 일정 가운데에는 지
중해가 내려다보이는 산악마을, 티파사Tipasa(알제리의 수도 알제 근
처에 위치한 옛 로마 유적지 ― 옮긴이)가 있었다. 티파사는 그 옛날
식민지 경영의 묘지로서 어마어마한 로마 유적을 자랑하는 동시에
카뮈가 짧은 인생 동안 여러 차례 순례한 장소이기도 하다.

카뮈의 가장 서정적인 에세이 가운데 두 편, 〈티파사에서의 결혼〉과 〈티파사로의 귀환〉에서 카뮈는 이 마을에 깊은 애정을 드러낸다. 첫 번째 에세이는 야망은 크나 변변치 않은 일을 전전하던 청년 카뮈가 1936년에 쓴 것으로, 티파사에서의 경험이 솔직하고 에로틱하게 표현되어 있다. "태양과 우리의 입맞춤과 대지의 야성의 향기 외에는 모든 것이 헛된 것으로 여겨진다. … 이곳에서 나는 질서와 절제를 다른 이들에게 맡겨버린다. 자연과 바다의 위대하고 자유로운 사랑이 내 마음을 온통 빼앗는다."[2]

약 20년이 흐른 뒤, 이제는 세계적으로 유명해진, 그리고 자기 회의에 가득 찬 작가로 카뮈는 다시 티파사로 돌아온다. 마을이 가까워지면서 카뮈는 제2차 세계대전이 끝난 직후 이곳에 왔던 기억을 떠올린다. 고대 유적지는 많은 풍상을 겪으며 변해버렸다. 그 옛날 그가 셔츠도 입지 않은 채 여자 친구들에게 둘러싸여 웃으며 포즈를 취하던 기둥들은 이제 군인들과 철조망에 둘러싸여 있었다. 전쟁 후 여행을 하는 동안 카뮈의 정신도 갇혀버린 것 같았다. 물론 미쳐 돌아가는 세계가 배경이었다. "제국은 무너지고 인류와 국가는 서로의 목에 칼을 꽂고 있었다. 우리의 입은 더럽혀졌다." 그런데 이제 한 젊은이도 길을 잃었다. "그 옛날 내가 사랑했던 곳 위에, 폐허가 된 신전의 비에 젖은 기둥들 사이에서, 나는 누군가의 뒤를 따라가고 있는 것 같았다. 묘비와 모자이크 위에서 여전히 그의 발걸음 소리를 들을 수 있지만, 다시는 그를 따라잡지 못하리라."[3]

그러나 이런 암울한 기억들은 훨씬 오래된, 그렇지만 동시에 "우리의 선박수리소나 잔해들보다는 역사가 짧은" 어떤 것에 자리를 내어준다. 카뮈는 티파사의 변함없는 아름다움이 현대사회의 광기를 완강하게 거부하고 있음을 발견한다. "나는 고대의 아름다움을, 젊은 하늘을 발견했다. 그리고 우리의 광기가 최악으로 치닫던 시절에도 이 하늘에 대한 기억만큼은 한 번도 내게서 떠난 적이 없음을 마침내 깨달으며 나의 행운을 가늠했다. 결국 절망으로부터 나를 구한 것은 바로 이것이었으니." 그때까지 알제리는 내전으로 휘청거리고 있었는데, 카뮈는 이미 촉발된 사건들에 대해 명확한 언급은 하지 않지만 미래에 대비해 어떤 각오를 하는 듯하다: "나는 내가 태어난 빛을 부인할 수도 없지만, 우리 시대의 책임을 거부하고 싶지도 않다."[4]

사르코지 대통령은 양국 국기를 열심히 흔들고 있는 많지 않은 군중 앞에 자세를 취하고 서서 바다를 응시하며, 수행원 가운데 한 사람이 〈티파사에서의 결혼〉의 한 구절을 암송하는 소리를 듣고 있었다.[5] 〈티파사로의 귀환〉은 해석이 너무 모호하거나 지나치게 정치적이었을까. 아무튼 환영 행사가 끝나자 '배우'와 '관객'들은 자기 차로 돌아갔고, 대통령의 차량 행렬은 다음 장소를 향해 이동했다. 카뮈 에세이의 손에 잡히지 않는 의미와 깊은 아름다움만큼이나 정치적인 가식에 무심한, 폐허가 된 사원과 젊은 하늘을 뒤로하고.

3년 뒤인 2010년, 카뮈 서거 50주년을 맞아 카뮈는 또다시 프랑스 정치의 중심에 놓이게 되었다. 사르코지가 카뮈의 유해를 팡테옹(프랑스의 위인들이 안치된 묘지, 파리의 센 강 좌안에 위치한다 — 옮긴이)으로 이장하자고 주장한 것이다. 좌익은 사르코지가 자신의 정치적 이익을 위해 카뮈의 유산을 "되찾으려" 한다며 당장 사르코지를 공격했다. 그들은 카뮈의 유해가 계속 루르마랭Lourmarin에 안치되어야 한다고 주장했다. 루르마랭은 카뮈가 전쟁 직후에 발견한 프로방스의 작은 마을로, 카뮈는 절친한 친구이며 시인인 르네 샤르René Char의 도움을 받아 사망하기 몇 년 전에 이곳으로 이사했다. 우익에게 카뮈는 아직 신보수주의라는 용어가 만들어지기 이전의 신보수주의자로서, 그들은 이런 비난이 충격이라고 입장을 밝혔다. 이러한 논쟁은 카뮈의 쌍둥이 자녀 사이도 갈라놓았다. 아들 장Jean은 아버지를 우익의 우상으로 만들어버리려는 사르코지의 노력을 비난한 반면, 아버지의 문학 유산을 관리하는 딸 카트린 Catherine은 카뮈를 "팡테옹에 안치하는 것"은 발언권이 없는 사람들을 대변하길 바랐던 카뮈 평생의 소망이 결실을 맺는 일이라고 생각했다.[6]

카뮈의 유해는 여전히 루르마랭에 안치되어 있지만, 그의 작품의 의미와 의의는 결코 그렇지 않을 것이다.[7] 그것은 부분적으로 그의 고국 알제리의 유산이기도 하기 때문이다. 알릭스 드 생 앙드레 Alix de Saint-André의 소설《팡테옹에 묻힌 아빠 Papa est au Panthéon》에는, 프랑스 대통령이 훌륭하게 살다가 고인이 된 베르거라는 작가 — 앙드레 말로가 은근히 희화화된 인물 — 를 팡테옹에 안치하기로 결정하자 정부가 그의 딸에게 접근하는 장면이 나온다. 동기는 역시나 정치적이다. 팡테옹의 책임자가 카뮈의 딸에게 말한 것처럼, 고인을 팡테옹에 안치하는 것만큼 경제적인 것은 없다. "학생들이 이곳을 찾을 테고, 공화국 수비대를 세울 것이며, 새 우표도 발행할 것이다. 그리고 이 모든 것에 전혀 비용이 들지 않는다." 정부의 홍보 또한 무상이고 자동적이며 엄청나다. 그런데 한 가지 주의할 사항이 있다. "우수 고객이 필요하다." "참여문학 작가들" 가운데 일부는 지나치게 광적인 가톨릭 신자(샤를 페기와 프랑수아 모리아크)이고, 그밖에는 과격한 열혈 공산주의자들(루이 아라공과 폴 엘뤼아르)이다. 일부는 레지스탕스 활동가로는 역부족이고(앙드레 지드), 나머지는 지나치게 괴짜다(마르셀 프루스트). 아, 사르트르? 사르트르는 말도 꺼내지 마시길, 책임자는 소리 내어 웃으면서 말한다. 그는 "여전히 늘 자격 미달"이라고. 그런 다음 카뮈에 대해 언급하는데, 알제리가 그의 자격을 인정하지 않았기 때문에 카뮈도 이 관문을 통과할 수 없다고 말한다.[8]

카뮈만큼 개인적 민족적 정체성을 둘러싸고 갈등을 겪은 작가도 드물다. 그는 피에 누아르Pied-noir였다. 피에 누아르는 19세기와 20세기에 유럽의 다른 지역에서 프랑스 알제리로 이주해 프랑스라는 한 국가의 시민이 되었지만, 프랑스어를 말하지 않고 프랑스 역사를 알지 못하며 어쩌면 살아생전 단 한 번도 프랑스 땅을 밟지 않는 사람들을 일컫는 이름이다. 그러나 당시 이런 사실은 중요하게 여겨지지 않았다. 알제리는 시민권을 빼앗긴 수백만의 아랍인과 베르베르족으로 이루어진 외국의 어떤 나라가 아니라 프랑스의 일부로 간주되었다. 1950년대에 카뮈는 그의 신화적 영웅 시시포스와 닮아 있었다. 그는 시시포스가 묶여 있던 기둥 대신 외국의 점령, 즉 프랑스의 점령에 대한 알제리의 저항이라는 비극적인 난관에 묶여 있었다. 수년 동안 카뮈는 아랍인과 피에 누아르 모두를 위하여 정의에 대한 요구를 충족시킬 해답을 찾느라 각고의 노력을 기울였으며, 불가능한 평화를 추구하기 위해 목숨의 위험도 불사했다. 그러나 결국 실패하여 침묵에 잠겼으며, 1960년 사망할 때까지 침묵을 지켰다.

알제리인 카뮈는 여전히 프랑스 여론을 분열시키는 반면, 알제리에서는 점차 많은 알제리 작가들이 카뮈를 알제리의 작가라고 주장하며 합의를 이끌기 위해 지속적으로 움직이고 있다. 이런 현상은 1990년대 중반 이후, 그리고 정부와 이슬람 근본주의자들 사이에서 벌어진 소위 제2차 알제리 전쟁 이후 특히 두드러졌다. 알제리 작가(그리고 아카데미 프랑세즈 회원)인 아시아 제바르Assia Djebar는 알제리의 정치적 순교자 대열에 카뮈를 합류시켰다. 제바르는 카뮈가 "알제리 문학의 선구자" — 피비린내 나는 도살장과 같은 알제리의 과거를 함께 응시하고 반성하기 위해 제바르가 그녀 측 사람들에게 일컫는 형제애적 인물[9] — 가운데 한 명이라고 주장한다. 마찬가지로 최근 프랑스에서 이슬람교 사원의 수가 부족한 것에 대해 논의가 벌어졌을 때, 《오랑의 카뮈》의 작가, 압둘카데르 제매Abdelkader Djemaï는 카뮈가 아랍 묘지의 아름다운 단순성에 감탄했음을 상기시킨다. 압둘카데르는 루르마랭을 방문했을 때 "그의 묘비가 고인이 된 내 가족의 묘비와 똑같다"는 걸 발견했다.[10]

이 알제리 작가들이 카뮈에게 끌리는 이유는 그가 알제리 작가라는 특이성보다는 카뮈가 가졌던 관심의 보편성 때문이다. 그렇지만 이것은 카뮈가 우리를 끊임없이 불편하게 만드는 또 다른 이유이기도 하다. 티파사에서든 파리에서든 카뮈의 모습은 평생 동안 일종의 절망적인 영웅 정신을 증언한 사람으로 남아 있다. 프랑스 공화국이 아랍인과 베르베르족을 대하는 태도에 대한 거센 비판, 비시 프랑스 정부의 반유대주의 법안에 관한 날카롭고 강력한 비난, 평생에 걸친 사형제도 반대, 전쟁으로 폐허가 된 알제리에서 비전투 민간인들에 대한 휴전을 협상하려는 용감한 노력 등, 이 모두는 삶과 사상의 일치를 추구했던 한 인간의 다양한 활동을 보여준다. 물론 때로는 이런 활동이 실패할 때도 있었다. 예를 들어, 독일의 프랑스 점령 말기 및 해방 초기에, 카뮈는 사형제도에 대한 뿌리 깊은 혐오감을 누르고, 전쟁 기간 동안 적군에 협력하여 프랑스인을 죽음에 이르게 한 이들의 사형을 정당화했을 뿐 아니라 강력히 요구하기도 했다. 그러나 카뮈가 마침내 이러한 입장을 버리고 자신의 잘못을 공개적으로 시인한 것은 그의 도덕적 회복력을 보여준다. 물론 그럼에도 불구하고 무자비한 재판을 서둘러야 한다고 촉구하는, 전쟁 시기에 그가 쓴 글들을 다시 읽노라면 여전히 간담이 서늘해지지만.[11]

이런 모순된 행동에서 우리는 카뮈가 지극히 인간적인 사람이었음을 떠올린다. 이것은 특히 오늘날 영웅에 대한 우리의 절실한 요구가 종종 무색해지는 지점이기도 하다. 어쩌면 보다 중요한 것은, 이러한 모순을 통해 카뮈 스스로 자신의 결함들을 알고 있었으며, 자신의 행동과 글로 이 결함들을 해명하려 애썼다는 걸 우리가 상기하게 된다는 사실일 것이다. 전쟁 중 사형제도에 대한 그의 입장에 관하여, 1948년 카뮈가 자신의 잘못을 인정한 주목할 만한 강연이 있다.(이 내용은 추후에 이야기하겠다.) 그리고 그의 짧은 소설《전락》을 부분적으로는 결혼 생활 동안 아내 프랑신 카뮈Francine Camus를 두고 상습적으로 부정을 저지른 이야기로 읽는 것도 어렵지 않다.(어쨌든 그의 아내는 이 책을 그런 식으로 이해한다. "다 내 덕이에요." 책이 성공적으로 출간되자 그녀는 남편에게 이렇게 말했다.)[12]

끊임없이 되풀이되는 이런 불안, 우리 자신의 행동 혹은 다른 사람들의 행동을 정당화함으로써 진정되는 이런 쓸쓸한 무력함, 자기 자신뿐만 아니라 주변 사람들에게도 늘 당연한 것으로 여겨왔던 신념들을 재고하게 만드는 이런 저주받은 재능이야말로 카뮈를 중요한 인물로 만드는 요소이다. 토니 주트Tony Judt(영국의 역사학자 — 옮긴이)의 주장대로, 카뮈는 "자신의 도덕적 불편함이라는 거울을"[13] 들여다보는 습관이 있었다. 그리고 그의 작품과 삶은 이제 우리에게 이 거울을 비춘다. 동시에 주트는 진정한 모럴리스트moral-ist(몽테뉴, 파스칼 등 인간성에 대한 성찰을 에세이나 단장의 형식으로 남긴 프랑스 작가들을 일컫는 말 — 옮긴이)란 "다른 사람을 불편하게 만들 뿐만 아니라 자기 자신도 최소한 똑같이 불안하게 만드는"[14] 사람으로 정의된다고 밝혔다.

모럴리스트는 도덕선생moralizer이 아니다. 도덕선생은 질문도 받기 전에 이미 대답을 갖고 있지만, 모럴리스트는 대답을 들은 후에야 질문을 던진다. 그리고 이 질문은 프랑스인의 말대로 데랑제dé-ranger, 즉 혼란스럽게 만드는 것이며, 글자 그대로 직역하면 기존에 정해져 있는arranged 질서를 어지럽히는 것이다. 그런 면에서 카뮈는 모럴리스트였다. 질문들은 카뮈를 고독과 허무주의로 이끈 것이 아니라, 오히려 연대의식과 긴급한 윤리적 요청으로 끌어당겼다. 카뮈는 세계는 부조리하며 아무 희망도 허용하지 않지만 우리는 절망에 빠져서는 안 된다고 주장하는 모럴리스트였으며, 결국 우리에게는 무심하고 말 없는 세계에 속한 서로가 전부임을 상기시키는 모럴리스트였다.

나는 우리의 가장 어두운 허무주의를 극복할 수 있는 근거만을 모색해왔다. 덧붙이자면, 그것은 미덕을 통해서라거나 어떤 보기 드문 정신의 고양에서 비롯된 것은 아니었다. 내가 태어난 빛, 인류가 수천 년 동안 고통 속에서조차 삶을 찬양하도록 배워온 그 빛에 대한 본능적인 충실함에서 나온 것이었다. … 쇠약한 이번 세기에 여전히 살아남은 무익하지만 고집스러운 그리스의 아들들에게, 우리 역사의 찌는 듯한 열기는 견딜 수 없는 것으로 여겨질지 모르지만, 그들은 이것을 이해하길 원하기에 결국엔 이 열기를 참아낸다. 우리의 과업이 비록 암울할지라도 그 한가운데에는 식을 줄 모르는 태양이, 오늘날 언덕과 평지를 가로지르며 외치는 바로 그 태양이 찬란하게 빛나고 있다.[15]

고통스러운 경험은 모럴리스트의 삶과 작품에서 핵심적인 것이다. 확실히 이 신념은 카뮈의 초기 에세이 《시지프 신화》의 직관적인 서두를 장식한다. "인생이 살 만한 가치가 있느냐 없느냐를 판단하는 것은 철학의 근본적인 질문에 답하는 것이다."[16] 많은 사람들에게 — 어쩌면 이 안에 속한다는 사실을 미처 인식하지 못하는 사람들을 포함해 — 이 문장은 여전히 근본적인 질문이다. 필연적으로 고통과 상실로 가득 차 있는데도 우리 인생은 여전히 가치가 있는 것일까? 카뮈에게 깊은 영감을 준 원천인 고대 그리스인들은 이 질문에 대해 추호의 의심도 없었다. 그들은 고통에는 그 나름의 이점이 있다고 생각했다. 카뮈가 사랑하는 그리스 비극 시인 아이스킬로스는 그의 작품《오레스테이아》에서 코러스를 통해 이렇게 선언한다. "우리는 진리로 향하기 위해 고통을, 고통을 겪어야 한다."[17] 그리스 비극에서 말하는 고통의 교육적인 역할에 관한 마사 너스바움Martha Nussbaum(미국의 법학자이며 윤리학자 — 옮긴이)의 언급 역시 많은 부분에서 카뮈와 일맥상통한다. "고통은 이러한 상황들 속에서 인생이란 그런 것임을 적절하게 인정하는 것이기에, 고통을 통해 일종의 앎을 얻을 수 있다."[18] 그리스 비극의 특징은 해답이나 해결을 거부한다는 것이다. 대신 "갈등을 명확하게 묘사하고 바라보며, 그것으로부터 벗어날 길이 없음을 인정하는 능력에 그 가치를 둔다. 행위자가 할 수 있는 최선은 고통을 통해 자기 성품의 장점이 자연스럽게 표현되도록 만드는 것이며, 그릇된 낙관주의로 이 반응들을 억압하지 않는 것이다."[19]

물론 이 의견은 카뮈의 작업과 생애에 해당하는 내용이지만 우리도 주의를 기울여야 한다. 카뮈에게 고통은 세상에 대한 해답이 아니라 부조리한 상태에 대한 인식이었다. 마지막 작품《최초의 인간》뿐 아니라 〈티파사에서의 결혼〉 같은 초기 에세이들이 황홀한 힘으로 상기시키듯, 카뮈는 세상을 사랑했다. 그는 세상의 아름다움에 무관심한 사람들, 그의 고향 지중해 풍경의 관능적인 매력을 알지 못하는 사람들, 동료에게 신의가 없는 사람들을 거북하게 여겼다. 모럴리스트가 된다는 것은, 에피쿠로스 학파가 이해한 것처럼, 관능주의자가 되어야 한다는 의미다. 카뮈가 "겨울의 한가운데에서 나는 마침내 결코 사라지지 않을 여름이 내 안에 있다는 걸 깨달았다"[20]라고 조금도 감상적인 기색 없이 선언할 수 있었던 것은 그의 현실이 고통스러웠기 때문만이 아니라 그가 우리의 세계에 뿌리를 두었기 때문이다.

내가 카뮈에 관한 첫 번째 책 《알베르 카뮈: 인생의 원리*Albert Camus: Elements of a Life*》를 썼을 때, 나는 그의 사상과 작품들을 그의 인생에서 중요한 네 가지 순간에 위치시키고, 그 시기의 전후 맥락을 통해 각각의 의미를 설명하려 했다. 그때도 그랬지만 역사학자로서 나는 지금도 그런 접근법을 활용하는 것에는 어느 정도 타당한 근거가 있다고 믿는다. 그런데 그 책이 완성될 무렵 다소 불만족스러운 생각도 들었다. 역사적인 맥락에 얽매인 나머지, 우리가 카뮈의 작품들과 오랫동안 연관지어온 몇 가지 지성적 또는 도덕적 주제들을 경시했다는 생각이 든 것이다. 어떤 주제는 부조리처럼 인간 조건의 요소이고, 어떤 주제는 충실함이나 절제처럼 인류가

갖춰야 할 미덕이며, 어떤 주제는 침묵이나 반항처럼 우리 삶의 근본적이고도 윤리적인 양상이다. 요컨대 나는 그 주제들이 살 만한 가치가 있는 인생을 정의하려는 우리의 노력에서 필수적인 부분이라고 믿는다.

I
ABSURDITY

1. 부조리

"정말로 중요한 단 하나의 철학적 질문이 있다. 바로 자살이다. 인생이 살 만한 가치가 있는지 그렇지 않은지를 판단하는 것은 철학의 근본적인 질문에 답하는 것이다. 그밖에 모든 것은 … 아이들 장난이다. 우리는 무엇보다 먼저 이 질문에 대답해야 한다."[1]

20세기의 가장 유명한 문제제기 가운데 하나인 알베르 카뮈의 《시지프 신화》 첫 문장에 대해 잘 나가는 소설가이자 지식인인 앙드레 말로는 불만을 표했다. 프랑스에서 가장 권위 있는 출판사 갈리마르의 편집위원으로서 알베르 카뮈의 다른 원고인 《이방인》에 깊은 인상을 받았던 말로는 새 작품이 부자연스럽고 난해하다고 여겼다. "시작 부분이 조금 걸리는군요." 말로는 저자에게 조언했다. "이 에세이가 자살의 관점을 취하겠다고 분명히 밝힌 마당에, 그 주제를 너무 자주 반복할 필요는 없습니다."[2]

하지만 말로가 틀렸다. 이 에세이는 자살의 관점이 아니라 인간의 부조리한 조건이라는 관점을 택한 것이다. 카뮈는 어느 날 우리가 "문득 환상과 빛을 상실한 우주" 안에 있다는 걸 발견한다면, 그럼에도 불구하고 의미를 주장하지만 오히려 "세계의 불합리한 침묵"만 들을 뿐이라면, 그리고 이 침묵의 결과를 충분히 받아들인다면, 자살이 돌연 유일한 대응책으로 대두될 것이라고 단언한다.[3] 말로의 혹평에도 불구하고, 이 에세이의 유명한 첫 문장에 우리가 여전히 주의를 기울여야 하는 것은 바로 이 때문이다. 이 질문이 계속 제기된다는 것은, 그것이 역사적 전기적 관심사 이상의 의미를 지니기 때문이다. 우리의 의미 추구와, 아무것도 얻지 못한 채 무위로 끝날 수도 있는 그 결과는 영원히 긴급한 문제다.

그러나 이 질문에 맞닥뜨릴 때 우리는 전통적인 철학이 길잡이가 되지 못한다는 걸 발견한다. 철학자들은 카뮈의 말대로 "대단히 절제된 동시에 감정으로 가득한"[4] 이런 주제에 매력을 느끼지 않는다. 아마도 이런 까닭에, 많은 전문 철학자들은 이 질문이 형식적 범주의 혼동이나 언어의 오용에 의해, 마치 불순물이 섞인 개울처럼 탁하게 반짝거리는 잘못된 문제라고 주장해왔으며, 일부 철학자들은 지금도 같은 주장을 하고 있다. 그러나 다른 의견을 말하는 철학자들도 있다. 이들은 철학자 집단이 오늘날 우리 삶에 굳건하게 버티고 있는 부조리의 존재를 파악하지 못하고 있다고 비판한다. 로버트 솔로몬Robert Solomon(텍사스 대학교 철학 교수 — 옮긴이)의 주장대로, 부조리는 "우리의 일상성을 오염시키고, 우리의 모든 경험에 무의미의 빛을 던진다 … 우리는 보다 빨리 움직이려고 필사적으로 노력하지만 결국 어디에도 가지 못하거나, '자기 자신을 위문하려' 애쓰는 자신을 발견한다."[5] 철학자 토머스 네이글Thomas Nagel은 이보다는 덜 과장되지만 역시나 강한 어조로, 부조리와 이른바 "무관점의 관점the view from nowhere"을 비교한다. 이 관점은 우리를 일상의 주관적인 경험으로부터 떼어놓고, 우리에게 외부의 관점 ― 우리가 인생에 대해 갖는 사견과 가정을 뒤흔드는 관점 ―을 취하도록 강요한다. 또한 이 관점은 우리에게 평범하고도 무력한 진실 ― 우리는 결코 살아있을 필요가 없다거나, 우리가 죽어도 세상은 희미한 떨림조차 없이 여전히 계속될 거라는 ― 을 강요한다. 외부로부터 우리 자신을 보는 것에 대해 네이글은 "우리의 삶을 중요한 것으로 생각하기 어렵다는 걸 발견하게 될 것"이라고 말한다. 바로 그런 순간에 우리는 부조리 ― "우리가 무시할 수 없는 진짜 문제"[6]―와 맞닥뜨리게 된다.

이런 이유로 카뮈는 철학의 전통적인 어휘와 기법을 뒤에 남겨두기로 결정했다. 《시지프 신화》는 일련의 논증보다는, 오히려 일부는 내밀하고 일부는 문학적이며 대부분은 절박하고 명료한 느낌을 주는 인상들의 다발로 구성되어 있다. 《시지프 신화》는 카뮈가 모범으로 삼는 인물인 미셸 드 몽테뉴의 작품들과 유사한 에세이다. 이 책에서 카뮈는 포획하려는 의도보다는 그저 계속해서 추적할 목적으로 철학 ― 우리는 누구인가, 우리는 어디에서 의미를 찾을 수 있는가, 과연 의미를 찾을 수는 있는가, 우리 자신과 세계에 대해 우리가 진정으로 알 수 있는 것은 무엇인가 ― 이라는 영원한 먹이를 쫓는다. 몽테뉴가 자신의 자화상이 계속 바뀌는 걸 걱정하지 않은 것처럼, 카뮈 역시 자신의 작품에 "잠정적인 어떤 것"이 남아 있는 것을 걱정하지 않았다.[7] 사실상 카뮈는 철학자 모리스 메를로 퐁티가 몽테뉴의《수상록》에 대해 주장한 내용 —"자기 자신에 대해 경악하는 의식을 인간 실존의 핵심에 두었다"[8] — 을《시지프 신화》를 통해 성취한다.

그러나 카뮈의 경우 이런 경악은 의미를 내어놓지 않으려는 세계와 우리가 대립하는 것에서 기인한다. 그리고 이런 일은 우리의 의미에 대한 요구가 세계의 확고부동하고 절대적인 무관심에 부딪쳐 산산이 부서질 때 일어난다. 결국 부조리는 자율적인 상태가 아니다. 부조리는 세계 안에 존재하는 것이 아니라, 오히려 우리를 무언의 세계와 갈라놓는 심연으로부터 방출되는 것이다. "세계 자체는 합리적이지 않으며, 우리가 말할 수 있는 건 이것이 전부다. 그러나 부조리란 이 비합리적인 세계와 인간의 가슴 속에서 메아리치는 명료함을 향한 열망 사이의 대립이다. 부조리는 세계 못지않게 인간에게도 달려 있다. 지금으로서는 인간과 세계를 한데 묶어주는 것은 부조리뿐이다."[9]

카뮈는 부조리한 추론은 전통적인 철학과 달리 절박하게 밀려든다고 경고한다. 예컨대 그는 존재론적 논증을 위해 죽은 사람은 아무도 없다고 주장한다. 심지어 부조리를 탐구한 위대한 사람들, 확고한 결론에 도달하기 위해 헌신한 사상가들조차 거의 예외 없이 마지막 순간에는 이 여정으로부터 방향을 돌렸다. 카뮈는 부조리와의 눈싸움에서 키르케고르가 먼저 눈을 깜박였다고 선언한다. 이 덴마크 사상가의 "신앙의 도약"은 명료함과 논리라는 영웅적 행위와는 거리가 멀었으며 결국 철학적 자살에 이른다. 키르케고르는 부조리가 지배하는 세상 속으로 뛰어드는 대신 신에게로, 다시 말해 그가 "부조리의 속성들: 부당함, 모순, 불가해성"[10]을 부여한 대상에게로 물러난다. 키르케고르는 아무리 부조리한 신이라도 불가해한 무無보다 낫다고 고백한다.

"이 무한한 공간의 침묵"에 두려움을 느낀 것으로 유명한 초기 기독교 사상가, 블레즈 파스칼과 마찬가지로, 키르케고르는 부조리함 속에서 살아지는 인생을 바라보며 두려워했다. 그러나 카뮈는 부조리한 인간에게 "진리를 추구하는 것은 얻고 싶은 것desirable을 추구하는 것이 아니다"[11]라고 주장한다. 그러나 또 한편 우리가 세계의 침묵을 보다 예리하게 들을 수만 있다면, 탐구를 중단해서는 안 된다고 단언한다. 사실상 침묵은 인간이 그 안에 개입할 때 소리를 낸다. "침묵이 제 목소리를 내야 한다면" 그 소리를 들을 수 있는 사람들이 불가피하게 그것을 요구하기 때문이다.[12] 그런데 침묵이 계속된다면 우리는 어디에서 의미를 찾아야 할까? 의미를 찾을 수 없다면 우리는 어떻게 해야 할까? 한때 종교가 제공했던, 세계와 그 안에 거주하는 인간에 대한 선험적 정당화의 확신 없이 우리는 삶을 살 수 있을까?

카뮈는 이 질문은 "구원을 호소하지 않고도 사는 것이 가능한지 알아내기 위한 것"[13]이라고 결론을 내린다.

문학과 철학의 원천으로서 부조리는 1936년 5월 카뮈의 일기에 처음 등장한다. 그리고 같은 달에 카뮈는 알제 대학에서 신플라톤주의를 주제로 한 자신의 학위 논문을 발표했다. 그는 "철학적 과제: 부조리"를 연구와 집필 계획의 일부로 정했다.[14] 2년 뒤인 1938년 6월, 부조리는 또다시 그가 처리해야 할 과제 목록에 나타나고, 같은 해 말에 세 번째로 언급된다. 아직은 주로 연구와 숙고의 단계지만, 카뮈는 세 가지 다양한 분야 — 소설가, 극작가, 에세이스트 — 를 통해 거의 동시에 이 과제에 접근하기로 결심했다. 그의 희곡 〈칼리굴라〉는 1945년에야 초연되었지만, 집필은 1938년에 이미 시작되었다. 《이방인》은 1940년 5월에 독일이 아르덴을 돌파하기 바로 며칠 전에 초고가 완성되었다. 그리고 같은 시기, 영원히는 아니더라도 프랑스가 여전히 튼튼하고 안전하게 보이던 때에, 옛 스승인 장 그르니에에게 "부조리에 관한 시론"[15]이라고 설명한 작업에 매달렸다.

같은 시기에 카뮈는 부조리에 대한 해답을 찾기 위해 고심하는, 아직 무명인 또 한 명의 젊은 프랑스 작가를 발견했다. 1938년에 베테랑 기자, 파스칼 피아는 독립신문 《알제 레퓌블리캥*Alger républicain*》을 창간하고 카뮈를 고용했다. 카뮈는 이 신문사의 곤궁한 형편을 감안할 때, 서평가로서의 업무를 비롯해 많은 업무를 한꺼번에 정신없이 수행하게 되리라는 걸 재빨리 파악했다. 이때 장 폴 사르트르의 두 권의 얇은 책, 《벽》과 《구토》가 곧 카뮈의 관심을 끌었다. 주목할 만한 이 두 작품에서 사르트르는 순전히 우연으로 넘쳐나는 세계를 묘사했다. 사르트르는 궁극적인 정당화나 외적 정당화가 없는 사건들의 물살에 갇히게 되면, 우리는 구토감에 사로잡히고 만다고 말했다. 한때 의미로 가득 찼던 사건들이 사실상 제멋대로 벌어진 일이었음을, 한때 우리가 의미를 부여했던 행위들이 단지 기계적인 것에 불과했음을, 한때 우리의 고향이었던 세계가 전혀 생경한 것이었음을 깨달을 때 우리는 구토감을 느끼게 된다고 말이다.

그러나 그 설득력에도 불구하고, 카뮈는 이 소설들이 일종의 실존주의적 유아론에 불과한 내용이라고 주장했다. 확실히 《벽》에서 전달하는 "강렬하고 극적인 우주"는 대단히 인상적이지만, 자유를 가지고도 아무런 의미 있는 행위를 할 수 없는 인물들을 우리는 어떻게 이해해야 할까? 마찬가지로 《구토》에 대해서도 카뮈는 세계의 질식할 것 같은 밀도라는 사르트르의 표현에 감탄했지만, "인생은 비참하기에 비극적이다"라는 결론은 잘못이라고 주장했다. 오히려 우리가 인생을 비극적으로 느끼는 이유는 세계의 "불가항력적이고 아름다운" 본질에 있다 ─ 아름다움도, 사랑도, 위험도 없는 "인생은 너무 안이할 것이다." 한창 젊은 시절부터 카뮈는 이렇게 단언했다. "인생이 부조리하다는 것을 아는 것은 목표가 될 수 없으며, 단지 시작일 뿐이다. … 나의 흥미를 끄는 것은 [인생의 부조리한 속성들에 대한] 이러한 발견이 아니라, 우리가 이 부조리로부터 끌어내야 하는 결과와 행위의 법칙들이다."[16]

나이는 젊었지만 카뮈는 부조리의 경험이 풍부했다. 유아기 땐 마른Marne 전투의 무목적적인 아수라장 속에서 아버지를 잃었고, 건장한 십대 시절엔 어느 날 기침을 하다 피를 토해 폐결핵에 걸렸음을 알게 되었으며, 《알제 레퓌블리캥》에서 기자로 일할 땐 자유와 평등이라는 프랑스 공화국의 보편적인 가치 뒤에서 식민지 통치 하에 살고 있는 아랍인과 베르베르족의 암울한 현실을 발견했고, 신문 편집장을 지낼 땐 열성적인 반전주의자로서 세계대전은 얼마 든지 피할 수 있었다는 비현실적인 주장을 펼치며 전쟁의 부조리함 을 맹렬하게 비난했으며, 폐결핵으로 병역을 면제받았을 땐 평화 주의자이지만 그럼에도 불구하고 군에 입대하기 위해 애썼다. "이 전쟁이 부조리를 막지는 않지만, 이 게임으로 우리의 목숨이 희생 될 수 있으므로 우리는 게임에서 물러설 수 없다."[17]

한 마디로 카뮈는 이미 부조리한 세상에서 얻는 교훈들에 온 관 심을 집중했다. 그는 이 확신을 독자들뿐 아니라 약혼녀인 프랑신 포르Francine Faure와도 공유했다.(두 연인은 시몬 이에Simone Hiré와 카 뮈의 이혼 최종 승인을 기다리고 있었다. 화려하고 매혹적인 여인 시몬 이에는 약물 중독 상태였으며, 그녀의 중독을 치료하기 위한 카뮈의 노력 은 번번이 좌절되었다.) 카뮈는 프랑신에게, 거의 모든 사람이 전쟁 이 불합리하다고 생각하지만, 모두들 늘 살아온 방식대로 삶을 살 아가기 때문에 불합리한 부분이 있다 해도 거의 느끼지 못한다고 말했다. 그러나 그는 이러한 통찰의 윤리적인 결과들에 관심이 있 었다. "내가 도출하고 싶은 것은 명철하고도 신중한 휴머니즘적 사 고방식이다. 그것은 백일몽이 아닌, 있는 그대로의 삶과 직면하는 특정한 형태의 개인적 행위이다."[18]

카뮈가 이 같은 결론을 강조하는 바람에 《알제 레퓌블리캉》은 1940년에 결국 폐간을 당했다. 카뮈는 아랍인과 베르베르족에 대 한 정부 당국의 처사를 가차 없이 공격해 가뜩이나 지방 당국의 미움을 받고 있었는데, 1939년 9월에 프랑스가 전쟁을 선포하자 공격의 수위를 한층 높였다. 또한 카뮈는 "인간의 존엄성을 가치 있게 여기지 않는 짐승 같은 국가"인 히틀러 독일에 어떤 환상이 있는 것도 아니지만, 그렇다고 해서 프랑스 지도자들이 청렴결백하다거나 의식이 똑바로 박혀 있다는 환상을 키울 생각도 없었다.[19] 카뮈는 전쟁을 향한 진군 속에서 힘없는 사람들 — 노동자들, 농부들, 소상인들, 점원들 — 이 대가를 치르게 될 거라고 확신했다. 1914년에 자신의 아버지가 그랬던 것처럼. (그는 독일 나치당에 무력으로 대항하지 않는다 하더라도 마찬가지로 프랑스 및 기타 국가의 힘없는 사람들이 대가를 치르리라는 것을 아직 이해하지 못했다.) 검열관들은 대중의 사기를 유지시키는 데 필사적이었기 때문에 신문의 1면 기사를 탄압하는 강도가 점차 심해졌다. 카뮈 역시 볼테르의 《철학사전》 가운데 '전쟁'에 관한 항목과 같은 고전 문학의 구절들을 인쇄해 신문의 삭제된 공간을 메우는 등, 검열관을 따돌리려고 노력했다. 그러나 이런 노력도 공무원의 가위질에서 살아남지는 못했다.

11월에 카뮈는 일기에 이렇게 털어놓았다. "이것을 이해하자. 우리는 인생의 의미 일반에 대해서는 절망할 수 있지만, 인생의 의미가 띠는 특정한 형태에 대해서는 절망할 수 없다. 우리는 존재에 대해 아무런 힘이 없으므로 존재에 대해서는 절망할 수 있지만, 개개인이 무엇이든 할 수 있는 역사에 대해서는 절망할 수 없다. 오늘날 우리를 죽이는 것은 개인들이다. 그렇다면 개인들이 왜 세계에 평화를 가져다줄 수는 없겠는가? 너무 거창한 목적을 생각하지 말고 그냥 시작해야 한다."[20] 실존주의적 세계관에 수반되는 수동성을 견딜 수 없어 하는 카뮈의 조바심과 그의 엄격한 직업윤리가 반영된 이 같은 신념은 "우리의 입장"이라는 표제의 신문 1면 기사에도 동시에 드러났다. 편집장 파스칼 피아와 카뮈는 점점 줄어드는 지면에 흰색 체크무늬가 점차 늘어가는 이유를 독자들에게 설명하려 애썼다. 우선 그들은 검열 제도의 존재 자체를 맹비난하면서, "국가의 사기를 유지시키기 위해 자유로운 발언이 억제될 필요가 있다는 궤변"을 일축했다. 그리고 "고통 앞에서 움츠러들고 기쁨을 열망하는 인간적인 진실을 옹호할 권리"를 주장하고, "선의를 지닌 인간들은 절망을 거부하며, 대신 우리의 집단 자살을 막아줄 가치들을 보존하고 싶어할 것"이라고 단언했다.[21]

이 글은 결국 편집자들의 마지막 기사가 되었다. 2개월이 채 안 되어 정부 당국은 신문을 폐간시켰고 카뮈는 실직했다.

파리에 연줄이 있는 피아 덕분에, 카뮈는 1940년 3월 말에 재계의 거물인 장 프루보스트Jean Prouvost 소유의 대중 일간지《파리 수아르Paris-Soir》에 곧 자리를 얻었다. 음침하고 때 묻은 자본이 마뜩찮은 카뮈는 이 신문의 지나치게 감상적인 스타일에 신물이 났다. 카뮈는 이렇게 썼다. "《파리 수아르》지는 감상주의, 예쁜 글, 자아도취 같은, 냉혹한 도시에서 인간이 스스로를 보호하기 위해 사용하는 온갖 끈적대는 말들로 물들어 있었다." 그는 이런 비겁한 전략들이 감추고 있는 황량한 현실, 즉 그가 임대해 살고 있는 지저분한 호텔 생활에서 확연하게 드러나는 현실에 직접 부딪치는 편이 훨씬 낫다고 주장했다. 어느 날 같은 호텔에 묵고 있던 투숙객이 3층에서 마당으로 몸을 던져 자살했다. 불과 서른 살의 여자였다. "살아가기에 충분한, 그리고 어느 정도는 살았으므로, 죽기에도 충분한 나이였다…" 그는 이렇게 끝을 맺었다. "이마가 3인치 찢어진 채로. 죽기 전에 그녀는 '드디어'라고 말했다."²²

그렇다, 드디어. 전쟁 중이지만 아직 싸우지는 않고 있던 1940년 3월 말, 프랑스는 이와 똑같은 말을 할 준비가 되어 있었다. 프랑스는 독일과 반 년 이상 전쟁을 치렀지만 그것은 이상한 전쟁이었다. '기묘한 전쟁drôle de guerre'(나치 독일의 1939년 9월 폴란드 침공에서 1940년 5월 프랑스 공격까지 8개월간의 전쟁 — 옮긴이)이라고 일컫는 이 전쟁 기간 동안 두 나라는 서로를 향해 거의 총 한 방 쏘지 않았다. 아이들은 등에 책가방을 매고 폴짝폴짝 학교로 뛰어갔고, 음식점과 카페의 테이블은 사람들로 붐볐으며, 나이트클럽과 극장 공연에는 관객들이 가득 찼다. 파리 오페라 극장에서 다리우스 미요의 〈메데아Médée〉 세계 초연 리허설이 이루어지는 동안, 파리 시민들은 대중가요 가사 "우리는 지크프리트선(제2차 세계대전 직전에 히틀러가 프랑스와의 국경에 구축한 요새선 — 옮긴이)에 빨래를 널 거야"를 흥얼거리고 있었다. 한편 영화배우이자 가수인 모리스 슈발리에는 히트곡, 〈파리는 여전히 파리Paris Reste Paris〉에 이어 〈훌륭한 프랑스인들Ca fait d'excellents français〉을 발표했다. 물론 슈발리에가 칭송한 이 훌륭한 프랑스인들 — 은행가와 제빵사, 공산주의자와 보수주의자, 농부와 파리 도시민 — 은 지금이야 독일에 대항하느라 똘똘 뭉친 것처럼 보이지만, 불과 몇 달 전만 해도 서로 죽일 듯이 으르렁댔다. 사람들은 특유의 미소를 띤 슈발리에의 칭송이 진심이냐 냉소냐를 놓고 의견이 분분했다.[23]

어느 신문이든 같은 문제가 되풀이되었다. 1940년 겨울과 이른 봄에는 신문의 1면마다 프랑스 정치 지도자들의 근면함, 군 지도부들의 탁월함, 군인들의 용감함을 떠들어대는 한편, 점점 늘어나는 신문 공란에는 이런 내용들을 반박하는 기사들은 모조리 묻어버리겠다는 정부 검열관의 결의가 드러났다. 지난겨울 노르웨이 침공에서 독일군이 승리한 것은 프랑스의 전략적 계획의 일환인 것처럼 묘사하는 반면, 동부 전선에서 별다른 움직임이 없는 것은 난공불락의 마지노선Maginot Line(제1차 세계대전 이후 프랑스가 독일군의 공격을 저지하기 위해 구축한 요새선 — 옮긴이) 덕분이라고 주장했다. 정부가 신설한 정보부에서 권장하는 신문 헤드라인, 가령 "우리는 이긴다, 우리가 가장 강하므로" 같은 헤드라인들은 정부의 형편없는 전략적 상상력과 정보 탄압을 가리기 위한 것이었다.[24]

가짜 전쟁이라는 익살스러운 부조리는 불현듯 근본적으로 완전히 다른 차원의 부조리에 급하게 자리를 내주었다. 5월 중순에 독일군이 기갑부대를 동원해 양면으로 공격을 개시한 것이다. 한쪽은 네덜란드와 벨기에를 통해 서쪽을 휩쓸었고, 다른 한쪽은 프랑스군 사령관들이 난공불락이라고 주장해온 마지노선의 정북 쪽 삼

림지대, 아르덴에 일격을 가했다. 사흘이 채 지나지 않아 기갑사단들이 프랑스 북부의 도시 스당 Sedan으로 밀고 들어오자, 사람들은 한시바삐 유례를 찾아볼 수 없는 대이동을 감행했으며 그 첫 번째 물결이 남쪽을 향해 흘러들었다.

이렇게 '대탈출 Exodus'이 시작되었다. 동시대의 한 작가가 말한 것처럼 "성경 속의 사건만이 이 같은 인류의 급격한 동요를, 나라의 한 지역에서 다른 지역으로의 대이동을 설명할 수 있었다. 이것은 과거를, 다시 말해 자칼들이 배회하던 역사의 황무지를 특징짓는 혼돈의 도래를 보여준다."[25] 7월 초, 벨기에, 북부 프랑스, 파리 등지로부터 6백만 명이 넘는 남녀와 아이들이 프랑스를 통해 남쪽으로 줄줄이 흘러들었다. 아니, '흘러들었다'는 말은 오해의 소지가 있다. 민간인들이 빽빽하게 늘어선 행렬과, 여기에 가세한 점점 불어나는 수많은 군인들과, 자동차와, 말이 끄는 수레와, 자전거들이 서로 거칠게 밀고 밀리는 장면을 묘사하려면 차라리 '엉겨 붙는다'는 표현이 더 정확하다. 엔진에 연료가 떨어지거나 타이어에 펑크가 나면 주인은 길가에 차량을 버려둔 채, 걸어서 갈 수밖에 없는 대부분의 피난민 대열에 합류했다. 무수한 사람들로 이루어진 느리게 흐르는 이 강물은 독일의 급강하 폭격기 슈투카 Stuka의 먹이가 되었을 뿐 아니라, 민정 당국의 총체적 붕괴의 희생자가 되었다. 실제로 프랑스 정부가 우물쭈물 몇 주를 보낸 뒤 마침내 6월 9일에 파리에서 대피하라는 결정을 내렸을 땐, 이미 영토의 상당 부분을 잃은 뒤였다. 한편 정부가 보르도에서 클레르몽페랑으로, 비시로 달아나는 동안, 통신망은 무너지고 지역 대표들은 어찌할 바를 모른 채 무력하게 남겨졌다. 프랑스 공화국의 일상생활이 펼쳐지던 무대장치가 순식간에 무너져버렸다.

하지만《파리 수아르》의 명령 계통은 그대로 유지되었다. 프랑스 최고사령부보다 훨씬 정확한 선견지명과 계획이 있었던 프루보스트는 파리가 위태로운 상황에 처할 경우를 대비해, 몇 주 전부터 신문을 계속 발행할 수 있는 지역들을 샅샅이 뒤지기 시작했다. 그는 프랑스 중부에 있는 오베르뉴 지방의 대표 도시 클레르몽페랑을 선택했다. 이 도시는 전선에서 멀리 떨어져 있을 뿐 아니라《르 모니퇴르 Le Moniteur》(나폴레옹 시대의 프랑스 최대 일간지. 프랑스 혁명 당시 시민을 옹호했으나 시민의 힘이 약해지자 왕정 편으로 입장을 바꾸는 등 시류에 따라 논조가 달라진 것으로 유명하다. 현재는 폐간되었다. ─ 옮긴이) 신문의 본거지이기도 했으며, 이 신문의 편집장 피에르 라발은 프루보스트와 인쇄기를 함께 사용하는 데 동의했다.《파리 수아르》는 6월 2일에 파리에서 마지막으로 발간되었으며, 카뮈를 포함한 나머지 직원들은 재빨리 짐을 꾸려 대탈출 대열에 합류했다.

그 무렵 파리 시민들은 북쪽에서는 포성의 메아리를 듣고, 서쪽에서는 비축 휘발유가 연소되는 냄새를 맡았지만, 피난을 감독하는 공무원들은 어디에서도 찾을 수 없었다. 정부가 남긴 빈자리는 재빨리 소문과 혼란, 공포로 메워졌다.《파리 수아르》의 차량 가운데 한 대를 클레르몽페랑까지 운전하기로 한 카뮈는 옆 좌석에 교정직원 한 명과 뒷좌석에 편집부 직원 한 명을 동석하고 남쪽으로 향했다. 다음 날 밤, 마침내 자동차가 철컥하는 소리를 내며 클레르몽페랑에 들어섰을 때, 연료탱크는 바닥이 드러나고 엔진후드 아래에서는 연기가 새어나왔다. 카뮈는 운전석에서 뛰어내려 서둘러 트렁크로 향한 뒤 트렁크를 비집어 열고 안도의 한숨을 내쉬었다. 원고로 가득 찬 서류 가방이 여전히 그대로 있었다.

카뮈는 부조리란 "겪어내야 하는 경험, 출발지점, 그리고 실존에 있어서 데카르트의 방법적 회의에 해당하는 것"[26]이라고 말했다. 서류 가방에 들어 있던 원고 가운데 하나인 소설《이방인》은 바로 이 경험을 재현한다. 그러나 카뮈는 데카르트의 길을 따르지 않았다. 독일에서 눈 때문에 발이 묶인 데카르트는 난로 불을 지핀 방안에 틀어박힌 채 회의주의라는 악령에 맞섰다. 반면 카뮈는 세계의 침묵과 맞서기 위해 자신의 이야기 속 주인공인 뫼르소를 알제의 태양이 내리쬐는 거리와 해변으로 내보냈다.

많은 독자들이 이미 이 이야기를 알고 있지만 ─ 어쨌든《이방인》은 1942년 출간 이후 70여 년 동안 여전히 갈리마르 출판사의 베스트셀러 가운데 하나니까 ─ 그럼에도 불구하고 이 책은 여전히 우리의 예상을 뒤엎는다.[27] 한낮의 알제 거리만큼이나 군더더기 없는 언어로, 카뮈는 자기성찰이 주는 그늘을 가져본 적 없는 한 등장인물을 창조한다. 사랑을 할 줄 모르는 연인이자 어머니의 죽음을 슬퍼할 줄 모르는 아들, 아무런 동기 없이 사람을 죽인 살인자인 뫼르소는 과거도 미래도 생각하지 않은 채 살아가지만, 끝없이 이어지는 현재의 순간순간 속으로 미끄러져 들어간다. 어머니가 돌아가신

양로원으로 여행을 가고, 해변에서 만난 여인과 성관계를 하며 주말을 보낸 뫼르소는 주말이 끝날 무렵 마을의 큰길이 내려다보이는 테라스 의자에 걸터앉는다. 정오부터 밤까지, 그는 담배를 피우며 행인들과 하늘을 응시한다. 변해가는 장면들은 기억도 희망도 불러일으키지 않으며, 오히려 단순한 묘사 정도에 그칠 뿐이다. 해가 지고 공기가 서늘해지자 뫼르소는 창문을 닫고 방으로 돌아온다. "흘긋 거울을 보았는데, 거울 속에 알코올램프와 빵 몇 조각이 나란히 놓인 탁자 모서리가 보였다. 어쨌든 또 한 번의 일요일이 갔고, 엄마는 지금 땅에 묻혔으며, 나는 이제 회사에 출근해야 한다는 생각이, 사실상 변한 건 아무것도 없다는 생각이 들었다."[28]

삶은 앞으로도 뒤로도 손톱만큼의 여백조차 남기지 않은 채 현재에 단단히 매여 있어, 아무것도 달라지지 않는다. 아니, 더 정확히 말하면, 우리가 변화를 보는 건 어딘가에 비친 모습을 통해서다. 또한 우리는 변화를 통해서만 어딘가에 비친 자신의 모습을 볼 수 있다. 뫼르소가 거울에 비친 상을 보았을 때, 그는 자기 모습을 보지 않았다 — 아직 볼 수 있는 자아가 없으니 그럴밖에. 이것은 뫼르소가 구체적으로 드러내는 역설이다. 뫼르소에게는 순간순간 — 우리의 신체가 그 위로 엄습하는 감각을 인식하는 순간순간 — 살아지는 삶만 의미가 있다. 그러나 과거와 미래에 무관심한 그는 어떤 의미를 발견하든 그것을 완벽하게 이해하지 못한다. 그와 성관계를 맺은 여자 마리가 그에게 자신을 사랑하느냐고 물었을 때, 뫼르소는 이 질문은 "아무런 의미가 없지만, 사랑하는 것 같지 않다"[29]고 대답한다. 이 점에 대해서는 아랍인의 죽음도 다르지 않다. 뫼르소가 아는 것이라고는 태양이 작열하는 한낮, 권총의 방아쇠를 당기는 순간, "그날따라 유난히 조용해 마음에 들었던 해변의 고요"[30]가 산산이 부서졌다는 게 전부다.

당연히 반성적인 존재만이 한때는 행복했노라고 주장할 수 있다. 뫼르소를 자의식 속으로 밀어 넣은 치명적인 사건인 투옥과 재판 과정은 장 자크 루소가 야만인l'homme sauvage, 다시 말해, 사회 상태 속으로 숙명적으로 굴러 떨어진 자연 상태의 인간을 묘사한 것과 유사하다. 프랑스를 전혀 고국처럼 느낀 적이 없지만 프랑스어를 사용하고, 평생 고독과 유대라는 대립하는 힘 사이에서 분열되었던 남자 카뮈처럼, 제네바 태생의 루소는 그가 묘사한 자연 상태의 인간이야말로 모든 존재 가운데 가장 우둔한 인간이기에 모든 존재 가운데 가장 행복한 인간이라고 단언했다. 그는 "무엇에도 동요하지 않는 영혼을 가진, 즉 아무리 가까운 미래라도 미래에 대해 조금도 생각하는 일 없이 그저 현재의 실존이라는 단 하나의 감상에만 몰두하는" 존재이며, "그의 계획들은 자신의 관점만큼이나 제한되어 그날 저녁까지도 이어지는 일이 좀처럼 없다."[31] 루소에게 감옥이 우리의 본성을 억누르고 우리의 욕구에 족쇄를 채우는 사회를 상징한다면, 뫼르소에게 감옥은 돌과 철이다. 그는 감옥에 갇힌 후에야 자신의 삶을 하나의 이야기로, 즉 자신이 주인공을 맡은 이야기로 끌어올리기 시작한다. 그제야 뫼르소는 "내가 행복했던 하루 중 어느 한때"를 회상하고, 의식하지 못하면서도 만족스럽게 경험했던 한때, 즉 영원한 현재로부터 달아난다. 오직 "'어제'니 '내일'이니 하는 단어들만이 여전히 나에게 어떤 의미를 지녔다"[32]고 주장하면서. 뫼르소의 초기 삶은 루소의 자연 상태의 인간과 다를 바 없이 부조리했다. 부조리는 감옥 문이 쾅 소리를 내며 닫힐 때에야 ― 즉 우리가 사회의 높은 곳으로부터 얼마나 멀리 떨어져 있는지 가늠할 때에야 ― 비로소 우리 삶으로 들어온다.

'대탈출'을 감행하기 몇 주 전, 카뮈는 나중에 《시지프 신화》가 될 원고를 붙들고 씨름하고 있었다. 그는 파리에서 프랑신에게 보내는 편지에, 자신의 노트들을 한 편의 에세이로 완성하려고 하는데 잘될 수 있을지 모르겠다고 고백했다. "이 일에 쏟아야 할 어마어마한 노력과 관심이 두려워. 내 메모들과 관점들에 압도당하고 있어." 그러나 여러 사건들을 겪으며 눈부실 만큼 다듬어진 그의 관점이 점점 중요해지면서, 메모들은 그만큼 차츰 덜 중요해졌다. 카뮈는 역사적 혹은 정치적으로 자신의 입장을 명확하게 밝힌 적이 거의 없었는데, 그럼에도 불구하고 그의 에세이는 유럽에 일어난 대격동에 반향을 불러 일으켰다. 결과적으로 카뮈가 자신의 지적, 정서적 여정으로 시작한 에세이는 곧 가치관과 기대가 완전히 붕괴된 세계에서의 의미 탐구로 심화되었다.

뜻밖에도 볼품없는 클레르몽페랑이 에세이를 작업하기에 적합한 무대가 되었다. 친구에게 보낸 편지에서 카뮈는 이렇게 말했다. "이 도시는 정확히 《구토》의 배경이야."[33] 삶의 우연성 때문에 일어난 구토 대신 다른 종류의 구토가 카뮈를 압도했다. 그것은 바로 클레르몽페랑에 막 도착한 80대의 필리프 페탱 원수가 지휘하는 정부 정책들 때문에 치미는 구토였다. 프랑신에게 보내는 편지들에서 카뮈는 자신의 심정을 털어놓았다. "그들이 제공하는 건 비굴함과 노쇠함뿐이야. 친독 정책, 전체주의 체제의 헌법, 오지 않을 혁명에 대한 커다란 두려움. 이 모든 것은 이미 우리를 때려눕힌 적에게 굴종하기 위한 것이며, 아무런 위협 없이 특권을 회복하기 위한 것이지."[34] 정치 지도자들과 그 주변에서 어슬렁대는 이들을 둘러보며 카뮈는 질식할 것 같은 기분을 느꼈다. 새 정권이 반유대주의 성향을 드러내자 《파리 수아르》는 유대인 직원을 모두 해고했다. 카뮈는 이런 분위기에 진저리를 치며, 알제리에서라면 어떤 일자리라도, 하다못해 농장 일이라 해도 《파리 수아르》에서 일하는 것보다 나을 거라고 프랑신에게 말했다. 당연한 일이지만 이제 알제리는 그가 자유롭게 지내면서도 여전히 프랑스라고 부를 수 있는 유일한 장소처럼 보였다.

그러나 카뮈는 당분간 클레르몽페랑에 남았다. 그는 글쓰기에 전념하면서, 그때까지 '부조리에 관한 시론'이라고 부르던 글에 새로운 제목을 붙였다. 비록 신화가 차지하는 분량은 이 시론의 마지막 네 페이지에 불과하지만, 카뮈는 이 에세이를 《시지프 신화》라고 부르기로 했다.

부조리는 괴리의 산물이다. 우리의 기대가 현실에 미치지 못할 때 우리 앞에 부조리가 나타난다. 카뮈는 가장 단순한 경우에서 가장 복잡한 경우에 이르기까지, "부조리의 크기는 비교하는 두 항 사이의 간격에 정비례할 것이다"라고 말한다. 예를 들어 카뮈는 결혼과 시련, 원한과 침묵, 전쟁과 평화를 제시한다.[35]

그와 가까운 친구들은 이런 글들을 읽으며 시몬 이에와의 괴로운 결혼생활, 결핵으로 약해진 폐, 기자로서 다루었던 알제리의 계급 갈등, 일생 동안 따라다닌 어머니의 침묵을 생각했을지도 모른다. 혹은 여름방학 동안 철물점에서 일했던 카뮈의 경험을 떠올렸을지도 모른다. "어디에서 온 것도 아니며 어디로 이르는 것도 아닌 일 … 내내 주문을 기다리다 주문이 들어오면 허둥대야 하는 꽤나 부조리했던 일"로 긴 하루하루를 보내던 경험, 즉 시시포스식 부조리의 예행연습 같던 경험을. 소년 시절, 글을 모르는 할머니에게 영화 내용을 알려주려고 무성 영화의 자막을 빠르게 소리내 읽으면서도 주위 사람들을 방해하지 않게 조용히 읽어야 했던 피할 수 없었던 고역들도 마찬가지였을 것이다.[36]

카뮈를 모르지만 전쟁과 협정은 잘 아는 사람들에게도 부조리는 만연했다. 카뮈의 공책에는 대탈출에 대한 이야기가 단 한 차례 등장하지만, 1940년에 프랑스에서 일어난 일들은 그의 에세이 곳곳에 영향을 미친다. 카뮈는 1955년 《시지프 신화》 미국판을 출간할 때, 이를 강조할 정도로 그것을 중요하게 여겼다. 미국판 서문에서 카뮈는 독자들의 관용과 이해를 당부하며, 독자들에게 이 책이 "15년 전인 1940년, 프랑스와 유럽이 대참사를 겪던 시기에 쓴 것"[37]임을 상기시켰다.

프랑스의 패배는 한 국가와 그 제도들 간의 극심한 단절로 이어졌다. 프랑스의 물적, 군사적 자원이 독일에 비교하여 현저히 열등한 것은 아니었고, 어떤 면에서는 사실 더 우수했다. 자원의 양과 질로 평가한 프랑스의 국력과 너무도 갑작스러운 붕괴 사이의 괴리 때문에, 역사학자이자 군인이며 저항운동가인 마르크 블로크Marc Bloch는 이 사건을 "이상한 패배"라고 불렀다. 아마 블로크가 이 전쟁에서 살아남았다면 ─ 그는 1944년 게슈타포에 의해 살해당했다 ─ 이 사건이 이상한 것만큼이나 부조리하다는 데에 동의했을 것이다.

대탈출에 대해 말해보자면, 수백만 명의 난민들보다 더 큰 괴리를 경험한 경우가 또 있을까? 그들은 프랑스 공화국이 전복되는 소용돌이 속으로 빨려 들어가기 직전까지만 해도, 시민 사회 및 법적, 정치적 제도들이 영원할 뿐만 아니라 일상생활 또한 견고하게 지속될 거라고, 어리석을 정도로 철석같이 믿고 있었다. "전차에 오르고, 사무실이나 공장에서 네 시간 근무하고, 밥 먹고, 또 전차 타고, 네 시간 일하고, 밥 먹고, 잠자는 똑같은 리듬에 맞추어 월 화 수 목 금 토."[38] 이것은 우리의 인생 '이전以前'이며, 솔기 없이 고른 나날들을 반영하듯 구두점의 부재다 ─ 그러니까, 솔기가 갑자기 풀어지는 순간까지는.

솔기가 풀리는 그 순간은 대화를 엿듣거나 엿보는 것만큼이나 시시할 수도 있고, 아니면 우리를 향해 돌진하는 급강하 폭격기 슈투카만큼 굉장할 수도 있다. 속삭임이든 폭발음이든, 그 순간은 뜻밖의 한결같은 집요함으로 '왜?'를 따져 묻는 물음에 의해 기계적인 일상으로부터 깨어나는 순간이다. 답을 찾아 텅 빈 하늘을 응시하며 놀라움이 깃든 권태와 함께, 우리를 죽이기로 작정하고 비행기 조종석에 앉은 낯선 이와 함께, 우리는 허울이 벗겨지고 세계가 "다시 본래의 모습이 되는"[39] 것을 본다. 우리가 과거의 익숙함으로 돌아오려고 아무리 발버둥 쳐도 인간이 처한 낯선 상태는 늘 되살아난다. 이 모든 상황에서 우리의 반응은 카뮈가 관찰한 어느 은행 직원의 태도와 매우 흡사하다. 은행에서 클레르몽으로 전근 발령을 받은 "그는 늘 똑같은 습관을 유지하려 애쓴다. 그는 거의 성공하지만 아주 약간씩 어긋난다."[40]

다른 많은 기관들과 마찬가지로, 매여 있던 규제에서 풀려난 《파리 수아르》도 9월에 다시 클레르몽페랑에서 리옹으로 이전해, 여인들의 나체화로 벽을 장식한 어느 호텔에 직원들의 거처를 마련했다. 카뮈는 홍등가 한가운데 있는 이 건물이 한때 매음굴이었을 거라고 추측했다. 그에 어울리게, 지금껏 집권 중인 독재 정권의 파렴치한 옹호자였던 이 신문은 페탱의 담론들을 윤색한 반동주의자, 온정주의자, 국수주의자의 주장들을 충실하게 되풀이했다. 페탱의 연설문들은 머리에 쓴 베레모 위로 팔을 들어 올리며 새 국가지도자에게 경례를 하는 성인 남자들과 어린 소년들 — 그동안 독일의 전쟁 포로로 잡혔던 거의 모든 남자들 — 이 도열한 사진을 삽입하여 더욱 돋보이게 편집했다. 페탱이 리옹을 방문했을 때 제1차 세계대전의 참전 용사들이 도시의 중앙 광장을 가득 메웠는데, 한 목격자는 몰려든 군중을 내려다보며 이 장면이 "살아 있는 납골당"[41]을 연상시킨다고 중얼거렸다.

날씨가 혹독해질수록 《파리 수아르》에서 일하는 카뮈의 불안과 의혹도 심해졌다. 10월 초, 신문아 정권의 초기 반유대주의 입법 내용들을 발표했을 때, 카뮈는 유대인 친구, 이렌 다이양Irène Djian에게 편지로 자신의 역겨운 심정을 표현했다. "이 바람이 계속해서 불어 댈 수는 없어." 카뮈는 그녀에게 이렇게 장담했다. "바람에서 악취가 난다는 걸 우리 모두 한 사람도 빠짐없이 침착하게 선언한다면 말이야."[42] 카뮈는 언제나 그녀 편에 서겠노라고 약속했다 — 대부분의 그의 동포들이 새 법안을 받아들이거나 체념하던 1940년에 프랑스인이 취하기에는 놀라운 입장이었다. 카뮈의 공책에는 역사에 관한 언급들이 많이 기록되어 있다. 그는 성 토마스가 "국민들은 저항할 권리가 있다고 인정"한 반면, 르네상스 시대에 이탈리아 시에나의 한 책략가는 도시를 구한 뒤 절대 권력을 요구하다가 결국 주민들에 의해 죽임을 당했다는 내용을 기록한다.[43]

프랑신은 12월 초에 카뮈와 맺어졌다. 이에와의 이혼이 마침내 확정되어 두 사람은 이제 결혼을 할 수 있었다. 12월 3일, 종교 예식 없는 결혼식을 마친 뒤 부부는 파스칼 피아와 신문사의 식자공들과 함께 근처 바에서 결혼 축배를 들었다. 《파리 수아르》에서는 이제 사실로 통하는 거짓들을 강요받으면서, 카뮈는 식자공들과의 작업에서 위안을 얻었다. 적어도 그들은 자신의 숙련된 노동에서 정당하게 기쁨을 찾을 수 있었으니까. 12월 한 달 동안 카뮈는 신문사에서 야근이 없는 날이면, 난방이 되지 않는 아파트에서 프랑신과 함께 《시지프 신화》를 작업했다. 타자기를 구할 수 없었기 때문에 카뮈는 물집이 잡히고 뻣뻣해진 손가락으로 글을 썼고, 프랑신은 장갑을 낀 채 그의 글을 다시 베껴 썼다. "두더지조차 희망할 이유를 찾는 이 끔찍하고 어지러운 세상"처럼, 가구도 없이 휑한 데다 얼음장처럼 차가운 방에서, 카뮈는 그의 책과 그 책이 묘사하는, 희망이 없다면 최소한 절망도 없는 세계에 매달렸다.[44]

우리는 시시포스 이야기가 어떻게 끝나는지 안다. 아니, 이 이야기는 끝이 나지 않는다. 산 정상과 바위가 굴러가야 할 마지막 경사 구간 사이의 거리에서 일어나는, 결코 끝나지 않는 이야기로 결론을 맺는다. 그러나 시시포스 이야기가 어떻게 시작되는지는 훨씬 덜 알려져 있다. 사실 이 이야기의 시작에는 여러 가지 버전들이 있다. 카뮈는 몇 가지 버전을 언급하지만 그것들에 대해 숙고하지는 않는다.

바람의 신 아이올로스의 아들 시시포스는 사기꾼이었다. 그는 자신과 같은 인간뿐 아니라 신들을 속인 일이 한두 번이 아니었다. 아마 최고의 술책은 하데스를 상대로 한 것이었으리라. 제우스의 명령을 받고 수갑을 준비한 하데스는 시시포스를 지하세계로 끌어내리러 왔다. 그런데 시시포스는 하데스에게 수갑을 어떻게 채우는 건지 보여달라고 청하고는 하데스에게 수갑을 채워버렸다. 신을 죄수로 잡아놓은 터무니없는 행위는 훨씬 더 터무니없는 결과들을 낳으며 더욱 악화된다. 하데스가 힘을 잃고 있는 동안 아무것도 죽을 수가 없었던 것이다. 이처럼 끝을 모르고 계속되는 곤란한 상황들은 전쟁의 신 아레스가 하데스를 풀어주고 시시포스를 잡아다가 그의 운명 속으로 밀어 넣은 후에야 비로소 해결되었다.

하지만 시시포스의 저항은 이후에도 계속되었다. 아레스가 그를 끌고 갈 준비를 할 때, 시시포스는 아내 메로페에게 자신을 땅에 묻지 말라고 귓속말을 했다. 그리고 페르세포네에게 인도되자 이 교활한 사내는 저승의 여왕에게 자신의 존재가 이곳에 있는 건 아주 잘못된 일이라고 말했다. 죽긴 했지만 시체가 아직 매장되지 않았으므로, 시시포스는 엄밀히 말하면 자신이 저승의 강인 스틱스 강의 잘못된 편에 있는 셈이라고 결론을 내렸다. 평소 음울한 페르세포네가 그 이야기의 자초지종을 이해하려 애쓰자, 시시포스는 자신에게 사흘만 더 시간을 주어 지상에 올려 보낸다면, 잘못된 일들을 바로잡은 뒤 하데스로 다시 돌아오겠다고 덧붙였다. 시시포스는 당혹스러워하는 저승의 여왕에게 허락을 받아 태양과 빛의 세계로 돌아왔고, 예상대로 약속을 어겼다. 올림포스의 집행관 헤르메스는 이 악한을 찾아 체포한 뒤 하데스로 다시 내쫓았고, 이곳에서 시시포스는 자신의 술책에 대한 대가로 바위와 하나가 되어 영원토록 산비탈 위로 바위를 밀어 올리는 형벌을 받게 되었다.[45]

부조리한 영웅이 되기에 이보다 더 바람직한 요건이 있을까? "신들에 대한 그의 경멸, 죽음에 대한 그의 증오, 삶을 향한 그의 열정은 그에게 온몸을 바쳐 노력해도 아무런 성과를 얻지 못하는 가혹한 형벌을 안겨주었다."[46] 그러나 카뮈는 시시포스의 술책과 장난, 사기와 사칭 — 고대 그리스인들에게는 매우 중요하게 여겨졌던 문제들 — 에 대해서는 전혀 언급하지 않는다. 오히려 카뮈는 호메로스가 시시포스에 대해 "인간들 가운데 가장 지혜롭고 가장 신중한 인물이었다"[47]고 주장한다고 말한다.

사실 호메로스는 그렇게 주장하지 않는다. 오히려 《일리아스》에서 호메로스는 시시포스를 인간들 가운데 **가장 교활한 자**로 묘사한다. 신중함은 시시포스의 미덕이 아니었고, 지혜는 뒤늦게 그를 찾아왔다. 이 신화의 변형된 내용이 있는데 카뮈는 이에 대해서도 언급하지 않는다. 변형된 내용에서 시시포스는 라에르테스의 아내이자 모든 이들 가운데 가장 위대한 사기꾼인 오디세우스의 어머니, 안티클레이아를 유혹했고 아마 강간도 했을 것이다. 어쩌면 카뮈는 변형된 내용들을 몰랐거나, 알았다면 아마 그 내용들이 시시포스의 영웅적인 묘사를 희석시킬까 봐 우려했을 것이다. 혹은 어쩌면 카뮈는 올바른 사고를 지닌 고대 그리스의 역사학자나 비극 작가나 철학자가 했을 법한 일을 했을 뿐인지도 모른다. 과거가 아닌 카뮈 자신의 시대에 맞는 영웅을 창조하는 일 말이다.

크리티아스가 후대에 남긴 시적 단편이 어떤 암시라면, 그는 시시포스의 신화를 아주 잘 이용했던 것 같다. 고대 그리스의 정치가이며 철학자인 크리티아스 — 공교롭게도 플라톤의 친척 아저씨이기도 하다 — 는 천벌에 대한 두려움을 통해 사회가 법의 지배를 받아들이게 하기 위해 인간이 신을 만든 것이라고 주장했다. 그의 희곡 〈시시포스〉에서 한 등장인물은 현명한 누군가가 "신에 대한 두려움을 만들었으니, 사악한 사람들이 행동이나 말이나 생각을 숨긴다 하더라도 두려워할 무언가를 남기기 위해서다"[48]라고 선언한다. 이 현자가 사실상 시시포스인지, 그가 인정하지 않았던 존재인 신들에게 형벌을 받기 전에 이 말을 한 건지, 아니면 신이 존재하지 않는 세상에서 이 말을 한 건지는 분명하지 않다.

이런 세부 내용들, 즉 시시포스의 성격에 대한 보다 완벽한 배경지식이 그의 형벌에 대한 우리의 인식을 바꿀 수 있을까? 결국 우리의 견해로는 한낱 속임수보다 강간과 무법 행위가 더 큰 처벌의 이유가 된다. 그런데 우리의 견해로는 — 혹은 이 점에 있어서는 고대 그리스인들의 견해도 마찬가지인데 — 신들이 도덕이나 그보다 더 중요한 정의에 대해 모범을 보였다고 생각하기 힘들다. 시시포스가 제 할 일을 하고 있는 거라면, 많은 신들이 감시하는 세상에서 하든 신이 존재하지 않는 세상에서 하든 무슨 상관이겠는가? 어느 쪽이든 선험적인 기반은 부재하며, 우리가 범법자로 여기는 사람들에게 형벌을 부과할 수 있는 절대적인 기준이란 없다.

이것이 바로 시시포스의 아들이며 호메로스의 영웅인 글라우코스가 바라보는, 인간의 행동에 무심한 세상이다. 트로이의 전사 글라우코스는 트로이 성벽 아래 전장에서 상대편 디오메데스를 만난다. 두 사람이 막 충돌하려는 순간, 디오메데스가 글라우코스에게 출신을 묻는다. 이 구절은 호메로스의 시에서 가장 기억할 만한 구절 가운데 하나로, 트로이인 글라우코스는 이렇게 대답한다.

그대는 왜 내 태생을 묻는가. 인간 세상은

이 땅 위의 나뭇잎과도 같은 것을 —

시든 잎들은 바람에 날려 땅 위에 뿌려지나,

어린잎들은 봄이 오면 푸르른 숲을 이루나니.

인간도 그렇게 지나가는 것. 한 세대가 소멸할 때에도

다른 세대는 꽃을 피운다.[49]

서로 같은 혈통임을 알게 된 두 전사는 팔을 움켜잡고 친구임을 선포하며 다른 적들을 찾아 나선다. 그들은 사실상 초월성이 부재한 세상에서 두 가지 확실한 것 가운데 하나, 즉 우정을 얻은 것이다. 그리고 이제 두 사람은 또 다른 확실한 것, 즉 명예를 추구하기 위해 헤어진다. 우리는 이 두 남자의 행복을 상상하며 에세이의 마지막 구절을 예견해도 좋을까?

1940년 크리스마스 직후, 프랑스에서 가장 추웠던 날로 알려진 어느 날, 《파리 수아르》는 카뮈에게 해고를 통보했다. 저속한 기사와 선전 기사에 치중한 신문사들조차 불황을 맞게 되었다. 어떤 면에서 불황은 카뮈 스스로는 해내지 못한 일을 이루어주었다. 안 그래도 신문의 존재 이유가 역겹던 참이었다. 뿐만 아니라 이런 경제 상황 덕분에 혐오하던 풍경으로부터 벗어날 수 있게 되었다. 돈을 벌지 못하게 되자 굳이 프랑스 본국에 머물러야 할 마지막 이유가 사라졌다. 카뮈와 프랑신은 1월 초에 마르세유행 기차를 타고 가서 마침내 고향 알제리로 가는 배에 올랐다. 알제에서 당장 직장을 잡을 가망이 없었기 때문에, 부부는 알제리 제2의 도시인 오랑으로 이동해 포르의 가족이 소유한 아파트를 얻었다.

오랑은 카뮈의 생애에서 지금처럼 우울한 시기에 딱 어울리는 무대였다. 도시에는 알제리에 넘쳐나는 특징들 ― 아무런 경계 없이 매끄럽게 이어지는 바다와 도시의 만남, 활기찬 도시의 거리, 약동하는 지적 예술적 활동 ― 이 아무것도 없었다. 오히려 오랑은 바다 따위는 무시하기로 결심한 것 같은 도시였다. 카뮈는 "당연히 풍경을 파괴할 수밖에 없는 흉물스러운 건물들로 오랑 주민들이 망가뜨리지 않은 곳"[50]은 어디에도 없다며 절망했다. 도시 자체로 보면, 거리는 "먼지와 자갈과 열기로 뒤덮이기 일쑤다. 비가 오면 폭우가 쏟아지고 마을은 온통 진흙탕이 된다." 거리들은 저마다 얽히고설켜 미로를 만들고, 보행자들은 그 한가운데에서 미노타우로스는 아니지만 그보다 훨씬 끔찍한 짐승인 권태를 발견한다.[51]

직업이 없는 사람에게 권태는 훨씬 끔찍하다. 카뮈는 오랑으로 돌아오자마자 한 친구에게 "이런 특별한 상황에서는 좀처럼 진전을 보이기 힘들겠다"[52]고 말했다. 도시에서 카뮈는 몇몇 편집 관련 일을 하는 것 외에 아무런 의욕 없이 몇 주를 보내다가 마침내 직업을 구했다 ― 비시 정부의 반유대주의 법안 덕분에 생긴 직업이었다. 프랑스 공립학교에 다닐 수 있는 유대인 아동 수에 제한을 두는 바람에, 학교 교육을 절실하게 필요로 하는 학생들이 갑자기 엄청나게 늘어난 것이다. 대규모 유대인 공동체가 형성되어 있는 오랑에는 더더욱 교사들이 필요해서, 3월에 카뮈는 공립학교에서 쫓겨난 유대인 친구들과 함께 사립학교 두 곳에서 아이들을 가르치기 시작했다.

카뮈는 프랑스어에서 지리, 철학에 이르기까지 교실의 만물박사가 되었지만, 어느 과목에서도 당시의 부조리한 상황을 설명할 수 없었다. 동시에 카뮈는 이 환경에 대응하거나 극복할 필요도 인식하고 있었다. 카뮈는 인종 제한 정책 때문에 일자리를 잃은 유대인 친구들을 위해 아내와 함께 후원금을 모으고 그들에게 거처를 제공했다. 저항 운동에 대해 신중한 대화가 오갔다. 언제, 어디에서, 어떻게 할 것인지가 논의되었지만, 좀처럼 핵심에 이르지는 못했다. 게다가 오랑의 분위기는 무겁고 억압적이었다. 카뮈는 고정적인 수입을 반겼고 친구들을 위해 나름대로 할 수 있는 일을 하고 있었지만, 자신의 상황을 혐오했다. "매일매일이 힘들고 나를 짓누른다." 그는 한 친구에게 이렇게 털어놓았고,[53] 다른 친구에게는 이렇게 썼다. "숨이 막혀." 폐결핵에 걸린 사람이 이런 은유를 사용하기란 쉽지 않았을 것이다.

카뮈는 이처럼 한창 불안정하고 불만족스러운 시기에 《시지프 신화》 원고를 완성했다. 이미 출간된 《이방인》, 《칼리굴라》와 함께 '부조리 3부작'이 완성되었다. 어쨌든 드디어 한숨 돌릴 수 있었다. 카뮈는 세 작품의 완성을 발표한 뒤 공책에 이렇게 적었다. "이제 자유가 시작됐다."[54] 카뮈가 개작한 신화가 보여주듯, 오랑이나 하데스처럼 가장 이상한 장소에서도 자유를 찾을 수 있는 것이다.

❧

"신들은 시시포스에게 산꼭대기까지 끊임없이 바위를 굴려 올리는 형벌을 내렸는데, 산꼭대기에 올라간 바위는 제 무게에 못 이겨 도로 굴러 떨어졌다. 신들은 헛되고 희망 없는 수고보다 더 무서운 형벌은 없으리라는 제법 일리 있는 생각을 했다."[55] 카뮈는 처음에는 시시포스에 대해 자세하게 묘사하지 않았지만, 뒤이어 이 신화에 살을 붙였다. 바위를 들어올리기 위해 "안간힘을 쓰는" 자로 시시포스를 묘사하고 그 엄청난 도전에 주목하는 한편, 그에 수반되는 엄청난 육체적 노력은 대체로 나중에 생각한 것으로 보인다. 신들이 가한 고통은 끔찍하게 혹사당하는 육체보다, 오히려 끊임없이 반복해야 하는 노역에 요구되는 정신력과 관계가 있다. 눈 먼 우주의 시선 아래에서, 같은 일을, 쉼도 목표도 없이, 영원토록 수없이 반복해야 하는 형벌을 받을 때, 시시포스가 굴려야 하는 바위의 크기와 무게는 중요하지 않다. 고통은 오히려 무의미한 일을 끊임없이 반복하는 데 있다.[56]

시시포스의 노동이 달라지거나 개선된다 하더라도 여전히 의미가 없기는 마찬가지다. 잔디 깎는 기계를 밀든, 바늘에 실을 꿰든, 농구공을 덩크슛하든, 쓰레기를 비우든, 쉼표를 뗐다가 다시 붙이든 고통은 헛된 한 가지 몸짓을 끊임없이 되풀이하는 데에서 온다. 노역의 무거움은 중요한 일을 해서가 아니라, 오히려 그 노동이 본질적으로 하찮다는 데서 나온다. 물론 시시포스는 바위에 묶여 있지만, 더 중요한 사실은 그가 바위와의 관계라는 부조리에 묶여 있다는 것이다.

그런데 철학자 리처드 테일러는 만일 우리가 시시포스의 노역이 아니라 그의 관점을 변화시킨다면 어떻게 될지 묻는다. 신들이 얄 궂게도 시시포스에게 그가 하는 일을 사랑하게 만드는 약을 주어 그의 형벌을 가볍게 만들기로 결정했다면? 영원한 생명을 지닌 그 가 원하는 것은 오직 하나, 산비탈 위로 바위를 밀어 올리고 또 밀어 올리는 것이라면? 이렇게 해서 죄수는 자유로워질 거라고 테일러 는 결론을 내린다. "어쩌다 보니 하게 된 지금 이 일이 시시포스가 가라앉기 힘들 만큼 간절히 열망하는 일이라면, 비록 그의 인생 이 조금도 달라지지 않는다 하더라도, 이 일은 그에게 의미를 주게 될 것이다."[57] 그러므로 에세이의 마지막 구절에 대한 답으로 "행복 한 시시포스를 상상"하기는 쉬운 일이 될 것이다.

하지만 과연 **카뮈**가 이런 시나리오에 행복해할 거라고 상상할 수 있을까?

1942년 1월 말경, 프랑신과 고향에 있는 동안 카뮈는 기침을 하 기 시작했다. 발작적인 기침이 더욱 격해지고 가래에 피가 섞여 나 오자 프랑신은 서둘러 주치의를 찾아갔다. 다음 날 아침 기침은 잦 아들었지만, 카뮈는 이것이 일시적인 유예일 뿐 해결이 아님을 알 았다. 그는 처형인 크리스티안 포르에게 "이번엔 정말 끝이겠구나 생각했지요"[58]라고 말했다. 의사의 진단이 카뮈의 두려움을 확인 시켜주었다. 그때까지만 해도 왼쪽 폐에만 이상이 있었는데, 이제 는 오른쪽 폐에도 똑같이 문제가 생겼다. 카뮈로서는 전혀 내키지 않는 인생을 살고 있는 것 같다는 생각이 그 어느 때보다 강했다.

폐결핵이 그의 건강한 폐 속에 침투한 것처럼, 비시 정부의 인종차별주의 정책은 오랑의 일상생활에 거머리처럼 달라붙었다. 1941년 중반에 비시 정권은 직업에 유대인 할당 정책을 도입하여, 유대인은 프랑스 내에서 치과의사, 의사, 변호사 총 인원의 2퍼센트까지만 허용되었다. 그 바람에 카뮈의 주치의 앙리 코헨은 병원 운영을 포기하고, 이제 그에게 사무실을 빌려주는 동료들의 친절에 의지해야 했다.

마침 카뮈에게 다른 종류의 망명을 감행하도록 부추긴 사람이 코헨이었다. 코헨은 오랑의 습한 여름 때문에 카뮈의 양쪽 폐가 더욱 약해질지 모른다고 염려하며, 카뮈에게 프랑스 본토에 있는 요양원에서 지내라고 조언했다. 그러나 요양원에 갈 형편이 안 되었던 카뮈는 인척들이 제안하는 해결책으로 만족해야 했다. 그들은 프랑스 중남부 세벤 산맥에 위치한 외딴 마을, 르샹봉쉬르리뇽Le Chambon-sur-Lignon 근처에 있는 자신들 소유의 농가에서 지내라고 제안했다. 8월에 카뮈 부부는 알제리에서 증기선에 올랐다.

마르세유에 도착한 카뮈 부부는 먼저 리옹행 기차를 탄 다음, 그보다 작은 도시 생테티엔행 기차로, 마지막으로 르샹봉쉬르리뇽행 기차로 갈아탔다. 카뮈는 벌써부터 지치고 숨이 찼지만 목적지에 도착하려면 아직 한참을 더 가야했다. 카뮈와 프랑신은 상봉의 시골풍 기차역에서 말이 끄는 수레를 빌린 뒤 돌로 지어진 농가 주택, 르파늘리에로 향했다. 거대한 벽으로 둘러싼 이 농가 주택은 프랑신의 친정 소유로 마을 외곽에서 몇 킬로미터 떨어진 곳에 있었다.

세벤 산맥의 늦여름은 확실히 방문객의 기운을 북돋아주었다. 개울과 길들이 뻗어 있는 계곡은 온통 초록으로 뒤덮여 마음을 달래주었다. 카뮈는 새로운 환경이 아직 편안하게 느껴지기 전에 알제리에 있는 친구에게 "시간이 많이 걸리고 많이 걸어야" 할 거라고 말했지만, 자신의 공책에는 말을 아끼지 않았다. "낮에는 하루 종일 샘물이 졸졸 [흐르는] 소리가 들린다. 샘물이 내 주위로 흘러 햇살이 내리쬐는 들판을 지나 나에게 가까이 다가오면, 이윽고 나는 내 안에 이 소리를 담게 되어, 내 마음속 샘과 그 샘물의 소리가 내 모든 생각과 한데 뒤섞인다. 이것은 망각이다."[59] 때로 자연의 힘은 그 자체로 '망각' — 최근 그의 병치레를 잊기 위한 노력 — 이라는 과제에 기여하기 위해 동원되는 것 같다. 카뮈는 전나무의 울창한 물결을 "부서지기 쉬운 한밤의 무수한 생각들을 몰아낼 야만인 같은 햇빛"에 비유했다.[60]

10월 초에 프랑신은 오랑으로 돌아왔고, 카뮈는 프랑신이 알제에서 두 사람의 교사직을 구하면 그녀를 따라가기로 계획했다. 날씨가 춥고 습해지기 시작하자, 거의 이야기를 나눈 적이 없는 농가의 다른 하숙생들조차 대부분 그곳을 떠났다. 이제 기흉 주입(인공 기흉기를 이용하여 흉벽과 폐 사이의 늑막강에 공기를 주입하는 결핵 치료법 — 옮긴이)을 위해 생테티엔행 기차로 이동하는 것만이 카뮈와 바깥 세계를 잇는 유일한 끈이 되었다 — 이 기흉 주입은 말 그대로 프랑스를 내다볼 수 있는 창문이 되어주었다. 카뮈는 열차 창유리에 기대앉아 다른 기차를 기다리는 마을 사람들의 얼굴을 유심히 바라보았다. 그리고 그가 탄 기차가 멈춰선 역에서 자기와 같은 여행자들이 복도를 따라 내려가는 모습을 자세히 살펴보았다. 생테티엔 역에서는 기차를 기다리는 동안, 여행자들이 말없이 "형편없는 음식을 먹은 다음 어두운 마을로 나가 서로 친하지는 않지만 함께 어울리는 모습을 … 모든 프랑스인들이 견디는 쓸쓸하고 적막한 삶"[61]을 조용히 관찰했다. 카뮈는 이런 장면들을 숙고하지 않는다면 앞으로 몇 년 후의 프랑스를 어떻게 이해할 수 있을까, 하고 생각했다. 그는 자신이 보았던 얼굴들을 곰곰이 생각했다. "작은 역 앞에 모인 얼굴들 … 결코 잊지 못할 몸뚱어리들. 늙은 소작농 부부—모진 풍상을 겪은 듯한 부인의 얼굴과, 빛나는 두 눈과 흰 콧수염 때문에 밝고 서글서글해 보이는 남편의 얼굴. 궁핍한 두 번의 겨울을 보내는 동안 몸은 굽고, 군데군데 기운 자리가 있는 데다 낡아서 반질반질한 옷을 입은 몸뚱어리들. 기품이라곤 찾아볼 수 없고 이제 가난만이 거처하는 몸뚱어리들. 기차에는 낡을 대로 낡아 끈으로 묶고 판지로 덧댄 여행 가방들. 모든 프랑스인들은 흡사 이민자처럼 보인다."[62]

1942년 11월 2일, 기다리는 시간이 불현듯 더 짧고 더 끔찍하게 여겨졌다. 독일군은 1940년에 정한 자유지역과 점령지역을 나누는 휴전선을 넘어와 프랑스 전역에 대한 소유권을 주장함으로써 북아프리카의 연합군 상륙작전에 대응했다. 같은 날 카뮈는 공책에 "쥐들처럼 잡혀 있다!"고 적었다. 문득 카뮈와 알제리 사이에 벽이 높이 세워졌다. 더 이상 가족과 친구와 익숙한 풍경으로 돌아갈 수 없었다. 그것은 부조리한 인간의 상황, 즉 "오로지 자신의 명료한 정신과 자신을 둘러싼 벽에 대한 분명한 앎"[63]만을 지닌 인간의 상황이었다.

∾

자기도 모르는 사이에 프랑스에 갇히게 된 그 달에, 카뮈는 전 해에 갈리마르에서 출판한 《이방인》이 재판 4400부를 찍을 정도로 판매량이 증가했음을 알게 되었다.[64] 종이가 점점 귀해지는 나라에서 출판사의 이런 결정은 특히나 반가워할 일이었다. 그러나 카뮈는 책이 경제적인 측면에서 비교적 성공을 거둔 것은 반가웠지만, 평론가들의 반응에는 실망했다. 고등학교 친구인 클로드 드 프레맹빌에게 보내는 편지에서, 카뮈는 평론들이 하나같이 책에 대한 "잘못된 해석을 바탕으로" 했기 때문에 좋은 평론과 평범한 평론들을 전부 묵살했다고 말했다. 그는 "그저 눈을 감고 일이나 계속 하는 것"[65]이 상책이라고 결론을 내렸다.

그러나 1943년 초, 권위지인 《카이에 뒤 쉬드Cahiers du Sud》에서 발표한 《이방인》에 대한 평론은 불만과 무관심에 찬 카뮈에게 감명을 주었다. 20쪽 분량의 평론에서 — 과거 윌리엄 포크너나 장 지로두 같은 작가들에 대한 평론보다 훨씬 많은 지면을 할애했다 — 전도유망한 장 폴 사르트르는 이 책에 대해 놀랄 만큼 명쾌하게 논평했다.[66] "《이방인》 해설"이라는 제목의 논평에서 사르트르는 철학적 에세이라는 통찰을 바탕으로 카뮈의 소설을 해석했다.

물론 사르트르는 어느 먼 지역의 신기한 유물을 조사하는 파리 지식인의 입장을 취하지만, 그렇다고 그의 통찰력이 둔해지는 건 아니다. 게다가 《이방인》은 센 강 좌안(자유분방한 사람들이 사는 지역 — 옮긴이)의 카페들에 널리 퍼진 엄청난 호기심의 대상이다. 하루하루가 거의 구별이 되지 않을 만큼 똑같은 소리, 똑같은 볼 것, 똑같은 감각의 연속이자 개별 사건들의 연속인 남자, 뫼르소. 심지어 알제의 해변에서 아랍인을 죽일 때조차, 그래서 자신의 범행 때문에 곧 죽음을 맞을 준비를 할 때조차 — 두 행동 모두 의식 없이 이루어진다 — 이렇다 할 해명 없이 단조로운 목소리로 말하는 남자, 뫼르소의 이야기는 무척이나 당황스럽다. 우리는 이 이야기를 어떻게 이해해야 할까?

그것은 우리가 말하는 이해가 어떤 의미인지에 달려 있다고 사르트르는 답한다. 어차피 우리는 이런 설명을 통해 의미를 얻을 생각이 없으므로, 이해할 게 아무것도 없다고 이해하자. 이 책의 제목이 의미하는 바뿐만 아니라 이 책이 물의를 일으키는 부분은 바로 이것이다. "그가 묘사하고자 하는 이방인은 게임의 규칙을 받아들이지 않음으로써 사회에 충격을 주는 끔찍한 '바보들' 가운데 한 명이다. 그는 아웃사이더 사이에 살고 있지만 그들에게조차 역시 이방인이다. … 그리고 아직 부조리한 느낌에 익숙하지 않은 우리 자신은 책을 여는 순간 우리의 일반적인 기준에 따라 그를 판단하려는 헛된 노력을 한다. 그러므로 우리에게도 그는 이방인이다."[67]

우리의 믿음과 관습이라는 부서지기 쉬운 껍데기 아래에서 솟아나오는 무감각의 깊이를 전달하기 위해, 카뮈가 《시지프 신화》에서 사용한 가장 유명한 이미지는 아마도 유리 칸막이 저쪽에서 전화기에 대고 말하는 사람의 이미지일 것이다. "당신은 그의 목소리는 들을 수 없지만, 이해할 수 없는 무언의 몸짓을 볼 수 있다. 그리고 이제 그가 살아 있는 이유가 무엇일까 궁금해진다."[68] 어떤 면에서 카뮈는 존재론적인 속임수를 써온 것이다. 우리가 두 사람의 대화를 엿듣거나 심지어 한쪽의 이야기만 엿듣더라도, 이 무언극은 수포로 돌아갈 것이다. 의미는 한동안 그것을 빼앗긴 듯한 세계에 다시 자리를 잡을 것이다. 이런 이유로 철학자 콜린 윌슨은 카뮈가 설정한 이미지에 오해의 소지가 있다고 일축했다. 다시 말해 전화를 하는 남자는 "그림의 완성을 가능하게 할 어떤 필수적인 '단서들'을 빼앗긴 것"[69]이다.

역시 같은 이유에서 사르트르는 이 특정한 이미지에 결함이 있다고 평론에서 밝혔다. "전화를 하는 남자의 몸짓 ― 우리는 그의 목소리를 들을 수 없다 ― 은 불완전한 회로의 일부이기 때문에 상당히 우스꽝스러워 보인다. 그러나 우리가 전화기 부스의 문을 열고 수화기에 귀를 댄다면, 이 회로는 완전해지고 남자의 행위는 다시금 쉽게 이해가 된다."[70] 그러나 윌슨과 달리 사르트르는 카뮈가 세계를 투명한 동시에 불투명한 상태로 만들기 위해 논증이 아닌 방법을 제시하고 있다고, 즉 "우리는 정직에 대해서가 아니라 예술에 대해 다루고 있다"고 인식한다. 이 특별한 미학은 결국 형식적인 논증으로는 결코 드러낼 수 없는 인간 조건에 관한 진실을 드러낸다. 다시 말해, 우리는 의미화되기를 거부하는 세계, 그리하여 우리의 행위와 말을 임의적이고 무의미한 발작적인 몸짓으로 바꾸려고 하는 세계 속에 살고 있다.

사르트르는 이러한 행위들이, 볼테르의 짧고도 간결한 이야기에서 등장인물들이 겪는 한바탕 정신없는 삶과 마찬가지로 무의미하다고 제시한다. 어쩌면 그럴지도. 결국 유리 칸막이는 다른 방식에 의해 무관점의 관점에 도달하게 된다. 볼테르의 소설《미크로메가스Micromégas》의 주인공은 머나먼 행성에서 온 여행자로서, 6킬로미터가 넘는 키에 인간의 모습이 보이지도 들리지도 않아, 지구에는 생명이 없다고 결론을 내린다. 설사 그가 우리를 볼 수 있다 한들 우리의 행동이 그에게 무슨 의미가 있기나 하겠는가? 그러나 볼테르의《캉디드Candide》나《미크로메가스》의 세계를 뒤덮는 부조리는 풍자적이다. 우리의 웃음은 볼테르의 계몽주의 시대를 괴롭힌 반동적인 정치 종교적 가치관이라는 허약한 구조를 허물어뜨린다. 그러나《이방인》에서는 계몽이 이해로, 적어도 볼테르가 인식하는 형태의 이해로 이어질 것이라는 증거는 없다.

당연한 말이겠지만, 다음 날 사형이 예정되어 있는 상황보다 더 정신을 집중하게 만드는 일은 없다. 그러나 뫼르소의 경우 이것은 무엇보다 의식을 형성하는 문제이다. 우리는 뫼르소가 투옥되어 아랍인 살해 혐의로 재판을 받은 이후, 그의 자의식이 차츰 커가는 것을 목격한다. 뫼르소는 점차 반성이 깊어지지만, 이 반성은 그를 기피하는 사회에 의해 주어진다. 그는 남자와 여자들 사이에서 살 권리를 박탈당한 이방인인 것이다. 뫼르소의 마음을 들여다본 기소 검사는 망연자실한 배심원단에게 "인간적인 어떤 부분도 찾을 수 없었다"[71]고 선언한다. 실제로 이 상황은 치안판사와 뫼르소 사이에 유리 칸막이가 세워진 것과 같았다.

교도소 감방에 격리된 뫼르소는 이제야 스스로를 인식한다. 그를 방문한 신부와 격렬한 언쟁을 벌인 뒤 간이침대에서 잠이 든 뫼르소는 잠에서 깬 뒤 밤하늘이 보이는 창문 쪽으로 고개를 돌린다. "신호들과 별들이 가득한 그 밤에 나는 생전 처음으로 세계의 다정한 무관심에 마음을 열었다."[72] 이 장면은 스탕달의 《적과 흑》에 등장하는 영웅, 줄리앙 소렐의 최후의 날들에도 등장한다. 카뮈의 일기에는 이 19세기 소설가에 대한 언급이 매우 많은데, 특히 스탕달의 절제된 문체와 인간 본성에 대한 놀라운 통찰력에 감탄한다. 그러나 카뮈는 위선의 늪과 우리가 사회라고 부르는 외양에 맞서 싸우는 소렐의 태도에도 마찬가지로 깊은 감동을 받았다. 사형 전날 독방에 감금되어 있던 뫼르소처럼, 줄리앙도 진정한 행복을 느낀 건 꾸밈없던 젊은 시절뿐이었음을 깨닫는다. 그 역시 자신의 주장을 강요하는 신부를 감옥 밖으로 내쫓은 뒤 마지막으로 자기반성에 몰두하고 있음을 깨닫고, 그 역시 부조리에 맞서는 대신 조화와 의미를 찾기 위해 실패할 수밖에 없는 노력을 하고 있음을 인식한다. "하루살이는 긴 여름날 아침 아홉 시에 태어나 그날 오후 다섯 시에 죽는다. 그러니 하루살이가 어찌 **밤**이라는 단어를 이해할 것인가?"[73]

인정하건대, 부조리와 프랑스 왕정복고 시대를 결부시키는 것은 비역사주의에 빠질 위험이 있다. 부조리 역시 여느 철학적 개념과 마찬가지로 특정한 시간과 장소에서 태어났다. 테리 이글턴Terry Eagleton이 최근 언급한 것처럼, 모든 사람들이 인생의 의미를 숙고하지만, "그럴 만한 역사적 이유로 인해 이 문제에 대해 유독 간절하게 숙고하고자 하는 사람들이 있다."[74] 우리가 보기에 1940년의 프랑스, 그리고 카뮈의 경우가 바로 여기에 해당한다.

그러나 《이방인》과 《시지프 신화》가 출간된 지 4년이 채 되지 않은 1946년 초, 철학자이며 최근 해방된 파리의 영국 대사관에서 근무한 A. J. 에이어A. J. Ayer가 부조리라는 용어의 한계를 주장하기 시작했다. 이 영국인 논리실증주의 주창자는 카뮈에 관한 한 에세이에서, 엄밀한 의미에서 이 개념은 터무니없는 것이라고 일축했다. 에이어는 영국계 미국인 철학자들은 "논리"와 "이성" 같은 용어를 카뮈처럼 사용하는 것을 인정하지 않는다고 말했다. 그리고 부조리란 "현대 케임브리지 철학자들이 '무의미한 한탄'이라고 일컫는 것"에 해당한다고 주장했다.[75] 그러면서도 에이어는 카뮈의 산문에서 드러나는 표면 아래에는 달갑지 않고 거북할지는 몰라도 어떤 중요한 점이 있음을 인정했다. 그리고 에세이 전체에서 어떤 부인할 수 없는 "감정적 의미"가 고동친다고 고백했다. "그 점에서 나 자신은 카뮈가 그의 부조리 이론과 연관시킨 가치 기준에 대해 상당히 공감하게 되었다."[76] 뿐만 아니라 그는 카뮈가 묻는 질문들에 형이상학적 타당성이 있다고 믿었다. 하지만 에이어의 이런 말은 입에 발린 칭찬에 불과하다. "카뮈의 질문들은 어떤 가능한 경험에 근거하여 답할 수 없는 것이므로 형이상학적이다."[77]

몇 년 뒤, 에이어는 자서전에서 카뮈의 글과 인격에 감탄을 표했다. 그는 이 프랑스인을 "대단히 고결하고 도덕적인 용기"를 지닌 사람으로 기억했다. 두 남자가 만났을 때 카뮈는 자신의 철학적 추론이 모호하다는 에이어의 견해에 동의할 정도로 상당히 품위를 지켰던 것 같다. 에이어의 설명에 따르면, 카뮈는 "그가 젊은 시절 알제에서 철학 교사를 했다는 나의 묘사에 대해서만, 자신이 그때 사실은 프로 축구선수였다고 이의를 제기했다"고 한다. 그러나 카뮈가 프로 선수로 활약한 적이 없다는 점에서, 에이어는 카뮈의 프랑스어 혹은 그의 유머감각을 이해하지 못했음을 알 수 있다. 아니면 둘 다를 오해했거나.[78] 더욱 분명한 것은, 에이어가 《시지프 신화》에서 카뮈의 근본적인 주장 역시 이해하지 못했다는 사실이다. 어쨌든 그런 "형이상학적인" 관심에는 답이 있을 수 없다는 에이어의 자기만족적인 결론은 카뮈가 단순히 자기만족적인 "한탄"을 한 것이 아님을 부각시킬 뿐이다.

1970년대 초에 토머스 네이글은 마찬가지로 우월감과 인정이 뒤섞인 글을 발표했다. 그는 대부분의 사람들은 "가끔 삶이 부조리하다고 느끼고, 일부는 그것을 생생하고 지속적으로 느낀다"는 데 주목한다. 하지만 이런 부조리한 느낌을 설명하는 근거들이 "명백히 부적절하다"[79]고 말한다. 네이글은 에이어의 형식논리적 깐깐함에 공감하면서, "부조리에 대한 표준적인 논증들은 논증으로서 자격미달"[80]이라고 주장했다. 그렇지만 네이글은 삼단논법으로는 도달하지 못하는 진실의 저류低流를 느낀다. 비록 이런 논쟁들이 논리적으로는 빈약하지만, 그럼에도 불구하고 "말로 표현하기는 어려우나 근본적으로 옳은 무언가를 표현하려 시도한다"[81]는 것이다. 네이글은 이런 실패한 논증들이 계속되는 이유는 그것이 우리의 인생에 관해 진실하고 항구적인 무언가를 반영하기 때문이라고 인정한다.

그것은 우리가 자신 밖으로 나와 "무관점의 관점"을 택하는 경우, 우리가 일상적인 활동에 전념할 때 느끼는 상당한 중요성과 그것의 궁극적인 하찮음 사이에 놓인 부조화에 갑자기 직면할 때 깨닫게 되는 충격이다. 이제 우리가 충분하다고 여겼던 근거들은 마치 이웃집들은 고스란히 남겨둔 채 집 한 채를 흔적도 없이 날려버리는 토네이도만큼이나 자의적으로 보인다. 이 지점에서 "우리는 외부에서 우리 자신을 보며, 우리가 추구하는 목적들이 모두 우연적이고 특수하다는 게 분명해진다"고 네이글은 밝힌다. "그러나 우리가 이런 관점을 취하고 우리가 하는 행동을 임의적인 것으로 인식할 때에도, 그것이 우리를 삶으로부터 벗어나게 하지는 않는다는 데에, 바로 여기에 우리의 부조리가 있다."[82]

인간에게 고유하며 우리 사유의 섬유 속에 짜여진, 이 무관점의 관점을 취하는 능력은 우리 삶에 요긴한 것이자 골칫거리이다. 네이글은 부조리감이 존재의 근거에 대한 요구와 세계의 침묵 사이에서 일어나는 충돌의 결과라기보다, 오히려 "우리 자신 내부의 충돌"[83] 탓이라고 본다. 이러한 상태는 카뮈가 취했던 "낭만적이고 약간 자기연민에 빠진" 태도를 결코 정당화하지 않는다. 네이글은 우리의 상황이 우주적 관점에서 볼 때 지극히 하찮다는 사실을 제대로 이해하고 나면, 아이러니의 태도를 취할 수밖에 없을 거라고 결론을 내린다.[84]

이후 25년이 지나, 이번에는 테리 이글턴이 에이어와 네이글이 보여준 침착하고 세련된 태도를 취한다. "무의미하다고 가정한 세계와 직면할 때 알베르 카뮈가 취하는 비극적 반항은 사실 이 반항으로써 대답하고자 하는 문제의 일부이다. 우리가 애초에 세계에 대한 기대치를 부풀린다면, 기존의 일반적인 무의미를 느끼는 게 아니라, 세계가 구역질나도록 무의미하다는 느낌을 받을 것이다."[85]

아이러니는 어쩌면 제2차 세계대전을 겪은 사람들보다 주로 그 여파 속에서 살았던 이들에게 보다 쉽게 다가올지 모르겠다. 그러나 한 편의 에이어, 네이글, 이글턴과 다른 편의 카뮈 사이의 차이는 단순히 표현상의 문제가 아니다. 오히려 이 아이러니의 대응책은 치유법으로 위장한 질병일 뿐이다. 제프리 고든Jeffrey Gordon이 시사한 것처럼, 네이글의 경쾌한 치료법은 "우리의 영적 위기가 새로운 단계, 다시 말해 애도에 지친 나머지 애도받는 대상을 하찮은 존재로 믿으려 하는 단계로 넘어간 표시로 여겨질 수 있다."[86] 의미의 문제에 직면할 때 카뮈가 느끼는 전혀 과장되지 않은 절박함은 곧 문제의 중요성을 본능적으로 받아들이는 것이다. 아이러니의 초연함은 철학의 눈가리개를 쓰는 것과 같다. 그러나 이 눈가리개를 한쪽으로 치우는 사람에게 카뮈는 이렇게 말한다. "지성이 자신을 넘어서는 현실과 맞붙어 싸우는 광경보다 더 아름다운 것은 없다. … 현실의 비인간적인 면이 인간을 존엄하게 만드는데, 이런 현실을 평가절하한다는 것은 곧 인간 자신을 보잘 것 없게 만드는 것과 같다. 따라서 나는 모든 것을 내게 설명해주는 이론들이 어떻게 동시에 나를 약하게 만드는지 알 수 있게 된다. 이 이론들은 나에게서 내 삶의 무게를 덜어간다."[87]

실제로 철학자들은 신학자나 이데올로그들과 마찬가지로 이런 죄를 범하고 있다. 그러나 특정 부류의 전문 철학자들이 이론을 가장하여 대답을 제공하는 한편, 모럴리스트와 유사한 다른 부류의 철학자들은 오직 질문만 던진다. 로버트 솔로몬은 《시지프 신화》의 주장이 논증으로는 실패작이라고 보았다. 하지만 이런 주장들이 엄격한 철학 용어로만 구성되어야 한다고 고집해야 할까? 이런 관점에서 본다면 카뮈의 주장은 플라톤의 주장과 마찬가지로 엄격하거나 논리적이지 않다. 하지만 그렇다고 해서 우리가 플라톤을, 혹은 카뮈를 그 문제 때문에 묵살할 수 있을까? 만일 우리가 그렇게 한다면, 철학의 존재 이유를 저버리는 사람들은 이들 사상가라기보다 오히려 우리가 아닐까? 솔로몬은 이처럼 편협한 논리적 용어로 논증하기를 거부하는 것이 일부 철학자들을 위대하게 만든다고 시사했다. "그들은 다른 무언가를 하기 위해 노력하고 있는지도 모른다. 우리를 사유하게 만들기 위해, 우리에게 통찰을 주기 위해, 다양한 방법으로 우리 삶이 변화되도록 영감을 주기 위해. 논증은 그 가운데 단지 하나의 방법일 뿐이다."[88]

또 다른 방법으로는 신화적인 인물이든 동시대 인물이든 인물의 이미지를 이용하는 것이다. 신화적 인물은 시시포스이고 동시대의 인물은 샹봉이라는 마을의 어떤 사람이다. 전자에서 후자로 향하는 길에서 카뮈는 깨닫는다. 그것은 세계의 부조리에 대한 고독한 반항에서 인간이 인간에게 저지르는 비인간적 행위에 대한 집단적 반항으로 가는 길이라는 것을.

☙

1942년 말, 샹봉 인근 마을 주민들은 다른 사람들의 삶의 무게를 짊어짐으로써 자신의 삶의 무게를 온전히 떠안았다. 앙드레 트로크메André Trocmé 목사의 영향 아래 있던 샹봉 마을 사람들은 장차 비시 정부가 유대인을 어떤 식으로 취급할지 정확히 인식하고 있었다. 일찍이 1940년에 사기가 떨어진 국가가 비시 정부의 수장인 필리프 페탱을 받아들였을 때, 트로크메 목사는 1940년에는 페탱에 대한 충성 서약에 서명하길 거부하고, 1941년에는 페탱의 생일을 축하하는 교회 종을 울리길 거부하는 식으로 정부와 거리를 유지했다. 이런 경우가 닥쳤을 때 트로크메 목사는 정부 당국과 정면으로 부딪히는 것을 피했다. 그는 자기 신념을 고수하면서도 교회를 위험에 빠뜨리지는 않았다.

그런데 상황이 완전히 달라지자, 점차 많은 수의 유대인들이 — 1941년에 유대인은 겉옷에 노란별을 달라는 지시를 받았다 — 거주 지역을 떠나 샹봉을 찾기 시작했다. 트로크메는 망명자들을 보호하기 위해 보다 체계적이고 훨씬 위험한 저항 운동이 필요하다는 걸 깨달았다. 철학자 필립 할리Philip Hallie는 트로크메와 그를 추종하는 마을 사람들이 아마추어 저항 운동가임을 강조한다. 그곳에는 가르쳐주는 사람도, 참고할 기본 지침서도 없었고, 심지어 저항 운동을 위한 팸플릿조차 없었다. 다른 비밀 조직과의 접선 통로를 구축하고, 은신처를 찾고, 망명자들에게 가명을 지어주고, 서류와 신분증을 위조하는 등의 모든 행위들은 상당 수준의 계획과 신중함을 요했다. 하지만 타인의 생명을 구하는 실질적이고 조직적인 일들은 이미 늘 진행되고 있었다.

그렇지만 저항에서는 실천적인 부분 외의 것들도 마찬가지로 중요했다. 마을 사람들은 조직을 효과적으로 키우기 위한 방향을 암중모색했지만, 저항의 필요성에 대한 인식에서는 조금도 흔들림이 없었다. 그들의 명확한 통찰력은 부분적으로 위그노(프랑스의 프로테스탄트 칼뱅파 교도 ― 옮긴이) 공동체의 역사적 경험에서 비롯된 것이지만, 그 못지않게 중요한 사실은 그것이 트로크메가 성인이 된 이후 전 생애에서 실천한 윤리적 태도를 반영했다는 것이다. 저항은 무엇보다 세계를 보는 방식이며, 같은 인간 한 명 한 명의 존엄성을 인정하고 존중하는 도덕적 의무를 분명하게 드러내는 방식이다.

그 결과, 그들과 같은 처지의 프랑스인 남녀가 모두 비시 정권의 잔혹한 본성을 파악하기 시작할 때쯤, 샹봉 마을 사람들은 이미 무얼 해야 할지 알고 있었다. 충성 서약에 서명하길 거부하는 것만큼 외견상 간단해 보이는 어떤 일, 혹은 그보다 훨씬 대단한 어떤 일 ― 정부의 장관이 마을을 방문했을 때 마을 젊은이들이 편지를 전달하면서 자신들은 유대인에 대한 이 정권의 조치를 결코 받아들이지 않겠노라고 분명히 밝힐 때처럼 ― 이 여기에 해당되었다. 3천여 명의 유대인 성인과 아이들에게 가족을 찾아주고, 그들을 이 지역에 숨기거나 나라 밖으로 몰래 데리고 나가 목숨을 구해주는 것도 당연히 여기에 해당되었다. 아이리스 머독의 주장대로, 일관된 명료함으로 세상을 본다는 것은 도덕적인 선택을 해야 할 순간이 찾아올 때 이미 선택이 끝나 있는 것을 의미한다.[89]

아마도 부조리는 시대를 가리지 않는 것 같다. 욥을 예로 들어 보자. 우리는 욥기를 알고 있다고 생각한다. 처음과 마지막 사이에 끼어 있는 이야기를 기억해내기 전까지는. 첫 장과 마지막 장만 읽는다면, 아주 친숙한 한 남자를 만나게 될 것이다. 무한한 인내와 하느님에 대한 신앙으로 마침내 보상을 받는 우스Uz 땅에 사는 한 남자를. 그러나 그 사이에 있는 40개 장을 읽는다면 — 학자들은 이 40장이 처음과 마지막 장들보다 더 오래전에 쓰였다고 믿는다 — 굳게 지켜오던 신념을 완전히 깔아뭉개는 우주의 질서와 맞닥뜨린 한 남자를 만나게 될 것이다.

이제 그 장면을 떠올려보자. 하느님이 그의 종 욥을 칭찬하자, 상대 — 로버트 알터Robert Alter(캘리포니아 대학의 히브리 문학과 비교문학 교수 — 옮긴이)는 사탄이라는 이름으로 번역했다[90] — 가 내기를 걸었다. 당신이 이 남자에게 준 것을 모두 빼앗는다면 남자는 틀림없이 당신을 저주할 거라고. 하느님은 내기를 받아들였고, 욥의 지상에서의 생활은 순식간에 아수라장이 되어버린다. 욥은 양떼와 하인들과 무엇보다 자식들을 모두 잃는다. 그리고 상대는 욥의 굽은 몸뚱이에 마지막 일격을 가해 — 물론 하느님의 동의를 얻어 — "그의 발바닥부터 정수리 끝까지 온몸을 쓰라린 종기로 뒤덮었다." 욥과 함께 애통해 하는 세 친구들과 마찬가지로, 독자들도 함께 눈물을 흘리며 어쩌면 자신들의 옷을 찢고 머리에 흙을 뿌리고 7일 동안 입을 다문 채 앉아 있고 싶을지도 모른다. 우리가 이 이야기의 도덕적 철학적 관점을 이해하려면 적어도 그 정도의 시간이 필요할 것 같다. 부당하고 설명되지 않는 이 일련의 재앙들 속에서 욥은 어떻게 하고 있을까? 욥은 이제 그야말로 잿더미 위에 앉아 깨진 도자기 파편으로 종기를 긁으며 답을 찾고 있다.

욥은 답을 찾기 위해 제일 먼저 자기 친구들에게 간다. 친구들은 하느님의 본성을 감안할 때, 욥이 받고 있는 형벌은 틀림없이 정당하다고 여러 가지 방법으로 주장한다. 그러나 욥에게 이 대답은 비방일 뿐만 아니라 ─ 그는 자신이 하느님에게 노여움을 살 만한 어떠한 행동도 한 적이 없다고 믿는다 ─ 도덕적 상상력의 실패이기도 하다. 친구들은 특정한 무대 장치, 즉 신의 정의에 의해 다스려지는 세계에 대한 자신들의 믿음에 매달린다. 욥이 말과 경험을 통해 그 신념이 전혀 무의미하다는 걸 드러낼수록 그들은 더욱 필사적으로 여기에 매달린다. 이야기가 중반쯤 전개되었을 무렵, 욥은 친구들의 이해는 고사하고 위로받을 가능성마저 완전히 포기한다. 친구들은 그를 "이방인" "그들과 다른 관점을 지닌 사람"으로 만들었다.

비참하게도 하늘조차 욥을 멀리하기로 한 것 같다. 욥이 장황한 물음들을 던지는 동안에도 하늘은 여전히 아무런 답이 없다. 욥은 큰소리로 부르짖는다. "보라, 내가 부당함을 외치는데도 아무런 답을 들려주지 않는다. 큰소리로 울부짖는데도 아무런 판결을 내리지 않는다. 그는 내가 지나가지 못하도록 내 길에 담을 둘렀고, 내가 가는 방향마다 어둠의 장막을 쳐놓았다." 세계의 침묵은 실제로는 인간이 개입될 때에만 침묵이 된다. 아주 터무니없게도 욥은 의미를 요구한다. 그리고 역시나 터무니없지만, 욥은 자기 자신에게 물어야 한다. 의미가 발견되지 않으면 이제 자신은 무엇을 해야 하느냐고. 그리고 예정된 만남에서도 의미가 드러나지 않으면 이제 자신은 무엇을 해야 하느냐고. "그렇지만 지혜는 어디서 찾으며, 명철함이 있는 곳은 어디인가?"

욥에게 문제는 역설적이게도 궁극적으로 하느님의 침묵에 있다기보다 그의 말에 있다. 마침내 크게 화가 난 하느님은 폭풍 속에서 이렇게 다그쳐 묻는다. "아는 바 없이 말로서 내 계획을 어둡게 하는 자는 누구인가? 이제 남자답게 네 허리를 동여매어라. 내가 너에게 물을 터이니 대답하여라. 내가 땅의 기반을 다질 때 너는 어디에 있었느냐? 알고 있다면 분명히 말해보아라." 폭풍이 휘몰아치는 듯한 목소리로 이와 유사한 수십 가지 질문이 시작되지만, 모두가 하나같이 욥의 의미를 향한 탐구와는 관계가 없다. 이 같은 통렬한 비난이 끝나갈 무렵, 욥은 자신에게는 고통 받는 이유를 알려달라고 요구할 권리가 없었음을 고백한다. 신의 관점과 욥의 관점 사이에는 동일한 잣대로는 결코 비교할 수 없는 무언가가 있다는 것이 충분한 이유가 될 것 같다.

하루가 끝날 무렵, 욥은 낯섦과 불가해함이 이해를 위한 모든 노력을 수포로 돌아가게 하는, 황량하고 벌거벗은 세계에 살고 있음을 깨닫는다. 그는 대답을 요구하지만 제일 처음 얻은 응답은 침묵이며, 그 다음 얻은 응답은 의미의 가능성을 부인하는 말들이다. 물론 욥은 굴복한다. 여기에 부조리함이 있다. 결국 카뮈가 말하는 우주의 침묵과, 하느님의 분노에 찬 응답 및 소리 사이에는 차이가 있을까? 회오리바람 사이로 들리는 말들은 무자비와 격노로 가득 찬 것이지만, 마르틴 부버Martin Buber(오스트리아 출신의 유대계 종교철학자 — 옮긴이)가 아니더라도, 우리는 지금까지 일어난 모든 일들의 의미를 알려달라는 욥의 주장에 하느님은 결코 대답하지 않는다는 걸 알 수 있다. 욥기의 저자는 시시포스의 저자와 같은 느낌을 전달한다. 즉, 세상에 의미란 없다는 것을. 우리는 충성의 대가로 하느님에게 보상을 받는 욥과 함께 안도의 한숨을 쉬어서는 안 된다. 차라리 귀청이 떨어질 듯 요란한 묵묵부답으로 스스로를 정당화하기 위해 무서우리만큼 애쓰는 하느님에게 부응하려는 욥과 싸워야 한다.

사실상 마르틴 부버는 세계 내에서 정의를 추구하는 데 실패한 욥은 자기 자신 안에서 비로소 정의를 발견한다고 시사한다. 부버는 계속해서 욥의 이야기를 논하면서 "말이라는 형태의 옷을 처음 입은 인간의 의미 추구"[91]라고 말한다. 땅에 엎드려 하느님에게 굽실거리는 욥이 아닌 침묵하는 욥이 카뮈의 욥이다. 그리고 어쩌면 성서 원저자의 욥이기도 하다. 잭 마일스Jack Miles(미국의 종교학자 — 옮긴이)가 지적한 것처럼, 성서에서 하느님은 욥기 이후로 다시는 말을 하지 않는다. 그는, 하느님의 마지막 말은 "감히 당신의 물리적인 힘이 아닌 도덕적 권위에 도전한 인간, 욥에게 한 말이다 … 욥기의 마지막 부분부터 계속 읽다 보면 우리는 아무래도 하느님을 침묵시킨 쪽은 욥이라는 걸 알게 된다"[92]고 언급한다. 결국 우리에게는 두 명의 서로 다른 저자가 쓴 두 개의 서로 다른 지혜서가 있는 셈이다. 하지만 아마도 두 책 모두 같은 교훈을 전달할 것이다.

♋

그런데 이 교훈이 전시의 프랑스에 어떤 의의가 있었을까? 카뮈는 르파늘리에에 고립되어 지내면서, 마치 상봉에서 서서히 펼쳐지고 있는 놀라운 사건들로부터 피신해 있는 것 같았다. 그의 공책이나 편지에는 농가로부터 난 길 바로 아래에서 펼쳐진 구출 활동에 대해 알고 있다는 직접적인 흔적은 없다. 어쩌면 당연한 일일 것이다. 카뮈가 이런 활동을 몰랐다면 그에 대해 언급할 수 없었을 테고, 알고 있었다면 안전상의 이유로 언급하지 **않았**을 테니까. 가족들은 카뮈가 상봉에서 일어난 사건들에 대해 했던 말들을 전혀 기억하지 못하는 반면, 대다수의 동시대 사람들은 카뮈가 적어도 그 일을 알고는 있었다고 주장한다. 어쨌든 르파늘리에에서 연금 수급자 가운데 일부는 바로 유대인 망명자들이었다. 카뮈에게 히브리 성서를 안내해준 앙드레 슈라키André Chouraqui(프랑스의 법률가, 작가, 학자, 정치가 — 옮긴이)가, 자신의 친구는 "저항운동가 목사인 트로크메와 타이스가 르샹봉쉬르리뇽에서 펼친 활동에 대해 언제나 잘 알고 있었다"[93]고 주장한 이유 중 하나는 바로 이 때문이다. 또 한 가지 이유는 카뮈가 초고를 쓰고 있던 소설《페스트》의 몇몇 등장인물 이름이 바로 이 지역 인물들의 이름과 매우 유사하기 때문이다. 특히나 소설의 화자(인 동시에 주인공)인 리유 박사Dr. Rieux는 상봉의 의사인 리우 박사Dr. Riou를 모델로 한 것 같다.

하지만 결국 "그는 무엇을 알고 있으며, 언제 그것을 알았는가?"라는 식의 질문들은 아무 의미가 없다. 어떤 이유에서인지 1942년 말 무렵에 카뮈는 부조리의 한계를 재검토하기 시작했다. 카뮈는 그의 공책에서, 갑자기 "지금까지 나는 잘못된 방향으로 가고 있었다. 나는 처음부터 다시 시작할 것이다"라고 발표하는 사상가를 세상은 어떻게 생각할지 궁금해했다. 물론 세상은 그를 비웃을 것이다. 하지만 그렇다고 해서 정직한 사상가가 단념해서는 안 된다. 세상의 비웃음은 오히려 "그는 숙고할 가치가 있는 사람"[94]이라는 증거를 얹어줄 뿐이다. 이 같은 새로운 반성의 단계는 세계가 부조리하다는 사실 ― 인간의 조건에 대한 불가피한 진단 ― 을 인정했으며, 그와 동시에 이것이 하나의 진단에 불과하다는 사실을 인식했다. 그리하여 카뮈는《시지프 신화》미국판 서문에서《신화》를 쓰도록 자극한 근본적인 관심사들이 여전히 존재한다고 고백했다. 그는 이 책에 "기록한 몇 가지 견해를 능가하는 발전이 있긴 했으나, 내가 생각하기에 나는 이 견해들을 촉발시킨 절박한 상황들에 줄곧 충실했던 것 같다"[95]고 언급했다.

카뮈는 1942년에 부조리는 "아무것도 **가르치지** 못한다"[96]고 썼다. 우리는 시시포스, 뫼르소, 심지어 욥이 그런 것처럼 자기 자신을 보는 대신 타인을 보아야 한다. 카뮈는 우리가 이 침묵의 세상에 함께 살 수밖에 없는 운명임을 인식했다. 비시 정부의 한 관리가 앙드레 트로크메에게 유대인 망명자들의 거처를 말하라고 명령했을 때, 트로크메 목사는 이렇게 대답했다. "우리는 유대인이 뭔지 모릅니다. 우리는 오직 인간만 알 뿐입니다."[97] 같은 시기에 카뮈는 이 같은 감상을 반복한다. "이 세계의 비참과 위대함, 그것은 진리를 제시하지 못하지만 사랑할 대상을 준다. 부조리는 왕이지만, 사랑은 부조리로부터 우리를 구원한다."[98]

II

SILENCE

2. 침묵

태초에 침묵이 있었다. 수도 알제에서 출발하는 야간열차의 삼등
객차에 올랐던 남편과 임신 수개월째인 부인은 이제 알제리 북동부
해안의 작은 도시, 본Bône에 도착했다. 아내가 지켜보는 동안, 남편
은 아랍인 운전수를 도와 대기 중인 마차에 몇 개 안 되는 그들의
가방을 실었다. 마차는 남편이 관리자로 고용된 농장으로 향할 참
이었다. 움푹움푹 파인 데다 비에 흠뻑 젖은 도로 위를 덜컹거리며
달리는 바람에 출산이 앞당겨졌다. 아내는 마차에서 진통을 시작
했다. 여행자들이 목적지에 도착할 무렵, 아내는 고통으로 "조용히
울고" 있었다. 그 지방 의사가 도착하고, 벽난로 앞에 임시변통으로
설치한 침대에서 아기가 태어났다. 비가 잦아들 무렵, 아기와 부모
는 새집의 고요 속에 잠이 들었다.

혹은 어쩌면 태초에 이야기가 있었다. 카뮈의 마지막 작품이자
미완성 소설인 《최초의 인간》에 시작되는 카뮈 자신의 탄생 역사는
가족들 사이에서 전해지는 이야기를 바탕으로 한 것 같다. 그렇지
않고서야 어떻게 그런 글이 나올 수 있겠는가? 자신의 탄생을 목격

한 사람은 아무도 없다. 히포(오늘날 본)의 주교로 생을 마감한 성 아우구스티누스는 자신의 탄생 이야기로《고백록》을 시작한다. 그러나 그가 곧바로 언급하듯, 정작 자신은 그 일을 증명할 수가 없다. 대신 그는 다른 사람의 이야기에 의지해야 한다. "나는 제때에 나를 빚은 그곳에서 나를 빚은 육친들로부터 이야기를 들었다. 나 자신은 기억하지 못하므로."[1]

카뮈가 "또 한 명의 북아프리카인"이라며 조심스럽게 언급한 아우구스티누스는《고백록》에서 자신의 기원을 이해하려 노력한다. 마지막 작품에서 카뮈 역시 그런 노력을 한다. 아우구스티누스는 하느님에게 세상에 대해 그리고 자기 자신에 대해 질문을 던지지만 돌아오는 대답은 침묵뿐이다. 카뮈의 소설《최초의 인간》의 주인공, 자크 코르므리 역시 마찬가지다. 자신의 과거를 묻지만 그저 침묵에 마주칠 뿐이다. 코르므리는 자신의 출생을 중심으로 한 침묵에서 아버지의 죽음을 중심으로 한 침묵으로 이동한다. 1914년, 막내아들이 한 살도 채 되지 않은 때에 마른 전투에 참전한 뤼시앵 카뮈는 거의 아무것도 남기지 않은 채 사망했다. 두개골에서 떨어져 나온 파편들, 무공십자훈장, 사망 소식을 알리는 공문서 한 통, 아몬드 모양의 눈을 지닌 젊은 남자의 흐릿한 사진 한 장 — 이것이 아버지의 인생이 남긴 조각들이었다.

수많은 피에 누아르들과 마찬가지로 뤼시앵 카뮈도 프랑스 본국에 묻혔는데, 그는 브르타뉴의 작은 도시 생브리외의 국군묘지에 안장되었다. 카뮈는 1947년에 이 도시 외곽에 살던 소설가 루이 기유와 함께 아버지의 묘지를 찾았다. 카뮈보다 연배가 높은 이 소설가는 군인들을 위해 마련한 묘지에 카뮈를 데려갔고, 카뮈가 아버지의 이름, 출생일, 사망일이 새겨진 소박한 석판을 향해 다가가는 동안 뒤에 남아 있었다. 기유에게 돌아왔을 때 카뮈는 아무 말도 하지 않았지만,《최초의 인간》에서 이 방문에 대해 묘사한다. 코르므리는 "멍하니" 무덤의 석판을 응시하며 머리 위로 구름이 빠르게 지나가는 걸 알아차린다. "죽음이 누워 있는 드넓은 들판 도처에 침묵이 지배했다. 높은 담장 위에는 마을에서 들려오는 숨죽인 중얼거림뿐이다." "양동이가 대리석 묘비에 부딪혀 쨍그랑 소리가" 날 때에야 코르므리는 비로소 몽상에서 깨어난다. 그리고 이내, 마치 처음 보는 것인 양 아버지의 이름 아래에 새겨진 연도 '1885-1914'를 본다. "석판 아래에 묻힌 남자가 한때 그의 아버지였으며 지금의 그보다 더 젊었다"는 사실을 깨달았을 때 그의 침묵은 더욱 깊어진다.

이 충격으로 그동안 침묵 속에 잠겨 있던 많은 추억들이 마구 밀려든다. 젊은 시절, 언제나 "알 수 없는 목적을 향해 무리하며 애써 왔건만" 이제 와 문득, 자신과 닮았다는 사실 외에 아무것도 아는 것이 없는 이 남자와 모든 것이 연결되어 있는 것만 같다. 하지만 그가 뭘 할 수 있었을까? "거의 말이 없고, 읽거나 쓸 줄 아는 사람이 아무도 없으며, 그에게 이 젊고 가련한 아버지에 대해 알려주었을 불행하고 무기력한 어머니가 있는 가정에서?"[2]

독특하면서도 강렬한 작품《침묵의 세계》에서 막스 피카르트는 침묵이란 단순히 소극적인 것이 아니라고 주장한다. 침묵은 단순히 말을 하지 않는 것이 아니며, 다른 사람들이 이야기를 그치거나, 기계가 윙윙거림을 멈추거나, 라디오와 화면이 소리를 멈출 때 듣지 **않는** 것이 아니다. 오히려 침묵은 언어나 소리와 관계없이 존재한다. 침묵은 "그 자체로 완벽한 세계다. 침묵은 단지 침묵이기에 위대하다. 침묵은 침묵이며, 그것이 침묵의 위대함, 침묵의 순수한 위대함이다"[3]

보이지도 정의되지도 않지만, 그럼에도 침묵은 이 세계에 분명하고 확고하게 존재한다는 피카르트의 의견은 카뮈의 어린 시절에 대한 추억에 영향을 미친다. 카뮈의 할머니, 카트린 마리 카르도나 생테스는 뤼시앵이 전쟁터로 떠나자, 카뮈와 그의 어머니, 그리고 카뮈의 형을 자기 집에서 지내게 했다. 그러나 아버지의 사망으로, 노동 계급 주거 지역인 벨쿠르의 임시 거처는 영구적인 집이 되었다. 과부이며 거친 여장부였던 카트린 생테스는 글을 읽을 줄 모르고 과묵했다. 어느 땐 말을 하거나 소리를 지르기보다, 카뮈와 형 뤼시앵을 손이나 채찍으로 때리기도 했다.

할머니의 아들 가운데 하나인 에티엔도 같은 아파트에 살았다. 누이 카트린과 마찬가지로 이 건장한 남자 역시 잘 듣지 못했고 말하는 걸 무척 힘들어했다. 술통 만드는 일을 하는 에티엔은 작업장에 갈 때나, 일요일에 시골로 사냥 여행을 떠날 때 카뮈를 데리고 갔다. 카뮈가 에티엔에게 들을 수 있었던 그의 과거라면, 아들이 자기처럼 "돌대가리"였다는 것이 전부였다. "언제나 제 하고 싶은 대로 했지." 말로는 의사를 표현할 수 없었던 에티엔은 대신 놀라울

만큼 다양한 종류의 소리로 자신의 의사를 전달했다.[4]

에티엔은 또 침묵으로 이루어진 이야기인 팬터마임을 정교하게 보여주기도 했는데, 이런 팬터마임이 가족 아파트에서만 있었던 건 아니다. 일요일 오후면 어린 카뮈는 할머니와 동네 영화관에 가곤 했다. 무성 영화였지만 말이 없지는 않았다. 많은 장면들에 대사나 캡션이 있었다. 글을 읽지 못하는 할머니는 그럴 때면 카뮈가 큰소리로 읽어주길 기대했는데, 너무 큰소리로 말하면 다른 관객들에게 방해가 되고, 너무 조용하게 말하면 할머니가 잘 듣지 못하기 때문에 이것은 꽤나 힘든 일이었다. 아이는 이런 진퇴양난에 빠질 때면 이따금 입을 다물어버리곤 했다. 그러다 한번은 할머니가 크게 화를 냈다. 영화를 이해하지 못한 할머니는 극장 밖으로 나왔고, 카뮈는 "불쌍한 노파의 흔치 않은 즐거움 하나를 망쳐놓았다는 생각, 영화비가 빠듯한 살림살이에서 나온 것이라는 생각에 괴로워하며"[5] 울먹이면서 그 뒤를 따라 나왔다.

그러나 포착하기 어려울 만큼 지속적이고 감추어진 만큼 아득한, 카뮈 인생의 가장 깊은 원천은 어머니 카트린 생테스였다. 어린 카뮈가 아파트에 돌아올 때면 어머니는 종종 먼저 집에 와 있었다. 그렇지만 동시에 어머니는 그곳에 있지 않았다. 어머니는 창가에 놓인 의자에 앉아 말없이 창밖을 내다보곤 했다. "이따금 사람들이 어머니에게 물었다. '무슨 생각을 하세요?' 그러면 어머니는 이렇게 대답했다. '아무것도요.' 그리고 그건 정말이었다. … 어머니는 아무것도 생각하지 않는다. 밖에는 빛과 소음이 넘치지만, 이곳에는 한밤중의 침묵이 흐른다."[6] 〈긍정과 부정의 사이〉라는 제목의 초기 에세이에서, 카뮈는 어머니의 "동물적인 침묵은 고통으로 소리를 지르고 싶게 만든다"고 고백한다. 그의 마음에 연민이 흐르지만, 과연 이것이 사랑과 같은 것일까? 자신에게 단 한 번도 키스나 포옹을 한 적 없는 누군가를 사랑할 수 있었을까? 카뮈는 출입문 앞에 서서 어머니를 응시하며 어렴풋이 깊은 고통을 감지하지만, 귀가 먼 어머니는 알 수 없는 생각들에 골똘히 몰두한 채 아들의 존재를 알아차리지 못한다. "침묵은 멈춤이, 엄청나게 긴 순간이 다가올 것을 예고한다. 이것을 막연히 알고 있는 아이는 밀려드는 감정을 어머니를 향한 사랑이라고 생각한다. 그리고 틀림없이 그럴 것이다. 결국 그녀는 그의 어머니니까."'

카뮈의 어머니는 처녀 적엔 말을 잘했다고 하는데, 그래서인지 마치 마른 전투 때 남편을 잃은 충격 때문에 혀가 굳어져버린 게 아닌가 싶었다. 그러나 분명한 건 카트린이 두 아들 알베르와 뤼시엥을 데리고 벨쿠르에 있는 어머니의 아파트로 들어왔다는 것이다. 그녀는 청소부로 일하며 평생 이 집에서 살았다. 거의 말이 없었고, 주로 다른 사람들이 말을 걸어야만 입을 열었으며, 그나마도 짧게 몇 마디로 그쳤다. 그러나 어머니의 존재는 마치 보이지 않는 태양처럼 — 평생 카뮈와 함께한 찬란한 침묵을 내뿜은 태양처럼 — 아들에게 엄청난 영향력을 발휘했다.

침묵하는 어머니의 형상은 카뮈 작품에서 바다보다 더 중심을 차지한다. 그것은 태양이거나 혹은 어쩌면 모든 것들이 빨려 들어가는 암흑 물질일지 모른다. 뫼르소의 인생이 파괴되기 시작한 건 어머니의 죽음부터이고, 페스트가 휩쓸고 간 세상의 파괴를 막은 건 거의 말이 없는 리유의 어머니라는 존재이며, 코르므리가 과거를 찾기 시작한 건 어머니의 조용한 응시 아래에서다. 말년에 《최초의 인간》 초고를 시작하면서, 카뮈는 이 소설에 대해 "비밀을 발견하기 위한 여행. 그는 최초가 아니다. 모두가 최초의 인간이며 아무도 최초의 인간이 아니다. 이것이 그가 자기 어머니의 발아래 몸을 던진 이유다"라고 묘사한다.

사망하기 직전에 카뮈는 "어머니의 존경스러운 침묵과 이 침묵에 필적하는 정의나 사랑을 재발견하기 위한 한 남자의 노력"[8]이 중심이 되는 책을 쓰는 것이 자신의 문학적 목표라고 말했다. 나는 카뮈가 어떤 의미에서 이런 주장을 했는지 알지 못한다. 이 주장은 어머니의 침묵의 깊이를 아들은 결코 충분히 가늠할 수 없다는 의미가 아닐까. 《최초의 인간》을 위한 메모에서 카뮈는 자신의 모든 글, 자신의 모든 작품이 글을 읽지 못하고 거의 말을 하지 않는 한 여인을 위한 것이라는 사실을 붙들고 고심한다. 그가 "세상에서 가장 원하는 것은 어머니가 그의 삶의 모든 것, 그의 존재의 모든 것을 읽는 것이었으며 그것은 불가능한 일이었다. 그의 사랑, 그의 유일한 사랑은 영원히 말이 없을 테니까."[9]

인간이 예상했던 결과가 아니라, 오히려 우리가 열심히 귀를 기울여보지만 아무것도 들을 수 없을 때 맞닥뜨리는 부재, 이것이 인류보다 훨씬 오래된, 어쩌면 세계 자체보다도 오래된 적극적인 힘일 것이다. 카뮈의 소설과 에세이에서 세계는 이 원시적인 침묵을 드러낸다. 풍경은 소리 없는 무대이며, 사막과 산과 고원과 해안은 인간이 발을 딛기 이전부터 존재한 침묵을 강조한다.

1937년 초, 알제리의 아마추어 연극 단체인 노동 극단Theatre du travail은 아이스킬로스의 작품 〈사슬에 묶인 프로메테우스〉를 무대에 올렸다. 주로 젊은이와 중산층 학생들, 그리고 예술가들이 노동자 계급에 예술을 알린다는 공산주의 사상에 영감을 받아 1935년에 이 단체를 조직했다. 카뮈는 이들 가운데 가장 예외적인 인물이었다. 벨쿠르의 노동자 계급 지역의 자녀인 이 젊은 학생은 극단 뒤에서 극단의 본질을 밝히는 힘이 되었다. 도시의 정치 생활에 깊이 관여한 카뮈는 — 이 시기에 잠시 알제리 공산당원으로 있었다 — 연극 무대를 관객 앞은 물론이고 세계 앞에서 연기하는 수단으로 보았다. 카뮈는 1936년에 앙드레 말로의 〈모멸의 시대Le Temps du mepris〉를 무대에 올린 뒤, 아이스킬로스에 의지하기로 결심했다. 말로의 작품을 공연할 때처럼, 실업자들은 무료로 초대되었고 공연 수익금은 공동으로 분배되었다.

사람들은 그들이 이 비극 작품 — 프로메테우스는 자신의 자유를 성취하기 위해 인간에게 불을 줌으로써 인간을 도운 뒤 동료 신들에게 벌을 받는다 — 을 어떻게 각색했을지, 깜짝 놀랄 만한 무대 디자인과 의상을 어떻게 만들었을지 궁금해 한다. 프로메테우스를 제외한 모든 배우가 가면을 썼고, 프로메테우스는 온몸을 검은색으로 둘렀다. 카뮈는 이 연극 제작을 위해, 번역은 되어 있지만 "상당히 두꺼운" 프랑스어판을 각색하는 일을 맡았다.[10] 당연하겠지만 카뮈의 프로메테우스는 인류의 운명보다 자신의 영원한 고통에 더 사로잡혀 있다 — 어쨌든 인간은 그가 선물한 불 덕분에 자유로워졌고 마음껏 발명을 하고 있으니까. 그는 자연이 자신의 형벌을 증언해주길 요구하지만 어떻게 말해야 할지 모른다. "나를 파괴하는 이 힘을 설명할 말을 어떻게 찾을 수 있을까, 동시에 이것에 대해 어떻게 침묵을 지킬 수 있을까?" 말할 것도 없이 자연은 답을 하지 않는다. 적어도 언어로는. 대신 연극은 프로메테우스가 "살을 에는 듯한 세찬 바람" 앞에 벌거벗은 채 누워 있는 것으로 끝난다.

마치 일식처럼, 두 침묵의 원이 겹친다 — 눈앞을 멀게 하고 말로 전달할 수도 없는 프로메테우스의 고통의 실체와, 무심하고 말 없는 세상이 드리우는 그림자가. 프로메테우스는 말하고 싶은 충동과 그래 봐야 무의미한 짓이라는 자각 사이에 되풀이해서 사로잡힌다. "그렇지만 무슨 말을 한단 말인가? 앞으로 일어날 모든 일을 이미 정확하게 알고 있는 걸." 그렇지만 또 한편, "이런 일들을 말하자니 괴롭고, 침묵을 지키자니 역시나 괴롭구나…." 한편으로는 프로메테우스가 이 일들에 적합한 말을 즉시 찾을 수 없을 때 침묵이 밀려든다. 그리고 이 침묵으로 인해 언어가 무너진다. 그러나 이 침묵은 또한 프로메테우스를 기다리는 다른 더 깊은 침묵을, 인간의 상상력을 빈약하게 만드는 침묵을, 그가 "사람의 목소리나 형태"를 찾지 않을 세계를 예견한다.

같은 해 후반, 카뮈는 제밀라의 로마 유적에서 살을 에는 듯한 세찬 바람을 맞으며 이 위대한 침묵과 마주했다. 카뮈는 친구이자 노동 극단의 동료인 마리 비통이 조종하는 비행기를 타고 이 고대의 장소로 날아가, 알제리 동쪽으로 200마일 떨어진 아틀라스 산맥에 잠겼다. 날카로운 바람이 얼굴과 두 팔을 가차 없이 때릴 때, 카뮈는 "저울의 균형과도 같은 이음매 없이 거대한 침묵에"[12] 깊이 매료되었다. 새소리와 양들의 울음소리는 침묵을 깨지 않고 오히려 빚어냈다. ―"너무도 많은 소리들이 이곳의 침묵과 황량함을 만들어 내고 있었다."

그러나 이 같은 황량함은 거부되지 않고 환영받는다. 침묵과 사나운 바람으로 가득한 이 장소는 인간 조건에 관한 중요한 진리를 드러내보인다. 제밀라에서 "정신은 자신을 부정하는 어떤 진리를 낳기 위해 사멸한다." 바람과 태양이 뒤섞이는 아찔한 소용돌이 속에서 무언가가 형태를 갖춘다. 그 무언가가 폐허를 휩쓸며 "인간이 이 사멸한 도시의 고독과 침묵과 더불어 일체임을 느낄 수 있는 척도를 제공한다." 카뮈는 나중에 이렇게 썼다. 지금까지 한 번도 "나 자신으로부터 떨어져 나와 내가 세계 속에 현존하고 있음을"[13] 그토록 깊게 느껴본 적이 없다고.

카뮈가 제밀라에서 발견한 침묵은 미래에 대한 생각과 걱정들을 무화시켰다. 유적은 빛과 공간뿐 아니라 바람이 휩쓸고 간 고요까지 액자에 넣었다. "길게 늘어진 그림자들 사이로, 근심은 상처 입은 새들처럼 하늘에서 떨어지고 메마른 청명함이 그 자리를 대신했다." 오로지 자기 자신에게 몰두한 카뮈는 "'아니오'라고 말하고 있는, 내면에서 솟구치는 이 깊은 힘들"에 무방비 상태가 되는 것을 느꼈다. 즉 장래를 위한 계획과, 내일에 대해 말하는 것과, 아직 하지 않은 일들에 대해 '아니오'라고 말하고 있는 힘들에 대해. 대신에 카뮈는 우리가 보고 만지고 느낄 수 있는 것 외에 다른 것에 대한 믿음과 신화를 빼앗긴 현재의, 이 땅의, 이 세상의 힘을 요구한다. "인간이라고 불릴 자격이 있는 인간이라면, 생이 끝날 무렵, 한때 자신이 받아들였던 생각을 거부하고, 운명과 마주한 고대인들의 눈빛에서 빛나던 저 순수와 진실을 회복할 것이다."[14] 이 운명은 프로메테우스와 시시포스의 운명에서 드러난다. 그것은 그들이 한 일을 인정하고, 주어진 것을 받아들이며, 침묵의 우주를 조용히 살피는 것이다.

2년 뒤 카뮈는 아주 다른 종류의 침묵, 인간의 조건에 관한 근본적인 진실들을 드러내기보다 감추는 침묵과 부딪쳤다. 스튜어트 심Stuart Sim(영국 영문학자 — 옮긴이)은 "소리는 이념적 권력의 기표이므로"[15] 침묵이 매우 중요한 순간이 있다고 언급한다.

1938년에 카뮈는 새로 창간하는 신문《알제 레퓌블리캥》의 직원으로 합류했다. 카뮈는 기자로 일한 적은 없지만, 피에 누아르뿐만 아니라 도시와 지방의 노동자, 아랍인, 베르베르족이 겪는 경제적 불평등과 사회적 불평등을 폭로하겠다는 신문의 전투적인 목표를 공유했다. 1938년 이른 여름, 신문 편집장 파스칼 피아는 카뮈를 알제 동쪽 산악 지역, 카빌리에 파견했다.

베르베르족은 산꼭대기에 자리 잡은 마을에 살면서 산비탈에 매달린 무화과와 올리브 열매들로 목숨을 연명하며 바위투성이 땅을 경작했다. 프랑스가 이 지역과 "평화 조약"을 맺은 시기에, 피에 누아르 정착민들은 곡식을 경작할 만한 계곡 주변의 드넓은 땅을 차지했다. 고지대로, 외곽으로 밀린 베르베르족은 산악 마을로 들어가거나 본국으로 이주했다. 이들의 이주를 촉구하는 프랑스 정부는 여러 가지 가혹한 법 — 코드 드 랭디제나Code de l'indigénat — 을 현지인에게 부과했다. 이 법령에 따르면 프랑스 관리를 모욕하거나, 정부를 비난하거나, 정식 허가 없이 여행하는 것은 불법이었다. 그뿐 아니라 프랑스 공화국은 강제 노역이라는 봉건시대의 관행을 다시 꺼내 들어, 한때 그들의 소유였던 땅에서 아무런 보수나 보상 없이 노동을 하도록 강요했다.

카뮈는 이런 관행들을 알고는 있었지만, 단순히 마른 전투에 대해 아는 식으로 알고 있었다. 다시 말해, 부당하지만 자신과는 동떨어진 일 — 실제로 초기 에세이들에서, 살던 땅에서 쫓겨난 절망적인 사람들의 짐스러운 삶은 묘사하지 않은 채 알제리 풍경을 그저 이상적으로만 그릴 만큼 — 이었다. 아직 카빌리를 방문한 적 없는 청년 카뮈에게 인자하지만 혹독한 자연은 냉엄한 단순함 안에서 삶에 맞서도록 강요했다. "이 하늘과 그것을 바라보는 이 얼굴들 사이에는 신화나 문학, 윤리, 종교를 장식처럼 걸어둘 곳이 없다 — 오직 돌과 육체와 별과 손으로 만질 수 있는 진실들만 있을 뿐."[16]

그러나 6월 초 카뮈가 카빌리에 도착한 이후로 이런 이상화된 모습들은 더 이상 불가능했다. 그는 한 베르베르족 친구와 올랐던 언덕 위에서 돌과 침묵으로 이루어진 이 세계에 대해 새롭고 깊은 이해를 만나게 되었다. 카뮈는 별이 환하게 빛나는 깊은 밤하늘에서 눈을 돌려, 언덕 기슭에 위치한 마을, 티지우주Tizi Ouzou에서 활활 타오르기 시작하는 불길들에 관심을 기울인다. 친구를 바라보던 카뮈는 문득 이 불길들이 타오르는 이유를 떠올렸다. 이 불길들은 숭고한 순간을 마무리하는 것이 아니라, 가난하고 굶주린 마을사람들의 유일한 에너지의 원천인 것이다. 카뮈는 여전히 말이 없어 친구가 그의 침묵을 깬다. "그만 내려갈까?"[17]

아래로 내려가면서 그의 눈에 비친 모습은 과거 시골 알제리의 소리들을 감추었다. 또다시 카뮈는 말과 사실 사이의 엄청난 괴리와 마주했다. 이제까지 자기 이해의 중요한 조건으로서 침묵을 보던 관점은, 침묵이 정치적 이념적 목적에 봉사할 수도 있다는 생각으로 대체된다. 그는 곡물의 공식적인 분배가 인구의 필요에 부응하지 못한다는 걸 알고 있었다. "그러나 내가 정작 몰랐던 것은 이런 결핍이 사람을 죽이고 있다는 사실이었다."[18] 그는 또한 엉겅퀴 줄기가 현지인들의 주식이라는 건 알았지만, 한 지역에서 다섯 명의 어린이가 독성이 있는 뿌리를 먹고 죽었다는 사실은 알지 못했다.[19] 그뿐만 아니라 베르베르족이 운 좋게 일자리를 얻는다 하더라도 봉급이 형편없다는 건 알았지만, 그 액수가 굴욕적일 정도라는 건 알지 못했다. 일꾼들이 법적 허용 시간 이상 일한다는 사실은 알았지만, 그 시간이 법적 노동 시간의 거의 두 배에 가깝다는 사실은 알지 못했다.[20] 기사에서 그는 베르베르족이 처한 곤경에 대한 저주받을 침묵을 무너뜨렸으며, 제국의 옹호자들이 늘어놓는 상투적인 변명을 구차하게 만들었다. 모든 것은 베르베르족의 '민족성' 때문이며, 그들의 무지몽매한 정신과 프랑스의 문화적 사명 사이에 벽처럼 가로놓인 현지의 무수한 전통과 관습들 때문이라는 변명에 대해, 카뮈는 터무니없는 소리라고 대꾸했다. 그것은 물, 음식, 도로, 학교의 문제였으며, 카빌리에 너무도 부족한 이 모든 것들을 프랑스 정부 당국은 제공하지 않았다.

카뮈는 카빌리에서 십여 개의 기사를 보내며, 이 비극이 서서히 확산시키고 있는 침묵을 깨려 했다. 그는 이 상황은 "우리에게 관심을 보여달라고 울부짖는다, 그럴 가능성이 없는데도"[21]라고 외쳤다. 공화국의 이상과 카빌리의 현실 사이의 심연에 놀랐지만, 카뮈는 자신의 이상을 포기하기를 거부했다. 차별적이고 불공평한 교육 관행은 끝나야 하고, 학교는 통합되어야 했다. 카뮈는 베르베르족이 자신들의 불만을 식민지 개척자의 언어로 표현하지 못하기 때문에 침묵이 만들어지는 것이라고 이해했다. 카뮈는 "우리가 유럽의 교육 시스템과 토착민의 교육 시스템을 분리하는 인위적인 장벽들을 제거하는 날, 카빌리 사람들은 더 많은 학교를 갖게 될 것"이라고 썼다. 그럴 때 비로소 같은 교실에 앉음으로써 "함께 살도록 되어 있는 두 민족이 서로를 알게 될 것이다."[22]

결국, 카뮈는 행정상의 지시와 성문화된 폭력에 의해 침묵 당한 목소리 없는 자 les muets 들을 위한 대변자 역할을 맡았다. 프랑스는 공화주의 — 프랑스 제국 시대의 유산을 상당히 문제적이지만 동시에 대단히 훌륭한 것처럼 보이게 만든 이데올로기 — 를 단순히 전하는 데 그칠 게 아니라 그것을 실천해야 했다. 프랑스의 "식민 지배가 정당성을 갖출 수 있는 것은, 피지배 민족들이 정체성을 지킬 수 있도록 허용하는 정도에 비례한다. 우리가 이 나라에서 단 한

가지 의무만을 지닌다면, 그것은 대단히 자부심 크고 인정 많은 한 민족이 자기 자신과 자신의 운명에 여전히 진실할 수 있게 하는 것이다."[23]

카뮈가 베르베르족의 운명이 프랑스의 운명과 잘 조화를 이룰 것이라고 가정한 것은 우리의 관점에서 보면 순진한 발상이었다. 이 운명이 프랑스어로 표현될 수 있으리라 믿은 것이 어쩌면 순진한 생각이었던 것처럼. 마찬가지로, 보면 믿게 된다는 — 그리고 그 믿음이 실질적인 정책으로 이어지리라는 — 카뮈의 믿음 또한 순진한 것이었다. 카뮈는 프랑스 정치인들이 소속 정당과 관계없이 그가 카빌리에서 밟았던 여정과 같은 여정을 밟는다면, 쉽게 해답을 얻을 수 있을 것이라고 썼다. 그러나 이 같은 순진함 때문에 공화주의가 구현하는 박애 사상의 보편적인 유대에 관한 카뮈의 진심 어린 주장이 가려져서는 안 된다. 더 중요한 사실은, 그의 순진함이, 이렇게 말해도 괜찮다면, 소박하되 지나치게 단순하지는 않은 윤리적 지향에서 흘러나왔다는 것이다. 다시 말해, 올바로 보는 것은 올바로 행동하기 위한 전제조건이다. 카뮈는 아드니라는 마을의 오두막을 방문한 이야기를 했다. "어둑하고 연기가 자욱한 방에서 나는 두 여인의 환영을 받는다. 한 명은 나이가 꽤 많았고 다른 한 명은 임신부다. 세 아이가 어리둥절한 표정으로 나를 빤히 쳐다본다. … 가구 하나 보이지 않는다. 눈이 차츰 어둠에 익숙해진 뒤에야 사람이 생활한 흔적들이 눈에 들어온다. 흰색 점토로 만들어진 커다란 대야 세 개와 흙으로 빚은 그릇 두 개." 카뮈가 "커다란 배를 조심스럽게 안고 있는" 임신한 여인에게 어디에서 잠을 자느냐고 묻자, 여인은 "화장실로 사용하는 배수관 옆, 내 발아래 흙바닥을 가리켰다."[24]

카뮈는 이런 지역들에 거주하는 피에 누아르 정착민들의 침묵에도 애착을 가졌다. 《최초의 인간》에서 자크 코르므리는 "드넓고 적대적인 땅"을 가로질러 알제리 이민자인 아버지의 흔적을 헛되이 찾아다닌다. 그의 아버지는, 낡은 배의 화물칸에 짐처럼 실렸다가 어느 육지에 내려서 "마을과 평원의 특색 없는 역사 속으로 사라진" 동료 "정복자들"처럼 알제리로 항해했다.[25] 이 "정복자들"은 땅을 일구었고 땅에 의해 교화되었다. 그들은 "어떤 곳은 점점 더 깊게 어떤 곳은 점점 더 열심히 뒤섞으며 땅을 경작해, 마침내 칙칙한 흙이 그 위를 뒤덮었고 그 지역은 야생 초목이 자라는 곳으로 되돌아갔다. 그들은 그렇게 살면서 자식을 낳았고, 그런 다음 사라졌다." 코르므리는 이 정복자 세대들이 "자기 자신 안에 갇힌 채 아무런 자취를 남기지 않고 사라졌다. 거대한 망각이 그들 위를 드리우고 … 침묵 속에서 사라져 모든 것으로부터 떠났다"[26]고 회상했다.

카뮈의 초기 작품에 등장하는 익명의 아랍인들처럼, 결국 이 정착민들 역시 얼굴도 이름도 없다. 이것은 카뮈가 다른 집단 사람들에게 그런 것처럼 이들에게도 무관심하다는 의미일까? 아니면 권력자들이 이 두 집단 사람들을 착취했고, 이후 이들은 역사에 의해 조용히 잊혔다는 걸 믿는다는 의미일까?

1952년, 파리 — 아니, 어쩌면 센 강 좌안 지역만 해당될지도 모르지만 — 는 카뮈와 사르트르의 우정이 격렬하게 무너진 사건을 이야기하느라 여념이 없었다. 명목상 원인은 카뮈의 《반항하는 사람》에 대해 《레 탕 모데른Les Temps modernes》에 기고된 예리하고 신랄하지만 아주 부당하지만은 않은 평론 때문이었다. 사르트르, 시몬 드 보부아르, 모리스 메를로 퐁티가 발행한 월간지 《레 탕 모데른》은 전후 프랑스 지식인을 대상으로 한 수많은 문학 및 철학 잡지들을 제치고 재빨리 정상의 자리에 올랐다. 카뮈는 편집위원회와 가까이 지냈지만 운영에 대해서는 처음부터 일정한 거리를 유지했다. 그리고 이 임계 거리는 《반항하는 사람》이 출판되자 아찔할 정도로 넓게 틈이 벌어졌다.

돌이켜보면, 카뮈와 사르트르 사이의 이념 갈등은 프로메테우스의 운명만큼이나 확정적이었던 것 같다. 어쩌면 카뮈는 1951년 12월에 일기를 쓸 때 앞으로 다가올 일을 감지했는지도 모른다. "나는 서서히 다가오는 재앙을 참을성 있게 기다린다."[27] 《반항하는 사람》이 출간되자, 그 충격은 즉각적이고 논쟁적이었다. 이 에세이는 프랑스 공산당에 합류하거나 이동한 지식인들과 더불어 프랑스 공산당의 맹목적인 충성을 가차 없이 단호하게 비난했다. 카뮈는 역사적 필연성이라는 명분으로 소련에서 자행되는 범죄들을 못 본 척하려는 좌익의 성향을 맹렬하게 비난했고, 노예 수용소의 존재와 테러리즘의 통치를 정당화하려는 다양한 지적 논쟁들에 몸서리를 쳤다. 카뮈는 역사적 사건들의 논리가 "온전히 받아들여지는 순간, 인간은 더욱 훼손되고 그 논리는 객관적인 범죄로 탈바꿈한다"[28]고 주장했다.

그러나 사르트르가 보기에, 공산주의의 목적을 비방까지는 아니더라도 완전히 왜곡한 건 정작 카뮈의 분석 논리였다.《반항하는 사람》이 출간될 무렵, 프랑스에서 가장 영향력 있던 이 사상가는 정황상 개인 간의 의견 차이가 아닌 연대적인 투쟁이 필요하다고 결론을 내렸다. 지식인들은 역사적 필연성의 한 켠에 서 있을 호사를 누릴 수가 없었다. 그리고 실제로 그러려는 노력은 그들을 방관자에 그치는 것이 아니라 역사의 진보에 크나큰 장애물로 만들었다. 사르트르는 카뮈의 이런 고의적인 천진함을 꾸짖었다. "당신은 역사에 반하는 결정을 내렸다. 그리고 당신은 역사적 과정을 해석하기보다 그것을 또 하나의 부조리로만 보고 싶어했다." 그래서는 해결될 수 없을 것이다. "투쟁하는 이들에게 영향을 미칠 권리를 얻을 자격을 갖추려면 먼저 그들의 투쟁에 참여해야 한다. 이는 곧 몇 가지 변화를 원한다면 먼저 많은 것을 받아들여야 한다는 것을 의미한다."[29]

이 책에 대한 사르트르의 비판보다 카뮈를 더 마음 아프게 만든 건 기습적으로 쏟아진 혹독하고 노골적인 인신공격이었다.《레 탕 모데른》의 지면에서 사르트르는 자신이 생각하는 카뮈의 개인적인 결함들을 비웃었다. "음침한 자만심과 나약함이 한데 얽혀 있는" 옛 친구의 성격 때문에 지금까지 어느 누구도 카뮈에게 감히 솔직하게 이야기를 하지 않았다는 것이다. "그 결과 당신은 내면의 어려움들을 가리는, 당신은 그걸 지중해식 방식이라고 부르는 모양이던데, 그런 처절한 무절제의 희생자가 되었다. 조만간 누군가 당신에게 말할 테지. 날 좀 내버려두라고."[30]

　사르트르의 대응은 카뮈에게 큰 충격을 주었다. 카뮈는 개인 일기장에 이 상황에 대해 격분했고, 이념적 열망의 무게가 사르트르와 그의 추종자들을 공산주의로 이끌었다고 확신했다. "그러나 노예 상태가 되는 데에 왕도는 없다. 속임수, 모욕, 동지에 대한 고발이 있을 뿐이다."[31] 그러나 같은 쪽에 카뮈는 작가와 사상가로서 자신의 가치에 대한 괴로운 생각과 함께, 그해 말에 저 멀리 알제리 남부 지구로 여행하는 동안 떠올린 생각들을 열거한다. 제밀라에서처럼 인위적인 유적에 의해 편집되지 않은 참으로 "장엄한" 이 풍경은 그가 파리에서 경험한 정글 같은 격분에 대한 위안으로 거대한 침묵을 제공했다.[32]

　12월 중순, 알제에서 라구아Laghouat(알제리 북부의 도시 — 옮긴이)까지 혼자 차를 몰고 가면서, 카뮈는 제밀라에서 고대 로마 사원 기둥 저편으로 물결무늬를 이루던 북부의 사막과는 다른 모양의 사막을 발견했다. 이 오아시스 마을에서 카뮈는 인간이 아닌 자연의 작품, "불사신과 힘이 느껴지는 기이한 인상"을 발견했다. 그는 마을의 묘지조차 "편암의 파편들로 뒤덮여 있었고, 죽은 자들은 어지럽게 쌓인 돌무더기 아래에 뒤섞여 있었다"고 기록했다. 남쪽으로 더 내려갔을 땐 완전히 적대적인 풍경에 압도되었다. 그러나 이 특이한 적의는 파리에서 느낀 적의와 달랐다. 그것은 더 장엄한 무엇, 그의 존재에 완전히 무심한 무엇이었다. 이 "돌의 왕국"에서 카뮈는 자연이 부과한 한계 안에서 마음껏 즐겼다. 이곳은 환상이나 꿈을 위한 장소가 아니었다. "이 땅에서는 쟁기질을 해봐야, 돌멩이만 거두어들일 뿐이다."

  그러나 이것은 이 세계를 낭만적으로 바라보라는 권유가 아니었
다. 사막에서부터 번지는 침묵은 그곳 주민들의 도덕적 고뇌를 덮
어버리기도 한다고 카뮈는 경고했다. 가뭄이 닥쳐 수만 마리의 양
들이 죽어가고 있었다. 이 땅에서 일하는 사람들의 모습은 결코 그
림처럼 아름답다고 할 수 없었다. 아니, "주민들 모두가 나무뿌리를
찾아 땅을 긁어대고" 있었다. 가르다이아 마을에 도착할 무렵, 카뮈
는 맹렬히 내리쬐는 태양 앞에서 그랬던 것처럼 인간의 비참한 모
습에 망연자실했다. 혼자 있을 때 그는 일기장에 불쑥 이렇게 끼적
였다. "태양이 내리쬐는 부헨발트Buchenwald(독일 바이마르 부근의 마
을로 나치의 강제수용소가 있었다 — 옮긴이)."[33] 카빌리에서 멀리 떨
어져, 사하라 사막으로 향하는 자동차 여행은 카뮈에게 인간적인
것을 넘어서는 장엄함으로서의 침묵뿐만 아니라 인간의 불의에
대한 부역으로서의 침묵도 보여주었다. 카뮈는 눈부신 태양빛과
초자연적인 고요로 가득한 끝도 없이 펼쳐진 지평선에 갇혀, 세계
를 향해 진리의 원천으로서의 "침묵과 고독"을 요구했다.[34] 그러나
이것은 남들에게 목소리를 낼 수 있는 사람들이 옹호해야 할 진리
였다.

  이야기 자체는 단순하다. 나무통을 만드는 소규모 생산 공장의
노동자들이 20일간의 파업에 실패하고 다시 직장으로 복귀한다.

이야기의 주인공, 이바르는 자전거를 타고 공장으로 향하면서 그간 일어난 일들을 곰곰 생각한다. 이제 막 마흔 줄에 접어든 그는 혹독한 육체노동이 지속되는 생활로 피로에 지쳐 있다. "마흔이면 지칠 나이는 아니지, 아니고말고. 하지만 미리 대비는 해야 할 거야."[35] 이바르는 임금 인상을 요구하며 벌인 파업의 실패를 생각하니, 생명이 서서히 줄어드는 느낌이 더욱 강해졌다. 그는 깨닫는다, 그가 이 세상에서 자신의 자리를 서서히 내어주고 있다는 걸. 그는 고용주인 라살이 아주 힘든 상황이라는 걸 이해한다. 나무통 수요가 줄어들고 있어서, 수지를 맞추려면 라살은 봉급을 인상할 수가 없다. 그런데 공장 전체가 도산하면 어떻게 되는 걸까? "어떤 일을 익히기 위해, 그것도 긴 수습 기간을 요하는 어려운 일을 익히기 위해 수고를 아끼지 않았을 경우에는 직업을 바꾸지 않는다." 직장을 그만둔다는 건 상상도 할 수 없는 일이었지만, 체념한 채 부당한 임금을 받아들이고 자신의 노동이 저평가되는 걸 겪는 일역시 마찬가지였다. 그처럼 힘든 상황에서 "입을 다물고 있기란 어려웠다."[36]

하지만 그가 공장에 도착할 즈음, 이바르와 동료 노동자들은 바로 그런 어려운 상황에 처하게 될 것이다. 자전거에서 뻣뻣한 몸을 일으키며, 이바르는 동료들이 잠긴 문 앞에 조용히 서 있는 모습을 본다. 현장 감독 발레스테르가 문을 열어주길 기다리는 동안 ― 그는 그들이 무력함을 절감하도록 일부러 노동자들을 기다리게 한다 ― 그들은 한 마디도 나누지 않는다. 별안간 버려진 듯한 공장 안으로 줄을 서서 들어갈 때에도, 각자의 연장을 들고 망치질, 톱질, 못질을 시작할 때에도 아무도 말을 나누지 않는다. 파업 이전의 생활 리듬으로 되돌아올 때쯤, 라살이 문턱에 모습을 나타낸다. 이바르가 인정하듯 사장 — 그 자신이 숙련공의 아들인 — 은 언제나 공정했으며 직원들에게 공감해왔다. 그런데 널리 퍼져 있고, 그런 만큼 중요했던 무언가가 파업과 함께 무너져버렸다. 자연스럽게 보이려고 힘겹게 애쓰며, 라살은 천천히 공장을 걸어가면서 몇몇 직원들에게 인사를 건넨다. 그러나 그에게 돌아오는 것은 침묵뿐이다. 마침내 그는 직원들을 바라보며 애원한다. "그래요, 우리는 합의를 이루지 못했소. 그렇지만 우리는 여전히 함께 일해야 합니다. 그러니 이런 태도가 무슨 소용이 있겠소? 이런 태도가 무슨 도움이 되겠느냐 말이오."

그러나 소용이 있다 — 어떤 소용이 있는지는 잠시 후 납득이 될 것이다. 노동자들의 무언의 저항에 직면한 라살은 밖으로 걸어 나와 사무실로도 쓰이는 자신의 집으로 돌아온다. 그리고 발레스테르를 시켜 이바르와 노조 대표인 마르쿠를 사무실로 호출한다. 그들이 문 앞에 다다랐을 때 아이는 울고 있고, 라살이 의사를 불러 딸의 병이 호전되었는지 알아보겠노라고 아내를 안심시키는 소리가 들린다. 이바르와 마르쿠가 사무실로 들어오자, 라살은 사업이 좋아지면 곧바로 봉급을 올리겠다고 장담한다. 그 대가로 그가 요구하는 건 파업 전과 다름없이 관계가 지속되는 것뿐이다. 하지만 직원들은 그와의 악수를 거부한 것처럼 대답도 거부한다. 그러자 라살은 지금까지 유지하던 냉정함을 잃고 사무실을 나서는 그들의 등에 대고 별안간 고함을 지른다. "다들 지옥에나 가버려!"[37]

그들이 작업장으로 돌아왔을 때, 다른 직원들은 이미 초라한 점심을 먹기 시작했다. 이바르는 점심 도시락에서 샌드위치를 꺼내며, 자기 옆에서 일하는 아랍인 사이드가 대팻밥 더미 위에 기대 앉아 무화과 몇 개를 천천히 씹는 모습을 본다. 이바르는 자신의 샌드위치를 반으로 나누어 사이드에게 건네며, 앞으로 형편이 나아질 거라고 말한다. "그때 나를 초대해줘." 이바르는 자기도 모르게 방금 전 라살에게 들은 것과 똑같은 말을 반복한다 — 차이가 있다면, 이번에는 내민 손이 받아들여진다는 것이다.

그들이 다시 작업을 시작한 직후, 이바르가 유난히 집요하다고 느낄 정도로 라살이 작업 종을 울려댄다. 발레스테르가 라살에게 달려갔다가 곧바로 황급히 돌아오더니 의사를 찾아 서둘러 마을로 향한다. 직원들은 사장의 딸이 갑자기 의식을 잃고 쓰러졌다는 사실을 알게 된다. 작업장 밖에서 구급차의 사이렌 소리가 점점 크게 울리다가 희미하게 사라지자, 직원들은 다시 아무 말 없이 일을 계속한다. 이바르는 뭔가 말을 하고 싶지만, 그도 다른 사람들도 입밖으로 꺼낼 말이 아무것도 없다. 퇴근 무렵 라살이 머리카락이 헝클어진 채 불안한 시선으로 나타났을 때에도 아무도 입을 열지 않는다. 길고 당혹스러운 침묵을 깨고 라살이 웅얼거리며 말한다. "잘들 가시오." 그리고 아무런 인사를 듣지 못한 채 문을 닫고 나간다. "우리는 그를 불렀어야 했다." 이바르는 생각하지만 그땐 이미 너무 늦다.

이 이야기의 프랑스 제목 "Les Muets"는 "침묵하는 사람들", "말하지 못하는 사람들" 등으로 다양하게 번역되고 있지만, "말 없는 사람들"이 가장 정확하다. 이바르는 동료들과 함께 자기도 모르는 사이에 무언의 상태에 빠진다. 그는 아무런 계획 없이 마흔 살이 된 것처럼, 라살 — 그는 라살이 늘 자신을 공정하게 대해왔음을 인정한다 — 앞에서 침묵을 지키겠다고 따로 계획한 적이 없다. 지친 몸으로 자전거에 올라 공장으로 향하면서 젊은 시절 그토록 사랑했던 바다로부터 자기도 모르게 시선을 외면한다. 이바르가 침묵에 잠겼다기보다, 침묵이 이바르와 다른 동료들을 덮친다. 그는 아무리 노력해도 말을 찾을 수 없었으며, 설사 찾았다 하더라도 말을 꺼낼 의지를 찾을 수가 없었다. 라살의 사무실에서 사장의 제안을 듣는 순간, 이바르는 "이를 악물고 있어서, 뭔가 말을 하고 싶었지만 아무 말도 할 수 없었다."[38] 딸의 병으로 충격에서 헤어나지 못한 라살이 잠시 작업장에 모습을 드러낸 후에도 그는 뭔가 말을 했어야 했다고 깨닫지만 역시 아무 말도 하지 못했다.

작업장의 침묵은 카뮈에게 영향을 미친 더 유명한 침묵, 즉 점령 기간에 들었던 그 침묵을 똑같이 되풀이한다.[39] 비밀리에 만들어진 미뉘출판사 Editions du Minuit는 1941년에 중편소설 《바다의 침묵 Le Silence de la mer》을 출간했다. 출판사 창립자 가운데 한 사람인 장 브뢸레르 Jean Bruller가 베르코르 Vercors라는 필명으로 쓴 이 소설은 독일 장교 베르너 폰 에브레나크와 그가 머문 농가의 프랑스인과 조카딸 사이의 관계에 대해 이야기한다. 교양 있고 세련된, 프랑스어를 유창하게 구사하는 이 장교는 매일 저녁 이 집의 거실에 와서 두 사람에게 큰소리로 자신의 생각을 이야기한다. 그러나 삼촌도 조카딸도 그에게 전혀 반응을 보이지 않아, 그의 대화는 늘 일방적이다. 삼촌은 파이프 담배를 피우면서 천장을 응시하고, 페넬로페와 많이 닮은 조카딸은 한 번도 눈을 들지 않은 채 뜨개질만 한다. 사실상 이바르와 그의 동료 기능공들처럼, 삼촌과 조카딸은 이런 식으로 대응하자고 계획한 적도, 미리 협의한 적도 없다. 대신 그들은 "암묵적인 동의에 의해" 마치 장교가 이곳에 없는 것처럼 계속해서 자기들의 생활을 꾸려나간다.[40]

점령된 프랑스와 알제의 작업장, 굴욕 속에서 탄생한 침묵은 서서히 존엄성에 관한 직관에 가까운 고집이 뒷받침되는 침묵이 된다. 그런 순간 침묵은 의지에 의해 만들어진 것이라기보다 오히려 본능적이다. 그것은 우리에게 언어에 선행하는 침묵을 떠올리게 하며, 언어가 아직 세계에 대한 우리의 반응을 여과하지 않던 더 먼 과거의 세계를 상정한다. 피카르트가 언급한 것처럼, 침묵은 말없이 존재할 수 있지만 말은 침묵 없이 존재할 수 없다.[41] 카뮈의 친구이며 소설가인 루이 기유는 이 말을 달리 표현했다. "궁극적으로 우리는 무언가를 말하기 위해서가 아니라, 그것을 말하지 않기 위해 쓴다."[42] 오늘날 우리는 침묵을 소음의 중단으로 여기는 경향이 있다. 하지만 일단 소리의 피해로부터 회복되고 나면, 침묵은 드라마 같은 우리 삶에 일종의 통주저음 반주처럼 원초적인 작용을 한다는 걸 깨닫는다.

그러나 이바르가 완강한 교섭 담당자들 앞에서 줄곧 침묵을 지킨 반면, 베르코르의 등장인물들의 침묵은 유지되지 못한다. 폰 에브레나크가 동료 장교들 가운데 자신만이 독일 문화와 프랑스 문화의 조화를 꿈꾸고 있다는 걸 알게 된 뒤, 조카딸과 삼촌은 결국 그에게 반응을 보인다. 나치가 프랑스에 대해 어떤 준비를 하고 있는지 알고 충격을 견디지 못한 폰 에브레나크는 거의 죽음이 확실한 지역인 동부 전선으로 보내달라고 요청한다. 폰 에브레나크는 농가에서 보내는 마지막 날 밤에 이 소식을 전하고 떠날 채비를 하면서 조카딸을 바라보며 "안녕히"라고 속삭인다. 그가 문 앞에 가만히 서 있자 조카딸도 거의 말없이 "안녕히"라고 대답하고, 그 말과 함께 폰 에브레나크는 그 방과 그들의 삶으로부터 물러난다. 다음 날 아침, 폰 에브레나크는 말없이 함께 아침을 먹는 삼촌과 조카딸을 남겨둔 채 집을 나선다.

이바르 역시 라살에게 아무런 대답을 하지 않는다. 심지어 "안녕히 계십시오"라는 인사조차 하지 않는다. 그러나 그의 무의식적인 반응 — "그들은 그를 불렀어야 했다, [하지만] 이미 문이 닫히고 있었다" — 은 비록 너무 늦은 감은 있지만 조카딸의 반응과 일치한다. 조카딸의 경우 침묵이 언어 쪽으로 아주 조금씩 움직이는 반면, 이바르의 경우 언어는 여전히 이 침묵의 편에 머문다. 더구나 이야기는 여기에서 끝나지 않는다. 이바르는 자전거 페달을 밟으며 집으로 돌아가는 동안 소녀에 대한 생각을 멈출 수 없다. 이야기는 이바르와 함께 전율하며 끝이 난다. 이바르는 집안 테라스에 앉아 아내의 손을 잡고 바다를 응시하다가 불쑥 말한다. "아, 그게 문제야."[43] 우리는 그가 보는 것을 보지 못하고 그가 듣는 것을 듣지 못하지만, 이 대사는 우리 삶의 근본적인 모호함으로 화제를 돌린다. 결국 문제는 한 사람 한 사람의 특유한 삶과 상황들을 뛰어넘어 서로 소통하는 것이 불가능하다는 단순하고도 비극적인 사실일지도 모른다.

♋

1956년 1월 말, 카뮈는 프랑스인과 알제리인 사이에 여전히 평화가 가능하다는 불가능한 제안을 주제로, 공개 토론회에서 연설하기 위해 파리에서 알제리로 날아갔다. 도시 한가운데에서 열린 이 토론회는 거의 폭동으로 변했다. 밖에서는 엄청난 수의 피에 누아르 시위대들이 떼로 몰려다니며 고함을 질렀고, 회관 — 진보 클럽Cercle du progres이라는 회관 이름은 역설적이게도 그 의미가 퇴색되었다 — 안에서는 이 소음을 뚫고 카뮈가 목소리를 높였다.

"이 회의는 반드시 열려야 합니다." 카뮈는 아랍인과 프랑스계 알제리인으로 구성된 잔뜩 신경이 곤두선 청중들을 향해 선언했다. "서로 간에 여전히 소통이 가능하다는 걸 알리기 위해서라도 말입니다."[44] 카뮈는 외면할 수 없는 역사적, 인구통계적 사실들을 상기시켰다. 알제리에는 "수 세기 동안 이곳에 살았던 백만 명의 프랑스인과 수백만 명의 이슬람교도, 수세기 동안 이곳에 살았던 아랍인과 베르베르족, 그밖에 여러 종교 공동체가 있습니다."[45] 그러나 극단주의자들은 다른 단체뿐만 아니라 자기 단체의 온건한 구성원들까지 공포에 떨게 함으로써 이 현실을 묵살하려 했다. 양쪽 모두 대화를 시작하지 않는다면 프랑스인은 "아랍인이 존엄을 요구하고 있다는 걸 내심 알면서도 아랍인을 무시하기로 마음먹을 터이고, 아랍인 역시 알제리계 프랑스인이 그들과 땅을 공유하는 데 있어서

안보와 존엄성에 대해 똑같이 권리가 있다는 걸 느끼면서도 프랑스인을 무시하기로" 결심할 것이다.[46] 프랑스인과 이슬람교도 모두가 "상대방의 동기를 심사숙고하기 위해 정직하게 노력을" 기울이지 않는다면, 폭도들이 알제리를 휩쓸게 될 것이다.

파리로 돌아올 무렵, 카뮈는 폭도들이 반드시 그렇게 하리라는 걸 알았다. 카뮈가 연설을 마치자마자 주최 측은 별안간 모임을 끝냈다. 창문으로 돌이 날아왔고, 밖에서는 경찰 저지선이 막 무너지려는 참이었다. 정작 민간인 휴전을 요구하는 카뮈의 호소로 보호받게 될 사람들이 오히려 그 호소가 들리지 않도록 더 크게 고함을 지르고 회관을 기습하려 한다면, 이곳에서 무슨 희망을 볼 수 있을까?

양측의 커져가는 적내감에 부딪치고, 민간인 휴전에 관한 제안이 거부당한 채 알제리에서 돌아온 직후, 카뮈는 자유주의 성향의 주간지 《렉스프레스 L'Express》의 칼럼니스트 자리에서 물러났고, 알제리 사안에 대해서도 침묵했다. 프랑스 정부가 피에 누아르 집단의 완강한 주장에 굴복함으로써 공화국이 스스로를 감당할 수 있으리라는 자유주의자들의 희망을 묻어버렸다. 격화되는 내전에 대해서라면, 양측 모두 상대방이 완전히 굴복할 때에야 승리를 주장할 게 분명했다. 카뮈가 마음속으로 생각한 것처럼, "알제리의 고통이든 이 상황에 대해 이미 글로 쓴 바 있는 부질없는 행동이든"[47] 무엇이든 더 가중시키지 않으려면 아무 말도 하지 않는 것이 상책이었다. 이제 카뮈에게 남겨진 것은 침묵뿐이었다.

이런 반응은 그의 친구들도 적들도 만족시키지 못했다. 가장 유명한 예로, 카뮈가 노벨 문학상을 받으러 스톡홀름을 여행한 1957년 12월의 일을 들 수 있다. 오늘날 당시의 일은 그의 공식 연설보다 기념식 전날 카뮈와 한 알제리 학생과의 열띤 논쟁으로 더 강하게 기억된다. 스웨덴 학생들과의 질의응답 시간에, 이 젊은 알제리 학생은 알제리 사태에 침묵하는 카뮈의 태도를 공격하기 시작했다. 답변하려는 시도가 여러 차례 중단된 후 마침내 카뮈는 자신의 의견을 표명할 수 있었다. "물론 1년 8개월 동안 침묵을 지켜왔지만, 그렇다고 행동을 중단한 건 아닙니다. 저는 언제나 두 민족이 평화롭고 평등하게 공존하는 정의로운 알제리를 지지해왔습니다. 저는 알제리 사람들이 공정한 대우를 받아야 한다고, 그들에게 충분한 민주적 권리가 부여되어야 한다고 누누이 요구해왔습니다." 계속해서 카뮈는, 알제리에서 휘몰아치는 폭력의 소용돌이가 상당히 빠르게 커지고 있어, 말을 보태다가는 오히려 폭력이 더 거세질까봐 두렵다고 말했다. 학생들이 다시 도발하려 하자, 카뮈는 다음과 같이 말하며 그들과의 설전을 끝냈다. "저는 언제나 테러를 규탄해왔습니다. 가령 알제 거리에서 벌어지는, 그래서 자칫 내 어머니와 가족들을 덮칠 수도 있는 맹목적인 테러 행위도 규탄해야 하겠습니다. 나는 정의가 옳다고 믿지만 정의 이전에 내 어머니를 보호할 것입니다." [48]

다음 날 일간지 《르 몽드》에 실린 기사 덕분에 어쨌든 오늘날 우리에게 전해진 내용은 이렇다. 그러나 사실 카뮈가 실제로 했던 대답은 이것과 크게 달랐다. "사람들은 지금 알제의 전차 선로에 폭탄을 설치하고 있습니다. 내 어머니가 그 선로 가운데 한 곳에 있을 수도 있습니다. 만일 **그것**이 정의라고 한다면, 나는 차라리 내 어머니를 택하겠습니다." 알제리 민족주의자들에게 동조하고 카뮈를 몹시 경멸한 이 신문은 사흘 뒤 정정 기사를 내보냈다. 그러나 그런식의 정정 기사들이 늘 그렇듯, 이 기사도 즉시 묻히고 말았다.[49]

정의, 사랑, 침묵. 흥미롭게도 이것은 가장 논란이 된 카뮈의 발언들에서 발견되는 이상들의 조합과 동일하다. 물론 가장 대중적인 공공재인 정의에 대한 요구와 가장 사적인 가치인 사랑에 대한 요구 사이에 충돌을 상상할 수 있다. 그러나 알제리 학생에게 카뮈가 했던 대답에서 알 수 있듯이, 카뮈는 사랑과 정의가 종종 공존할 뿐 아니라 사실상 결합되어 있다는 것을 인정하려 하지 않았다. 카뮈에게 사랑과 정의는 우리를 세상과 서로에게 얽어매는 서로 분리된 이상들이다. 점령 기간 마지막 몇 달 동안 프랑스가 다른 종류의 내전을 벌이고 있을 때, 카뮈는 인간은 "영원한 불의에 맞서 싸우기 위해 정의를 고취시키고, 세계의 불행에 항거하기 위해 행복을 창조해야"[50] 한다고 단언했다. 그러나 민간인의 생명을 앗아가는 데 있어 "무차별적"이거나 "맹목적"이지 않았던, 아니 그와 반대로 양쪽 모두 공포를 확산시키기 위해 민간인을 차별적으로 겨냥했던 알제리 대량학살에서, 사람들은 불의와 불행이 지배하도록 허락했고 세계에 충실해야 하는 의무를 저버렸다.

카뮈는 《르 몽드》지에 보낸 편지에서, 이 신문이 잘못 인용한 부분을 바로잡았을 뿐만 아니라, 간접적이지만 자신이 침묵하는 이유들도 정정했다. "나는 또한 나에게 질문한 알제리 청년에 관하여, 알제리에 대해 아무것도 모르면서 알제리 문제를 이야기하는 많은 프랑스 사람들보다 차라리 그 청년에게 더 친밀감을 느낀다고 말하고 싶다. 그는 자신이 무슨 말을 하고 있는지 알고 있었으며, 그의 얼굴에서는 증오가 아닌 절망과 불행이 드러났다. 나는 그 불행을 함께 한다." 알제리에서 말은 기껏해야 쓸모없는 것, 최악의 경우 폭력의 소용돌이를 넓히는 데에나 연루될 뿐임이 입증되었다. 어머니와 함께 있을 때면 "자신의 주변으로 한없이 연민이 퍼지는 걸" 조용히 느꼈던 것처럼, 이 학생에 대해서도 마찬가지였다. "침묵을 지킬 때 상황이 명확해진다."[51] 카뮈는 조국 알제리의 비참한 상황이 그에게 침묵을 유지하도록 요구하고 있다는 걸 깨달았다.

그저 사회적으로 곤란한 상황 때문이든, 뭐라고 설명할 수 없는 어떤 깊은 고뇌 때문이든 다른 이들이 침묵에 잠길 때, 우리는 말을 하거나 외치고 싶은 유혹이 커진다. 해설자들이 의식적으로든 무의식적으로든 자신들이 다루는 주제가 남겨놓은 공백을 메우기 위해 거침없이 말을 늘어놓는 이유도 그래서다. 카뮈 자신이 우리에게 답을 암시한다는 이유 때문에라도, 우리는 이런 유혹을 물리쳐야 한다. 알제리 전쟁이 일어나기 직전, 말년에 쓴 에세이 〈티파사로의 귀환〉에서 카뮈는, 자신의 노력은 인생의 두 거대한 힘들이 "서로 모순될 때조차" 그 힘들의 균형을 유지하기 위한 것이라고 설명한다. 세계의 숭고한 경이로움과 개인의 윤리적인 의무도 여기에 해당한다. "그렇다, 아름다움도 있고 굴욕당하는 이들이 있다. 어떤 어려움이 있더라도, 나는 아름다움에 대해서든 굴욕받는 이들에 대해서든 결코 불성실하고 싶지 않다." 그는 계속해서 이렇게 말한다. "이 말은 여전히 윤리적으로 들리는데, 우리는 윤리를 초월하는 무언가를 위해 살고 있다. 우리가 그것에 이름을 붙일 수 있다면 어찌 침묵이 뒤를 잇겠는가!"[52]

　전쟁은 속세의 아름다움에 대해 카뮈가 느끼는 거의 모든 이미지의 원천인 조국 알제리를 황폐화시켰다. 이 전쟁에 대한 카뮈의 침묵은 윤리를 초월하는 것이 아니었다. 그의 침묵은 이 같은 충돌에서 아랍인뿐만 아니라 대다수의 피에 누아르들까지 양쪽 모두가 굴욕을 느낀다는 인식에서 비롯되었다. 본질적으로, 알제리 — 관념이 아니라 그의 삶 자체인 장소, 그의 가족, 그의 어머니가 살았던 땅 — 에 펼쳐진 진실들은 카뮈로서는 양립할 수 없는 것이었다. 노벨상 수상 연설에서 카뮈는 침묵은 어떤 순간 "섬뜩한 느낌을 띤다"고 말했다. 카뮈에게 알제리는 그런 순간들 가운데 하나였다. 다시 말해, 참사를 막지 못하는 말은 그 규모와 의미를 모호하게 할 뿐이므로 더 이상의 말은 무익을 넘어 해가 된다. 알제리의 비극은 바로 그러한 것이었다.

　카뮈가 니체를 처음 알게 된 건 십대 때였다 — 그의 대학 교수이자 멘토인 장 그르니에가 소개했다. 그르니에가 편집해 잡지《쉬드 Sud》에서 출판한 카뮈의 첫 번째 출간 에세이 역시 니체와 음악에 관한 것이었다. 카뮈는 니체에게 감탄하면서도 비판하기도 했는데, 니체에 대한 평생에 걸친 관심은 공책 전체에 드러나 있다. "내 모습의 일부는 니체에 의해서다." 카뮈는 기꺼이 이렇게 인정했다.[53]

카뮈가 가장 감탄한 부분은 날카롭고 신랄한 문체와 더불어, 인류가 감당해야 했던 종교적 혹은 형이상학적 허구들을 더 이상 지지하지 않는 세계에 대해 지독히도 명료한 확신을 가졌다는 점이었다.《시지프 신화》에서 카뮈는 미래의 모든 희망을 추방시킨 니체에게 찬사를 보낸다. "그의 최종적인 메시지가 자신만만하면서도 결실의 희망이 없는 명철함과 초자연적인 위안에 대한 완강한 거부에 있다는 사실을 고려하면, 니체는 부조리 미학의 극단적인 결론을 도출해낸 유일한 예술가인 것 같다."[54] 니체는 우리의 빈 우주에 꽃을 피운 각종 허무주의의 감독관 역할을 자처하면서, 대담하게 공허함을 공허함이라고 불렀다. 그러나 그는 소명이 아닌 필요에 의한 허무주의자였다. "그는 자기 자신에게서 그리고 타인에게서, 신앙의 불가능성과 모든 신앙의 원초적 근거 — 다시 말해 삶에 대한 믿음 — 의 실종을 진단했다."[55]

미셸 옹프레Michel Onfray(프랑스 철학자 — 옮긴이)는 카뮈가 니체의 진지한 독자이긴 했지만, 니체 철학의 신봉자는 아니었다고 언급한다.[56]《시지프 신화》를 출간할 무렵, 카뮈는 니체가 자신을 제외한 다른 독자들을 파국적인 결론으로 현혹시켰음을 발견했다. 신과 도덕이 없는 세상에서는 사실상 모든 것이 허용되었다. 알제의 태양 아래에서, 운명의 수용 — 니체의 아모르 파티amor fati, 즉 모든 기쁨과 모든 비애에 대한 차라투스트라식 '긍정!' — 은 세계에 대한 카뮈의 청년다운 사랑과 잘 어울렸다. 그러나 카뮈는 아우슈비츠 위로 드리워진 냉혹한 하늘은, 우리에게 다른 이들이 니체를 해석했던 방식을 다시 생각하도록 강요한다고 주장했다. 카뮈는 이렇게 단언했다. "우리는 니체의 후손을 알고 있으며, 최후의 반정치적 독일인임을 표방한 이 인물의 허락을 구해야 하는 정치가 어떤 종류의 정치인지 알고 있다. 그는 예술가인 폭군을 꿈꾸었다. 그러나 평범한 사람들에게는 예술보다 독재가 더 자연스럽다."[57]

그럼에도 카뮈는 끝까지 니체를 염두에 두었다. 1960년 1월 2일, 카뮈가 탄 차가 도로변의 플라타너스를 들이받았을 때, 카뮈와 운전을 하고 있던 그의 친구 미셸 갈리마르는 둘 다 그 자리에서 사망했고, 카뮈의 서류가방은 자동차에서 몇 미터 떨어진 곳으로 내동댕이쳐졌다. 가방 안에는 그의 증명 서류, 셰익스피어의《오셀로》,《최초의 인간》원고, 그리고 니체의《즐거운 학문》이 있었다. 이 잠언집에서 니체는 글을 쓴 적은 없지만 결코 말발이 달릴 것 같지도 않은 소크라테스와 언쟁을 벌인다. 니체는 소크라테스가 "역대 가장 현명한 수다쟁이인 동시에, 침묵을 지키는 데에도 뛰어난 인물이었다"고 언급한다. 그러더니 아이러니하게도 소크라테스는 가장 필요한 순간에 침묵을 지키지 못했다고 한탄한다. 임종 때 소크라테스는 친구인 크리톤에게 이해하기 어려운 훌륭한 말을 남겼다. "아스클레피오스에게 수탉 한 마리 빚진 게 있네." 니체에게 이 일화는 인간들 가운데 가장 명랑하고 용감했던 소크라테스조차 그럼에도 불구하고 말 그대로 "세상살이에 시달렸다"는 걸 의미했다. 결국 니체는 이런 결론을 내렸다. "우리는 그리스인조차 극복해야 한다!"[58]

그렇지만 우리가 그래야 할까? 카뮈는 그의 공책에 1954년에 이탈리아 토리노를 방문한 일을 설명한다. 흔히들 하는 이야기에 따르면, 1889년에 어떤 마부가 쓰러진 말을 채찍으로 휘두르는 장면을 목격한 니체가 황급히 길을 건너 두 팔로 짐승을 끌어안으며 바닥에 쓰러졌다는 곳이 바로 이곳이었다. 며칠 뒤 프란츠 오버베크 Franz Overbeck(독일 프로테스탄트 신학자 — 옮긴이)가 니체를 돌보기 위해 도착했을 때, 의식이 혼미해진 니체는 당황해하는 친구의 목을 와락 끌어안으며 흐느껴 울었다. 얼마 후 니체는 뇌졸중을 앓았고, 1900년에 사망할 때까지 다시는 말을 하지 않았다. "나는 이 이야기를 읽을 때마다 울지 않을 수 없다."[59] 카뮈는 이렇게 썼다. 카뮈는 오버베크가 니체를 보러 왔던 아파트 건물 앞에서 오래 서성이며 당시의 장면을 되살리려 해보았지만 잘 되지 않았다. 그렇지만 노력을 멈추지는 않았다. 카뮈는 영원한 침묵 속으로 빠져든 《차라투스트라는 이렇게 말했다》의 저자를 닮은 친구 르네 샤르에게 니체의 얼굴 사진을 받아 서재 벽에 붙였다.[60]

평론가 에리히 헬러Erich Heller는 니체의 "분절음의 흐름flow of articulation"에 관해 유려하게 기술한 바 있다. 그것은 헬러가 보기에 니체가 두려워했던, 말로 표현할 수 없는 것들을 막아내기 위한 말들의 힘마당force field을 뜻한다. 다시 말해 "덧없는 것들, 의식되지 않는 것들, 말로 표현되지 않는 것들을 피하기"[61] 위한 영웅적이지만 실패할 수밖에 없는 노력을 의미한다. 헬러는 단 한 줄의 실, 즉 말을 할 수 없지만 "섬뜩할 정도로 알아들을 수 없는 소리"를 내는 어떤 형상을 얼핏 보았을 때 니체가 경험한 환각으로 이 뛰어난 묘사를 엮어간다. 매우 주목할 만한 발견을 지나치게 과장하지 않도록 주의해야 한다는 헬러의 경고처럼, 우리는 카뮈에 대해서도 주의를 기울여야 한다. 그렇지만 카뮈의 공책에는 니체의 글을 연상시키는 대단히 아름다운 메모들이 기록되어 있다. 1956년 여름 알제리 전투가 일어나기 직전에 카뮈는 《최초의 인간》을 위한 메모를 했다. "소설의 끝. 엄마. 엄마의 침묵은 무엇을 말하고 있었을까. 이 말없음과 미소 짓는 입은 무엇을 외치고 있었을까. 우리는 부활할 것이다. 수천 년 동안 전 세계의 노파들이 세상이 지나가길 기다리며 인내하듯, 당신으로서는 상상조차 할 수 없는, 기계와 사무실로 가득한 이 세계의 비행장에서, 말없이 기다리는 어머니의 인내심. 아주 작고 다소 쇠약한 몸으로 잘 빗어 넘긴 머리를 한 손으로 누른 채 광활한 땅 위에서 으르렁거리는 괴물들을 향해 돌아선."[62]

물론 카뮈의 상상 속에 괴물 같은 건 없으며 카뮈는 그것을 피하려고도 하지 않았다. 오히려 그는 자신의 소설과 자신의 인생 안에서 어머니의 침묵에 대해, 아들을 향한 사랑을 표현하지 못하는 어머니의 무능함에 대해 숙고하며 그 주변을 충실하게 선회했다. 카뮈는 자신의 죽음이 1년도 채 남지 않았을 무렵, 어머니가 병원에 입원하자 알제로 날아왔다. 가족들이 어머니의 병상을 중심으로 "빽빽하게 둘러앉아 말없이 기다리는" 동안 어머니는 "조용히 고통받고 계셨다." 완고하고도 깊은 이 침묵은 카뮈에게 말을 재촉했을 뿐 아니라 그를 세계에 매어놓았다. 알제 체류 기간 동안 유독 힘들었던 밤이 지나고, 다음 날 아침 비가 내리며 도시를 적셨다. "등나무. 그 향기와 진한 열정이 내 젊은 날을 가득 메웠다 … 다시 한번, 영원히 지속되길. 내 인생에서 이 등나무들은 수많은 사람들보다 더 생기 있게 살아 있고 더 깊숙이 존재한다 … 내 옆에서 고통

받고 있는 이와 나의 반평생 동안 단 한 번도 내게 말 걸기를 그친 적 없는 그녀의 침묵을 제외하고."[63]

그의 어머니처럼, 우리처럼, 어쩌면 심지어 소크라테스처럼, 카 뮈 역시 삶을 견뎌냈다. 우리가 극복할 필요가 있다고는 결코 믿지 않았던 그 삶을.

III
MEASURE

3. 절제

도덕적으로도 지적으로도 파탄이 된 전후 유럽의 비탈진 길을 따라 암울한 광경을 살펴본 후, 카뮈는《반항하는 인간》의 말미에 자신이 얻은 관점을 이렇게 설명했다.

역사적 절대주의는 그 성공에도 불구하고 인간 본성의 억제할 수 없는 요구와 계속해서 충돌해왔는데, 지성이 눈부신 태양의 빛과 밀접하게 연결되어 있는 지중해는 이 요구의 비밀을 간직하고 있다. … 가장 자부심 높은 인종인 우리 지중해인은 아름다움과 우정을 박탈당한 비천한 유럽의 용광로에 빠져 있지만, 언제나 똑같은 빛을 받으며 살아간다. 유럽의 캄캄한 어둠 속에서 태양의 사상이, 즉 두 얼굴을 지닌 문명이 새벽을 기다린다. 그러나 그것은 이미 참된 통제력의 길을 비춘다.[1]

서로 얽혀 있는 전체주의와 공산주의의 본질에 대한 카뮈의 통찰은 그의 선견지명을 입증했고, 언어의 서정성은 감탄을 자아냈다.

반면, 전자와 후자 모두 동시대 지식인들의 이를 갈게 만들었다. 우리가 살펴봤듯《반항하는 인간》은 오늘날 대부분 카뮈와 장 폴 사르트르간의 극적인 다툼으로 기억된다. 그러나 카뮈의 에세이에서 결함을 찾은 사람이 사르트르만은 아니었다. 초현실주의의 주창자인 앙드레 브르통André Breton도 가세해 인신공격까지 해가며 도덕적 밑천을 드러낸 채 카뮈와 가시 돋친 언쟁을 벌였다. 〈시인의 반란〉이라는 제목의 장에서, 카뮈는 무의식과 비이성에 대한 초현실주의의 애착은 인간의 예속을 공고하게 해주는 것이라며 맹비난을 했다. 카뮈는 또 이 운동의 기초 작업인《제2차 초현실주의 선언서》에서 브르통의 유명한 구절이 독자들에게 군중과 충돌을 일으켜 최대한 빨리 맹목적으로 권총을 발사하라고 촉구하는 것 같다며, 도덕적으로 무책임하다고 혹평했다. 그러자 분개한 브르통이 저항과 절제를 결합하려는 카뮈의 노력을 조롱하며 질문을 던졌다. "저항에서 열정이라는 본질을 빼버리면 도대체 무엇이 남을 수 있겠는가?"[2]

문학에 관한 언쟁에서 비롯된 인신공격적 모욕은《반항하는 인간》이 제기하는 도덕 및 정치에 관한 중요한 관심사들을 흐리게 만드는 경향이 있다. 카뮈에게 문제는 단순했다. 그는 우리의 현 상태에 복종할 수 없는 것과 마찬가지로, 공산주의의 종말론적 약속들을 인정할 수 없었다.《반항하는 인간》에서 카뮈는 우리가 이 두 가지 선택을 거부하는 근거들을 발견하는 작업에 착수하고, 우리 세계의 부조리한 본질 속에서 그 근거들을 발견한다. ─ 이 세계에서 지중해는 사르트르와 브르통이 혹독하게 비난하는 바로 그 특성,

즉 절제la mesure의 근원이다.

꩜

　1942년 초, 카뮈는 공책에 이렇게 적었다. "칼립소는 율리시스에게 불멸과 그가 태어난 땅 가운데서 선택하라고 제안한다. 율리시스는 불멸을 거절한다. 아마《오디세이아》전체의 의미가 이 안에 있을 것이다."[3] 카뮈에게 이것은 여전히《오디세이아》뿐만 아니라 고대 그리스의 의미로 남는다. 이것은 오디세우스가 한계를 받아들인 것이며, 우리의 세계에 묶인 삶을 선택한다는 고대 그리스의 세계관을 표현한 것이다. 그로부터 약 20년 뒤에 카뮈가《반항하는 인간》에 쓴 것처럼, 호메로스의 영웅은 "모든 인간의 고난과 운명을 함께하기 위해 신성을 거부한다." 오디세우스와 마찬가지로 카뮈는 우리 모두 "이타카라는 충실한 땅을 선택[해야] 한다. … 빛에 잠긴 세계는 여전히 우리의 처음이자 마지막 사랑이다"[4]라고 선언한다.

　이와 같이 오디세우스의 향수 nostalgia ─ 그의 20년에 걸친 노스토스 nostos, 즉 고향으로 돌아가려는 노력 ─ 는 카뮈 자신의 깊은 향수병과 어우러진다. 카뮈의 그리움은 고향 알제리의 땅과 물, 푸른 하늘과 밝은 빛처럼 물리적인 것일 뿐만 아니라, 알제리에서 성장한 어린 시절에 그가 가장 깊이 느꼈던 삶의 의미 혹은 조화를 향한 갈망처럼 형이상학적인 것이기도 했다. 이처럼 뒤엉킨 상실감들은《반항하는 인간》뿐 아니라 그의 초기 에세이부터 마지막이자 미완성 작품인《최초의 인간》에 이르기까지 카뮈의 모든 작품에 걸쳐 스며든다.

　그러나 노스탤지어는 복잡한 문제다. 이타카 섬에 대한 충성을 맹세할 때까지, 오디세우스는 동료 선원들을 모두 잃고, 너무나 충격적인 만행을 목격했으며, 저승까지 여행하고 돌아왔고, 수많은 다양한 여신들과 동침했다. 더욱이 그는, 페넬로페에게 결혼을 승낙받기 위해 경쟁하면서 왕궁의 재물을 게걸스레 탐하는 구혼자들이 이타카 섬을 침략해 식민지로 만들었다는 걸 알고 있다. 물론 오디세우스는 이타카를 내전의 위기로 내몬 모든 구혼자를 ― 호메로스가 우리에게 알려주듯, 죽을죄를 짓지 않은 자들을 포함해 ― 대량 학살할 것이다. 이때 아테나 여신이 개입하여 전쟁 중인 이들이 각자 분노하는 이유를 **잊게** 만들고, 지중해에 떠 있는 이 바위섬에 평화를 강요한다.

　카뮈는 이런 자세한 내용에 주목하지는 않지만, 고대 그리스와 근대 알제리의 충실한 아들로서 이 내용들은 그의 삶에 깊은 울림을 준다. 그리스 신화는 카뮈에게 이런 이중의 충실성을 표현하게 해주었다. 카뮈가 글에서 언급한 것처럼 "내가 가장 편안하게 여기는 신화의 세계가 그리스 신화의 세계"라면, 이 세계는 지중해 남쪽 해안을 포함했다.[5] 사실 카뮈는 자신의 삶을 이해하기 위해서뿐만 아니라 우리의 삶을 이해하기 위해 이처럼 여러 신화들을 파헤친다. 전쟁으로 파괴된 알제리의 경우든 의미가 소멸된 세계의 경우든, 카뮈는 자신을 당혹감에서 벗어나도록 이끌 안내자로 그리스인에게 의지한다.

고전학자 울리히 폰 빌라모비츠Ulrich von Wilamowitz는 이렇게 단언한 바 있다. "고대인들에게 말을 하게 만들려면 우리 자신의 피를 먹여야 한다."[6] 카뮈도 유사한 측면에서 이렇게 선언했다. "신화 자체에는 아무런 생명이 없다. 신화는 우리가 살을 제공하길 기다린다."[7] 살이 붙고 나면 신화는 자라고 진화한다. 1942년《시지프 신화》를 발표한 직후, 카뮈는 부조리를 뛰어넘는 주제로 나가야 한다고 결론을 내렸다. 부조리가 인간의 조건에 대한 정확한 진단이긴 하지만, 나치의 지배를 받는 나라 프랑스의 절망적인 상황에 도움이 되는 지침은 아니라는 것을 깨달았다. 레지스탕스에 가입하여 마침내 비밀리에 발행하는 기관지《콩바Combat》의 편집자가 될 무렵, 카뮈는 이미 반항이라는 주제를 다룬 두 번째 사이클의 작품들을 구상하고 있었다. 이렇게 초점이 바뀌면서《페스트》《정의의 사람들》《반항하는 인간》이 탄생했고, 이 작품들은 카뮈가 프로메테우스라는 세례명을 부여한 새로운 삼부작이 되었다.

앞 장에서 보았듯이, 프로메테우스에 관한 카뮈의 관심은 시시포스에 대한 관심보다 훨씬 이전으로 거슬러 올라간다. 1937년에 카뮈는 친구들과 설립한 연극 단체인 '노동 극단'에서 공연하기 위해, 폴 마종Paul Mazon이 번역한 아이스킬로스의《사슬에 묶인 프로메테우스》프랑스어 번역본을 각색했다. 카뮈가 공산당에 가입한 때와 같은 시기였다. 젊은 피에 누아르에게 연극은 노동자 계급에 다가가고 그들을 교육시키기 위한 이상적인 수단이었다. 카뮈가 쓴 선언문에서 극단은, "연극이 상아탑으로부터 내려오는 … [그리고] 인간의 가치를 회복시키는 예술에 때때로 이익이 됨을 입증하기 위해서"[8]라며 설립 취지를 밝혔다.

이러한 이유에서 카뮈는 프로메테우스에게서 이상적인 협력자의 모습을 발견했다. 그러나 시시포스의 경우처럼 아이스킬로스의 프로메테우스 역시 신화적 인물의 여러 변형 가운데 하나일 뿐이다. 예를 들어, 헤시오도스는 《신들의 계보》에서 프로메테우스를 시시포스와 크게 다르지 않은 인물로, 즉 유창한 말솜씨로 제우스를 거듭 속이는 타이탄 족 신으로 묘사한다. 인류에게 불이라는 선물을 주기로 한 프로메테우스의 결정 — 이로 인해 제우스는 그를 기둥에 묶어 독수리에게 매일 그의 간을 배불리 먹게 한다 — 보다는 제우스의 신경을 긁는 것이 더 큰 목표인 것처럼 보인다.

그러나 〈사슬에 묶인 프로메테우스〉의 주인공은 아이스킬로스가 표현한 엄숙하고 섬뜩한 비극을 감당한다. 삼부작으로 여겨지는 작품 가운데 유일하게 현존하는 희곡인 〈사슬에 묶인 프로메테우스〉는 사슬에 묶인 주인공이 제우스에게 복종하기를 거부하는 것으로 끝이 난다. 프로메테우스는 제우스의 사자使者인 헤르메스에게 아무리 고문을 한다 해도 자신을 무너뜨리지 못할 거라고 말한다. "제아무리 극악한 취급을 하고 온갖 책략을 쓴다 해도 / 제우스는 나에게 이 일들을 말하게 할 수 없으리라 / 이 치욕적인 사슬이 풀릴 때까지는." 피에 누아르 집단의 가난한 노동자 못지않은 아랍인의 처지에 큰 충격을 받은 전투적인 좌파였던 카뮈에게 이 뜻밖의 결말 — 단편적인 증거를 바탕으로 보아, 이 삼부작은 제우스가 프로메테우스를 풀어주는 것으로 끝난다 — 은 완벽하게 사리에 맞는 것이었다. 이 연극을 연출한 지 1년이 채 되지 않았을 무렵, 카뮈는 한 걸음 더 나아가 프로메테우스가 혁명의 열정으로 표현되는 인물임을 깨달았다. "혁명 정신은 인간 조건에 대한 인간의 저항 속에 전적으로 담겨 있다. 그것이 취하는 다양한 형태 속에서 혁명은 … 예술과 종교의 유일하고도 영원한 주제이다. 혁명은 — 프로메테우스 시대 이래로 — 언제나 신들에 대항하며 전개된다."[9]

그러나 이러한 혁명적인 기백의 정서, 신들과 그들이 소중히 여기는 질서에 대항하는 극단적인 몸짓 역시 조국의 물리적인 아름다움에 완전히 사로잡힌 젊고 야심적인 예술가의 관심을 끌었다. 〈사슬에 묶인 프로메테우스〉를 공연한 지 1년이 되지 않았을 때 카뮈는 자신의 공책에 "절제 속에서 무절제를 찾으라"[10]고 스스로에게 촉구했다. 1936년에 쓴 에세이 〈티파사에서의 결혼〉에서도 카뮈는 관능의 무절제에 찬사를 보낸다. "우리는 사랑과 만나고 욕망과 조우하는 방향을 향해 걷는다. 우리는 위대해지기 위해 필요한 교훈이나 통렬한 철학을 찾지 않는다. 태양과, 우리의 입맞춤과, 이 땅의 야생의 향기를 제외하고 이곳에 있는 모든 것이 헛된 것만 같다. … 이곳에서 나는 질서와 절제를 다른 이들에게 맡긴다."[11] 그러나 고대로 향하는 관문, 티파사는 카뮈에게 더욱 강렬히 알려준다. "찬란한 아름다움이 의미하는 것, 그것은 바로 한없이 사랑할 권리"[12]라는 것을.

카뮈에게 비극 작품은 그가 "정오의 사상 la pensée de midi"이라고 일컬은 것, 다시 말해 그가 지중해와 연결시킨 세계관을 구성하는 요소였다. 그의 극단이 〈사슬에 묶인 프로메테우스〉를 무대에 올린 그 해에, 카뮈는 알제의 문화회관에서 "신지중해 문화"라는 제목의 공개 강연을 했다. 이 강연에서 카뮈는 알제리 작가 가브리엘 오디지오Gabriel Audisio가 양차 대전 사이에 시작한 운동인 "지중해주의Mediterraneanism"에 대한 개념을 간략하게 제시했다. 지중해주의란 이탈리아 파시스트와 그들이 로마를 우상화하는 것으로부터 "지중해의 정신"을 복원하고 그것을 고대 그리스의 인본주의적 보호 아래에 두자는 것이었다.[13]

그러나 '지중해'에 대한 카뮈의 이해가 지도상의 실제 지역과 늘 일치하는 것은 아니었다. "증거들" 혹은 "명백한 사실들"이라는 제목의 강연에서, 카뮈는 사실이 아니라 일반적으로 사실로 여겨지는 내용을 제시한다. "지중해, 즉 열 개에 가까운 다양한 나라들이 연결된 분지가 있다." 이 각각의 나라에서 우리는 "우리 모두가 잘 아는 강렬하고 다채로운 삶"을 사는 "편안한 차림의 남자들" 사이에서 "인생에 대한 동일한 감상"을 발견한다.[14]

당신이 편안한 차림의 남자 혹은 여자라면, 아마도 북아프리카나 중동 일부 지역 출신은 아닐 것이다. 1937년에 지중해에 인접한 국가는 열 개가 아니라 열다섯 개였다. 카뮈는 국가의 수를 셀 때 유럽의 특권적인 관점을 지녔던 것 같다. 이집트와 지중해 동부 연안 지역은 완전히 배제된 반면, 그가 지명한 두 아랍 국가, 알제리와 튀니지는 둘 다 프랑스의 지배하에 있었다. 게다가 카뮈는 기독교와 유대교의 기원 및 발전에 대해 논의한 반면 이슬람교에 대해서는 한 마디도 언급하지 않았다. 마지막으로, 카뮈가 "아랍인들"

에 대해 언급했을 때 의문은 사라지기는커녕 오히려 커졌다. 카뮈는 이렇게 분명하게 말했다. 북아프리카는 "동양인과 서양인이 가까이 모여 사는 몇 안 되는 나라들 가운데 하나다. 그리고 이 연결 지역에서는 스페인 사람이나 이탈리아 사람이 알제의 부두에서 생활하는 방식이나, 아랍 사람이 그 주변에서 생활하는 방식 사이에 거의 차이가 없다." 카뮈의 집안처럼 찢어지게 가난한 노동자들과 부유한 농장주들까지 전부 아우르는 피에 누아르 사회 또한 계층화된 속성을 가지고 있었지만, 알제리에 거주하는 유럽 정착민의 경제적, 법적, 사회적 조건과 아랍인과 베르베르족으로 구성된 토착민 사회의 조건 사이에는 여전히 아찔할 정도로 깊은 심연이 놓여 있었다.

놀랄 것도 없이, 카뮈에 대해 가장 비판적인 반식민지주의 비평가들 가운데 한 사람인 코너 크루즈 오브라이언Conor Cruise O'Brien은, 이 신지중해 문명의 옹호자가 "프랑스인의 범주가 아닌 다른 범주에서는 생각하지 못하는 것처럼 보인다"[15]고 결론을 내렸다. 그러나 닐 폭스리Neil Foxlee가 최근 주장했듯이, 새로운 지중해인의 정체성을 구축하려는, 다시 말해 시대적 도전에 필적하는 신화를 창조하려는 카뮈의 노력은 식민지 통치라는 현실을 회피하는 것이 아니라 그 결함들을 다루려는 노력이었다.[16] 이 경우 본론만큼이나 전후 배경이 중요하다. 아랍과 베르베르족 주민들의 완전한 시민권과 정치적 권리를 요구하는 유일한 당으로서 알제리 공산당은 문화회관을 설립했다. 이 토론장에서 카뮈는 당원(짧은 기간이지만)으로 가입해야겠다고 결심을 하게 됐고, 그보다 훨씬 앞서 고등학교 재학 시절에 이미 《이크담Ikdam》이라는 신문에 참여하겠다는 생각을 하게 됐다. 19세기 알제리 민족주의자, 압달 카디르Abd al-Kadir의 손자가 창간한 이 신문은 프랑스의 지배하에 있는 아랍인과 베르베르족에게 인권 및 시민권을 확장해줄 것을 프랑스에 요구했다.[17]

카뮈는 신지중해 문화의 태동을 발표한 그 해에, 독립신문인 《알제 레퓌블리캥》에 입사했다. 그는 사회면의 잡다한 기사 작성 업무에서 곧바로 취재 기자 업무로 자리를 옮겼는데, 가장 눈에 띄는 기사는 1939년 카빌리 동부 지역에서 취재한 연재 기사였다. 충격적이게도 이 긴급 보도의 첫 번째 기사 제목은 "누더기가 된 그리스"였다. 이 기사에는 고대 그리스를 향한 카뮈의 노스탤지어와 근대 알제리 상황에 대한 격분이 뒤섞여 있다. "카빌리의 첫 번째 비탈에 다다라 정상 가까이에 옹기종기 모인 작은 마을들, 양모 소재의 흰색 겉옷을 걸친 남자들, 올리브나무, 무화과나무, 선인장이 가장자리에 즐비하게 늘어선 길, 단순한 생활과 풍경, 사람과 땅을 일별하노라면 그리스를 연상하지 않을 수 없다."[18]

그러나 좀 더 가까이 다가가자마자, 카빌리 일상생활의 잔인한 현실 아래 고대 그리스의 이상은 무너져버린다. 일례로, 공식적인 식량 배분이 모든 인구의 수요를 맞추지 못한다는 건 공공연한 사실이었다. 그러나 카뮈가 쓴 것처럼 "내가 몰랐던 건 이러한 결핍이 사람을 죽이고 있었다는 사실이다."[19] 그는 계속해서, 영양실조에 걸린 아이들이 덮개가 덮이지 않은 하수구 옆에서 놀고, 교실에서 굶주림으로 쓰러지고, 부엌의 남은 음식을 가지고 개들과 다투고,

경련으로 괴로워하고, 독성이 있는 뿌리 음식을 먹다가 사망하는 마을의 끔찍한 현실을 묘사한다. 일상생활의 비참함은 제국주의 옹호자들의 변명, 즉 베르베르족이 질병에 걸리는 것은 그 "사고방식" 때문이라는 주장이 거짓임을 보여주었다. 카뮈는 그것이 터무니없는 변명이라고 했다. 원인은 물과 음식, 도로, 학교의 문제였으며, 이 모두 카빌리에 크게 부족한데도 프랑스 당국이 제공하지 않은 것들이었다. 카뮈는 카빌리에서 수십 통의 글을 발송했으며, 전부 같은 메시지를 실었다. 이 같은 인간의 고통은 "심사숙고 운운하는 번드르르한 말 따위로 가려져서는 안 된다. 그들의 고통은 우리의 관심을 호소하지만, 그럴 희망은 없다."[20]

이후에 일어난 일련의 사건들을 들여다볼 때, 《이크담》의 직원으로 혹은 《알제 레퓌블리캥》의 기자로 카뮈가 취한 입장이 그야말로 순진하다고 생각될지도 모르겠다. 어쩌면 그럴지도 모른다. 하지만 그런 순진함 덕분에 양차 대전 사이 기간 동안 도덕적인 설득력을 유지할 수 있었다. 카뮈는 식민지화에 따른 잔혹한 현실을 은폐하기보다는 공화국으로 공식 흡수하는 정책이 완전한 통합 국가를 위한 청사진이라고 굳게 믿는 소수의 프랑스계 알제리인에 속했다.[21] 프랑스 식민정책은 당연히 인종차별주의적이고 온정주의적이었다. 그러나 1789년의 보편적이고 평등주의 정서로 가득한 프랑스 공화국의 신조는, 카뮈처럼 특출한 개인들에게 알제리의 모든 거주민이 완전히 프랑스적이고 완전히 공화주의적이며 완전히 자유로울 수 있도록 힘쓰게끔 자극하는 힘도 있었다.

카뮈는 프로메테우스라는 인물을 통해서 자유와 책임의 문제에 대한 탐구를 계속했다. 유럽 전역에 영원히 겨울만 계속될 것 같던 제2차 세계대전이 끝나고, 카뮈는 1947년에 〈저승의 프로메테우스〉를 발표했다. 짧고 서정적인 이 에세이는, 세계대전에서 벗어나고 나치의 위협에서도 해방되었지만, 이제 공산주의와 자본주의 세력에 인질로 잡힌 세계에서 프로메테우스가 과연 어떤 의미가 있을 수 있을까 하는 질문으로 시작한다. 이 질문에 답하면서 카뮈는 이제 정치적인 세계와 형이상학적인 세계, 물리적 세계와 정신적 세계 모두를 아우른다. "프로메테우스는 인간에게 불과 자유, 기술과 예술을 제공할 정도로 인간을 사랑한 영웅이었다. 반면 오늘날의 인류는 기술만 필요로 하고 기술만 좋아한다. 우리는 예술과 예술이 암시하는 것을 장애로 그리고 굴종의 상징으로 여기면서 우리의 기계를 통해 저항한다. 그러나 프로메테우스의 중요한 특징은 그가 기계와 예술을 분리할 수 없다는 것이다."[22]

제우스에게 그토록 미움받던 바로 그 프로메테우스가 전후 유럽의 잔해 한가운데에 나타났다면, 그 시대의 위대한 기술적 이념적 지도자들 역시 그를 내쳤을 것이다. "그들은 그가 맨 먼저 상징화한 바로 그 인본주의라는 이름으로 그를 박해할 것이다."[23] '역사'를 선택한 사람들, 즉 공산주의가 제시한 천년왕국의 관점을 받아들인 사람들은 프로메테우스의 유산 ─ "이 아들에게 '대담한 생각과 가벼운 마음'을 남기노라"[24] ─ 을 저버렸다. 프로메테우스가 명분을 가진 ─ 혹은 더 정확하게 말하면 명분들을 가진 ─ 반항아지만, 카뮈가 줄곧 숙고하는 것은 프로메테우스의 영웅적인 몸짓, 제우스의 지배에 반하는 저항적인 행위에 대해서다. 〈사슬에 묶인 프로메테우스)의 결말 부분에서 우리는 기존 질서에 대한 도전을 철회하지 않아 이루 말할 수 없는 고통을 받는 어떤 신과 남겨진다. 그의 마지막 말—"나를 보시오, 내가 얼마나 부당하게 고통받는지!"—은 젊은 카뮈에게 무척 매력적으로 여겨진, 운명에 대한 낭만적인 저항을 고스란히 반영한다.

바로 이 무렵 카뮈는 갈리마르 출판사의 편집자가 되어 '희망 Espoir'총서를 맡아 출간한다. 의심할 여지없이 편집자로서 그가 발굴한 가장 중요한 작품은 시몬 베유 Simone Weil의 작품이었다. 극단적인 정치이론가이며 철학자, 종교적 신비주의자인 그녀는 드골 장군의 자유 프랑스 운동에 참여하기 위해 1941년에 영국으로 건너갔고, 2년 후인 1943년에 상당히 불행하게 죽음을 맞았다. 흩어져 있는 소수의 잡문과 에세이를 제외하면 베유의 거의 모든 작품들이 아직 출판되지 않은 상태였다. 카뮈는 이후 몇 년에 걸쳐 베유 가족들의 도움을 받아, 가장 유명한《뿌리내림 L'Enracinement》을 비롯한 정치 에세이에서부터《초자연적 인식 La Connaissance surnaturelle》같은 종교적 작품에 이르기까지 베유의 몇몇 작품들을 편집, 출간했다.

그러나 카뮈와 베유의 가장 중요한 접점은 아마도 고대 그리스라는 주제였을 것이다. 1953년에 카뮈는 베유가 고대 그리스인에 관해 쓴 에세이 모음집《그리스적 원천 La Source grecque》을 출간했다.

무엇보다 이 모음집에는 〈일리아스 혹은 무력의 시〉라는 상당히 영향력 있는 에세이뿐 아니라 헤라클레이토스 사상의 개론이 수록되었다.

베유가 카뮈에게 미친 영향을 가늠하기는 어렵다. 1958년 스톡홀름에서 열린 기자회견에서, 노벨상 수상자인 카뮈는 자신이 가깝게 느끼는 프랑스 작가 단 두 사람의 이름을 강조하며 언급했는데, 바로 시인이며 절친한 친구인 르네 샤르와 베유였다.[25] 카뮈의 전기 작가인 올리비에 토드Olivier Todd는 카뮈가 베유에게 "매료"되긴 했지만 그녀의 "고통과 죽음에 대한 애호"는 좋아하지 않았다고 말한다.[26] 카뮈가 베유에게 느낀 매력은 부분적으로 정치적인 것이었다. 카뮈는 《뿌리내림》에 언급된 인간의 요구와 의무에 관한 분석을 새로운 발견으로 여겼다.[27] 하지만 그는 고대 그리스에 대한 베유의 논의에도 그에 못지않은 통찰이 있음을 발견했다. 틀림없이 카뮈는 호메로스의 서사시와 아이스킬로스의 비극 작품에 드러난 "폭력"에 대한 베유의 논의에 특히 주목했을 것이다. 베유에게 폭력은 도처에 만연해 있고 항상 동일한 결론에 이르는, 적나라한 사실이다. 무차별적이고 불가피한 폭력은 희생자와 가해자를 모두 "대상"으로 만든다는 점에서 강자와 약자를 같은 상태로 강등시킨다. 베유의 글처럼 "폭력은 그 희생자만큼이나 그것을 소유한 자 혹은 소유하고 있다고 생각하는 자에게 똑같이 무자비하다. 전자는 폭력에 의해 탄압받고, 후자는 폭력에 도취된다. 그리고 진실은, 실제로 아무도 그것을 소유하지 못한다는 것이다."[28]

그러나 권력을 쥔 사람들은 자신들의 무력에 의한 지배가 순전히 환상에 지나지 않는다는 걸 깨닫지 못한 채 끊임없이 권력을 남용한다. 그리고 그에 대한 응징 — 신들이 신성한 균형 상태를 재확립하는 수단 — 은 필연적이다. 이 같은 새로운 균형과 심판의 형태는 베유에게 "그리스 사상의 주된 주제였다. 이것은 서사시의 핵심이다. … [그리고] 이것은 아이스킬로스 비극의 주요 원인으로 기능한다."[29] 베유는 우리가 이런 한계라는 개념을 잃었다는 데 주목한다. 사실상 서양에서는 더 이상 "어떠한 언어도 한계를 표현하는 단어조차 갖고 있지 않다. 삶의 태도를 결정해야 하는 한계, 정도, 균형 같은 개념들이 서양에서는 기술에 관한 용어의 보조적인 기능에 한정된다. 우리는 물질의 기하학자일 뿐이지만, 그리스인들은 무엇보다 덕행이라는 도제수업의 기하학자들이다."[30]

프로메테우스 시리즈, 특히 《페스트》와 《반항하는 인간》은 우주에 대한, 소박하지만 미묘한 색조가 있는 베유의 이해를 반영한다. 카뮈는 20세기의 한가운데에서, 아이스킬로스 비극에서 발견하고 베유의 작업의 관점에서 재구성한 수수께끼를 재현한다. 이곳은 프로메테우스와 제우스가 모두 옳지만 누구도 정당화되지 않는 우주이며, 신들이 아가멤논에게 딸을 희생 제물로 바치든지 아니면 헬렌과 그리스의 명예를 되찾기를 포기하라는, 매우 곤란한 선택을 강요하는 우주다. 한 마디로 이곳은 철학자 버나드 윌리엄스 Bernard Williams가 "초자연적인 필연성"[31] 이라고 말하는 것에 인간이 지배를 받는 우주다. 《페스트》의 주인공 닥터 리유는 누구와 혹은 무엇과 싸우느냐는 질문에 이렇게 대답한다. "나는 아는 게 없습니다. … 정말이지, 아는 게 없어요."[32]

카뮈는 폭력에 대한 베유의 비극적인 개념이 당면한 프랑스령 알제리의 전후 시기에 특히 적합하다는 것을 알고 있었음에 틀림없다. 1945년 중반 카뮈는 거의 3년 만에 처음으로 고국에 돌아왔다. 그는 거의 4월 한 달 동안 알제리를 종횡무진 다니며, 폭력 사태에 대해 점점 불거지는 소문에 용감하게 맞섰고, 전쟁이 피에 누아르, 아랍인, 베르베르족 주민들 사이의 관계에 미치는 영향을 평가했다. 그런데 파리로 돌아온 직후인 5월 8일에 세티프Sétif(알제리 동북부 상업도시 ─ 옮긴이)에서 끔찍한 대량학살이 벌어졌다. 양측 간에 번갈아 벌어진 이 학살은 아랍인들의 광란으로 시작되어 프랑스군에 의해 일사분란한 방식으로 끝이 났다.

카뮈는 전쟁 기간 동안 편집자로 일한 레지스탕스 신문《콩바》에 "알제리의 위기"라는 볼드체의 헤드라인으로 첫 기사를 냈다. 그는 "오늘날 알제리가 고심하고 있는 심각한 문제들"에 대해 경고하면서, 과거 자신이 카빌리에 다녀간 이후로 지역 주민의 환경에 거의 변화가 없다고 밝혔다. 너무나 많은 인구에 비해 식량은 너무도 턱없이 부족하고, 이기적인 피에 누아르와 무책임한 프랑스 관리들은 많은 공화주의의 이상들이 너무나도 거짓임을 보여주었다. 이 정책으로 고통받는 사람들은 "그들이 생활해야 하는 환경과 관련된 부분 외에서는 열등하지 않으며" 뿐만 아니라 "과거 2년간 프랑스 해방을 위해 싸운" 사람들이다. 프랑스의 의무는 분명했다. 프랑스는 "굶주린 이들의 가장 큰 고통을 잠재우고 격해진 마음을 치유"[33]해야 했다.

카뮈는 인간 존엄성의 보편적인 조건들을 강력하게 요구하면서
도, 인간 개개인의 특수성을 놓치지 말아야 한다고 주장했다. 모든
프랑스계 알제리인들은 "[알제리인 이슬람교도들을] 판단하기 전
에 그들을 이해"해야 할 의무가 있었다.[34] 카뮈는 프랑스가 "알제리
를 다시 정복"[35]해야 할 것이라고 발표했다. 이 같은 도발적인 선언
은 평범한 사실을 강조한 것이었다. 공화국의 이상은 알제리를 유
럽의 피난처 정도로 보는 선에서 더 발전하지 못했다. 알제리가 앞
으로 프랑스의 일부로 남아 있길 바란다면, 프랑스는 무력이 아니
라 시민의 권리와 의무, 혜택을 체계적이고 성실하게 적용하여 알
제리를 다시 정복해야 할 것이다. 마지막 사설에서 카뮈는 이렇게
의견을 표명했다. "그들의 정의 추구와 자기희생 정신에 확고한 관
심으로 보상하지 않는다면, 권력과 확장을 향한 걷잡을 수 없이 과
열된 욕망은 결코 용서받지 못할 것이다. 우리가 방금 북아프리카
에서 취한 탄압 조치에도 불구하고, 나는 서양의 제국주의 시대는
끝났다고 확신한다."[36]

카뮈는 《콩바》의 슬로건, "저항에서 혁명까지"가 나치 점령하에
살고 있는 남자와 여자들뿐 아니라 프랑스 식민지 지배하에 살고
있는 남자와 여자들을 고무시켰음을 대부분의 동시대인들보다 훨
씬 깊이 이해했다. 카뮈는 프랑스의 문화적 사명이 "이 나라가 종속
시킨 모든 이들에게 보다 완전한 해방"을 가져다줌으로써 더욱 완
벽하게 이행될 수 있다고 단언했다. 그렇게 하지 못한다면 프랑스
는 "승리 외에 더 이상의 진전을 보일 수 없음을 스스로 입증한 다

른 모든 정복자들과 마찬가지로 증오만 거두게" 될 것이다. 프랑스가 나치 점령 중에 겪은 경험을 되풀이해서는 안 된다는 카뮈의 경고는 주목할 만했다. 우파는 말할 것도 없고, 좌파 진영에서도 프랑스의 행동에 대해 그런 식으로 발언하지 않았던 것이다. 그러나 더 주목할 점은, 방금까지 수많은 사람들이 피를 흘린 상황에서도 카뮈가 정의를 요구했다는 점이다. "불행하고 무고한 프랑스 희생자들이 목숨을 잃었으며, 그 자체로 이 범죄는 용서할 수 없다. 그러나 회복할 수 없는 피해를 막기 위해, 나는 우리가 오직 정의로써 이 살해에 대응하기 바란다."[37]

카뮈의 희망은 무산되었다. 1955년, 알제리에서 유혈 사태가 시작될 무렵, 카뮈는 '비극 작품의 미래'에 대해 강연하기 위해 아테네로 향했다. 과거에 《사슬에 묶인 프로메테우스》를 고통받는 신을 표현한 작품으로 보았다면, 지금 카뮈는 이 비극의 의미를 더욱 심층적으로 파고들었다. "비극에서 서로 대치하는 두 세력은 똑같이 타당하고 똑같이 정당합니다." 그는 청중들에게 이렇게 말했다.

프로메테우스는 정당한 동시에 부당하고, 그를 무자비하게 억압하는 제우스 역시 그의 편에서 보면 그럴 권리가 있습니다. 멜로드라마라면 이런 말로 요약될 수 있었겠지요. "한쪽만 정당하고 정당화될 수 있다." 반면 완벽한 비극적 방식은 이렇게 요약될 것입니다. "모두 정당화될 수 있지만 어느 쪽도 정당하지 않다." 고대 그리스 비극의 코러스가 대개 신중하라고 조언하는 이유가 그래서입니다. 코러스는 어느 한계까지는 모두가 옳다는 걸, 그러나 무지나 격정으로 이 한계를 넘는 사람이, 자기만이 권리를 지닌다고 생각하고 그 권리를 주장하기 위해 끝까지 욕망을 고집한다면, 재앙을 향해 치닫게 된다는 걸 알기 때문이지요.[38]

이제 카뮈는 쇠사슬로 기둥에 묶인 신 — 영웅적이면서도 부조리한 인물 — 의 관점에서 물러난다. 프로메테우스를 유일하게 정당한 부류로 묘사하는 것으로 만족했다면, 아이스킬로스는 방대하게 얽힌 이해관계에 무관심한 단순한 드라마를 썼을 것이다. 하지만 매우 비극적이게도 그의 프로메테우스는 옳기도 하고 틀리기도 하다. 그가 인간에게 불을 준 건 옳지만, 똑같은 행동이 제우스가 관장하는 우주의 질서 내지는 균형을 깨뜨린다. 카뮈는 그리스 비극의 본질을 이렇게 인식한다. "한계를 넘어서는 안 된다. 한계를 중심으로 똑같이 타당한 힘을 지닌 양측은 끊임없이 진동하며 대치한다. 이 한계를 넘는 실수를 저지르는 것, 이 균형을 무너뜨리려 시도하는 것은 곧 파멸을 의미한다."[39]

아이스킬로스의 《오레스테이아》 결말 부분에서, 복수의 세 여신 푸리에스Furies에게 복수의 욕망을 내려놓고 "잔인하게 정복하겠노라는 인상을 주는" 어떠한 행동도 하지 말라고 설득하는 아테나 여신처럼, 카뮈는 모든 인간에게 정의를 받아들이라고, 아테나가 호소한 것처럼 "중용을 숭배하라"고 요구했다. 동시에 프로메테우스에 대한 그의 해석도 확대되어, 이제 불을 준 자가 겪는 고통 이상을 포함시키기에 이른다. 여기에는 그러한 고통을 부과한 제우스의 권리도 포함된다.

프로메테우스 신화의 이 같은 재구성은 갈등으로 분열된 알제리에 대한 카뮈의 비극적인 해석을 반영한다. 프랑스 공산당과 아랍 공산당은 이 땅에 대한 권리를 둘 다 똑같이 강력하게 요구했고, 둘 다 똑같이 상대방의 정당한 기대를 침해했으며, 모두가 정당화될 수 있지만 누구도 정당하지 않은 무대 위에서 서로 대립했다. 알제리의 대학살과 혼란이 격해지자, 카뮈는 민간인 휴전에 합의하도록 양측을 설득하려 애썼다. 카뮈는 그리스에 다녀온 지 몇 달 후인 1956년 1월에 발표한 "민간인 휴전에 대한 호소"에서 양측이 민간인을 겨냥한 폭력을 중지해야 한다고 요구했다. 피에 누아르 동포들에게는 "상대가 주장하는 정의가 무엇인지 인식하고, 뿐만 아니라 그들의 강압적인 조치에서 정의가 아닌 것은 무엇인지도 인식하라"고 촉구했다. 민족해방전선에도 같은 요구를 했다. "무고한 생명을 살해하는 행위를 거부하라." 상황이 더 비극적이 되기 전에, 양측은 민간인 보호에 합의해야 했다. "우리 모두가 휴전을 요구해야 한다 — 우리를 해결에 이르게 해줄 휴전, 양측에 의해 자행된 민간인 대학살과 관련된 휴전을."[40]

필리프 베네Philippe Vanney가 최근 시사한 바대로, 적어도 전쟁 시기에 휴전은 중용의 법적 표현이다.[41] 고대 아테네가 그랬던 것처럼 프랑스령 알제리 역시 이 권고를 따를 수 없었던 건 어쩌면 불가피한 일이었을 것이다. 카뮈가 소위 자신의 "개인적인 비극"[42]에 대해 다시 언급하길 거부하며, 마침내 공적인 무대에서 물러난 것 또한 아마 불가피한 일이었을 것이다. 1960년, 그가 남프랑스에서 자동차 충돌 사고로 사망했을 때, 그의 침묵은 별안간 알제리에 대한 그의 최종 공식 입장이 되었다. 정치적 중도와 철학적 중용의 운명이 메아리치는 곳은 바로 이 침묵 안에서다.

정치적 가치 혹은 철학적 개념으로서 중도 혹은 중용은 규정하기 까다로운 것으로 악명이 높다. 실제로 이 개념은 충분히 의미 있는 이론이거나 세계관일까? 혹은 오히려 성격적 특성에 불과한 것일까? 더욱이 중용이 바람직하다는 주장 자체에 뭔가 미심쩍은 부분은 없을까? 어쨌든 중용을 규정하는 극단들 가운데 하나가 언제나 틀린 것은 아니니까. 아니, 그 점에 대해서라면 중용이 언제나 가장 바람직한 목표라고 할 수는 없다. 그렇다면 궁극적으로 중용이란, 그런 극단 가운데 하나가 바람직하든 그렇지 않든 극단을 피하려는 성향 이상의 무엇일까?

최근 연구에서 정치이론가 아우렐리안 크라이우투Aurelian Craiutu는 중도는 다원주의, 점진주의, 관용이라는 본질적인 가치를 바탕으로 한 실증이론이라고 주장한다. 크라이우투는 중도적인 사람은 "급진적 회의론과 인식론적 절대론 사이의 중간 입장으로서 오류 가능주의를 받아들이고, 정치적 행위의 한계와 인간 조건의 불완전함을 인정하는"[43] 사람이라고 시사한다.

윤리적 혹은 철학적으로 중용에 관한 대부분의 논의는 아리스토텔레스, 특히 그의 《니코마코스 윤리학》에서 근원을 찾을 수 있다. 이 그리스 사상가에게 "지나침과 부족함은 악덕의 특징"인 반면 "중용은 미덕"이다. 그러나 중용은 이론적이거나 추상적인 이상이 아니라 실천과 경험을 통해 도달되는 상태이다. 아리스토텔레스에게 중용에 관한 학문은 없으며, 오히려 이 상태에 도달하기 위해 끊임없이 지속되는 노력만 있을 뿐이다. 따라서 중용을 추구하는 개인은 부득이 지나치게 절제하지 못하거나 지나치게 신중을 기함으로써 때때로 죄를 짓게 될 것이다. 그러나 아리스토텔레스는 "우리 대부분은 쉽게 중용을 취하여 올바름에 다다를 터이므로"[44] 이것은 지극히 자연스러운 일이라고 우리를 안심시킨다.

고대 그리스 사상에 상당히 깊은 영향을 받았다고 주장하는 사람치고 카뮈는 유독 중용의 주제에 관한 아리스토텔레스의 로쿠스 클라시쿠스locus classicus(자주 이야기되는 상투어 — 옮긴이)를 한 번도 인용하지 않는다. 그도 그럴 것이, 카뮈는 자기는 철학자가 아니라고 거듭 강조했다.[45] 어쨌든 그가 고대 철학을 체계적으로 공부한 게 아닌 건 분명한 사실이다. 폴 아르샹보Paul Archambault(프랑스의 작가이며 철학자 — 옮긴이)가 정확하게 지적한 것처럼, "카뮈가 플라톤 사망에서 서력기원 사이의 그리스 사상에 대해 약간 아는 정도가 아니었다는 증거는 없는 것 같다."[46]

대신 카뮈는 아이스킬로스와 소포클레스에 집중했다.(아마도 니체의 《비극의 탄생》을 읽고 영향을 받은 카뮈는, 휴먼 드라마human drama

에 대한 에우리피데스의 "이성주의적" 접근을 폄하하며 그를 낮게 평가했을 것이다.) 물론《오레스테이아》도 오이디푸스 희곡들도 완벽하게 일관되거나 설득력 있는 '철학'을 제시하지는 않는다. 이 점에 있어서는 그리스 비극 작가들이 '철학자'가 아닌 것처럼 카뮈도 마찬가지였다. 하지만 그럼에도 불구하고 그들의 작품은 다른 의미에서 철학적이다. 이 예술 작품들은 전통적인 철학 체계로는 도달할 수 없는 수준의 함축성과 풍부함으로 인간의 조건을 탐구한다. 마사 너스바움이 주장하듯, 우리가 플라톤이나 칸트 같은 철학자들을 읽을 때 우리의 "자연스러운 반응은 그런 상황에 처할 때 어떤 기분일지 느끼는 것이 아니다. 오직 정답을 찾아야 하는 곳에서 수수께끼를 풀 기분은 들지 않는다."[47]

플라톤 이후 도덕 철학의 중요한 전통은, 선善에 대한 올바른 이해는 주어진 상황에서 우리가 어떻게 행동해야 할지를 결정한다는 확신에 기초한다. 다시 말해, 올바른 선택은 한 가지뿐이다. 그리스 비극은 그러한 주장들이 얼마나 정서적으로 빈곤한지를 드러내 보인다. 그리스 비극은 특정한 도덕적 딜레마에 대한 우리의 본능적인 반응이 "인간의 윤리적 삶의 다른 가치 있는 요소들과 연결되어 있음"을 상기시킨다. 따라서 "가령 플라톤이나 칸트의 접근법을 받아들일 경우, 우리는 정말로 중요한 무언가를 포기하는 셈이라는 것"을 상기시킨다.[48] 너스바움은 해결책이란 존재하지 않는다는 단순한 이유로, 아이스킬로스도 소포클레스도 특정한 도덕적 딜레마에 대한 해결책을 제시하지 않는다고 주장한다. 대신 이들은 그 모든 끔찍한 복잡성, 즉 서로 차원이 다른 진리들 간의 충돌을 묘사하는 복잡성 속에서 문제를 그려낸다. 비극의 영웅에 대해 우리가 할 수 있는 일은 "그가 고통을 겪음으로써 자기 성품의 장점을 자연스럽게 표출하도록 하는 것, 그릇된 낙관론으로 이런 반응을 억누르지 않게 하는 것"이다. 그리고 코러스가, 다시 말해 사실상 우리가 할 수 있는 일이란 "그가 처한 곤경의 심각성을 존중하고, 그가 자신의 덕성을 표현하는 반응을 존중하며, 그의 사례가 인간 삶의 일반적인 가능성을 보여주는 것이라고 생각하는 것"[49]이 전부다.

너스바움의 말은 고대 그리스 및 현대 알제리의 비극들과 카뮈와의 유대에 직접적으로 관련이 있다. 카뮈가 보았을 때, 비극 시인들은 전례 없는 집요함과 이해로 우리의 현 상황에 대해 이야기한다. 각자가 똑같이 정당한 윤리적 요구가 있으면서 동시에 어느 쪽도 상대의 인간적 속성을 인정하려는 의지나 욕구를 지니지 않으며, 절제와 균형감각을 지킬 능력은 더더욱 없는 양측의 갈등을 묘사할 때, 아이스킬로스와 소포클레스는 카뮈의 알제리를 휩쓸었던 비극을 예견한다. 카뮈가 한 번도 상세하게 논의한 적은 없지만, 아마도 알제리 독립전쟁의 리허설 격인 이야기로 가장 적절하고 간담을 서늘하게 만드는 작품은 테베의 왕 오이디푸스의 아들 에테오클레스와 폴뤼네이케스 두 형제가 왕좌를 두고 사투를 벌이는《테베를 공격하는 일곱 장군들》일 것이다. 두 형제 모두 도시를 지배하기 위해 똑같이 적법한 요구를 하지만, 두 형제 모두 상대방 요구의 정당성은 깨닫지 못한다. 그들의 결투는 도시의 성문 밖에서 이루어지고, 형제는 서로의 목숨을 빼앗으며 뒤엉킨 채 쓰러진다. 그러나 도시는 이 비극을 끝내고 결속하기는커녕 오히려 더 끌고 나간다. 연극이 결말에 다다를 즈음 코러스는 양쪽으로 갈리는데, 절반은 이스메네와 에테오클레스의 시신을 따르고, 나머지 절반은 안티고네와 폴뤼네이케스의 시신을 따른다. 이때 안티고네가 외친다. "신들 가운데 마지막, 불화의 씨를 뿌리는 분노의 신이 / 여전히 결정권을 가지고 있구나."[50]

아이스킬로스의 테베와 카뮈의 알제리 사이에는 2500년이라는 시간이 놓여 있지만, 둘은 굉장히 유사하다. 카뮈가 이해한 것처럼, 오직 비극 작품만이 자신의 곤경뿐 아니라 프랑스령 알제리의 곤경도 반영할 수 있었다. 고대 그리스의 코러스들처럼 카뮈 역시 갈등에 의해 반으로 갈라졌다. 카뮈는 고대 그리스 테베에서 양측의 주장이 그랬듯이 알제리 양측의 주장도 똑같이 공정하다고 확신했다. 문제는 당시의 배우들이나 카뮈 시대의 배우들 모두 자기 쪽 입장이나 주장 외에는 어느 쪽 입장이나 주장도 귀에 들어오지 않는다는 것이다. 예를 들어, 에테오클레스는 동생도 왕위에 대해 자기와 동등하게 정당한 권리가 있음을 잊고 있다. 알제리 자치를 반대하는 비밀군사조직 OAS 테러리스트들 역시 알제리 민족해방전선 테러리스트들과 다를 바 없이 맹목적이고 피에 굶주려 있었다. 아이스킬로스의 《오레스테이아》에서 트로이를 침략하기 위해 자기 딸 이피게네이아를 희생 제물로 바치는 아가멤논처럼, 알제리 비극 속의 양측 역시 서로의 목은 물론이고 자기 진영의 무고한 시민들의 목까지 벴다.

알제리의 온건파 민족주의 지도자인 페르하트 아바스 Ferhat Abbas 는 알제리 독립전쟁에 대한 냉혹한 사후 평가에서 다음과 같이 기록했다. "우리는 신화의 희생자였다. 피에 누아르의 차례가 되었을 때 그들이 오랜 집단 기만의 희생자였다. 그들은 프랑스의 속국인 알제리가 프랑스 본국의 연장이라는 말을 한 세기 이상 들어왔다. 그들은 그 말을 믿었다. 그러나 진실의 시간이 되어 종이 울리자, 우리만큼이나 그들도 배신감을 느꼈다. 그러자 그들은 정도에서 벗어난 허구를 지속시키기 위해 맹렬하게 싸웠다."[51] 프랑스령 알제리의 신화에 대한 아바스의 통렬한 성찰은 정당하고 분명하다. 알제리에 거주하는 아랍인과 베르베르족에게 제시한 정치적 평등과 동등한 시민권에 대한 약속은, 알제리가 프랑스의 핵심 지역이라는 프랑스의 허세에 찬 큰소리만큼이나 신화적임이 드러났다. 그리고 프랑스령 알제리의 비밀군사조직 지지자는 말할 것도 없고 현 상태를 옹호하는 이들이 이 허구를 찬양했을 때, 그것은 분명히 "정도를 벗어난 것"이었다.

그러나 아바스의 평가에는 그가 오랫동안 존경해온 피에 누아르인 카뮈 같은 개인들의 보다 복잡한 태도가 들어설 자리가 없다. 카뮈는 전통적인 그리스식 척도로 알제리를 묘사하면서 알제리를 신화적으로 해석하긴 했지만, 그렇다고 알제리를 이념적 혹은 정치적 "신비화"에 종속시키지도 그럴 필요를 느끼지도 않았다. 카뮈는 조국을 약탈한 극단적인 불평등 ─ 그가 결코 지치는 법 없이 맹렬하게 비난해온 불평등 ─ 에 속지 않았다. 그리고 말년에는, 사태를 파악하지 못하는 이들의 귀에는 아마도 카산드라의 경고처럼 자신의 경고가 들리지 않았을 거라고 이해했다. 사실상 알제리에 관한 그의 입장은 아이스킬로스의 비극의 세계로 돌아왔다. 고대 그리스 비극의 삼부작처럼, 카뮈에게 역사는 결국 〈사슬에 묶인 프로메테우스〉에서 멈추었다(그리스 비극은 삼부작으로 공연되며, 아이스킬로스의 〈사슬에 묶인 프로메테우스〉는 이야기 줄거리상 첫 편에 해당한다. 이후로 〈풀려난 프로메테우스〉, 〈불을 옮기는 프로메테우스〉의 두 편이 이어졌을 것으로 추정되지만, 이들 두 편은 사라져서 오늘날 전해지지 않는다 — 옮긴이). 그는 첫 번째 작품을 넘어설 수 없었던 것이다. 자신이 신들 가운데 가장 불행한 신이라는 프로메테우스의 절규로 끝나는 이 작품의 결론은 1950년대 프랑스계 및 아랍계 알제리인들 모두의 절규를 예행연습한 셈이었다. 나중에 이 희곡에 대한 카뮈의 해석에는 — 한계를 호소하는 것이 핵심인 — 민간인 휴전을 촉구하는 내용이 반영되었으나 아무도 그의 말을 귀담아 듣지 않았다. 카뮈의 노력이 지나치게 이상주의적이었다기보다 시기상조였기 때문일 것이다. 프랑스와 알제리는 이제 막 지중해에서 자신들의 첫 번째 비극 작품을 쓰기 시작했으니 말이다. 그리고 이후 두 개의 희곡이 완성되려면 몇 년이라는 시간이 더 필요했다.

카뮈는 그리스인들은 결코 앙심을 품고 보복하려 하지 않는다고 주장했다. "아무리 대담한 상상을 펼치는 경우에도 그들은 중용이라는 관념, 그들이 신성시하는 이 개념에 언제나 충실하다."[52] 하지만 그들은 비극적인 상황 — 결심에 영향을 받지 않는 인생과 예술의 순간순간들 — 에 대한 견해에도 마찬가지로 충실했다. 너스바움이 강조하는 바와 같이 비극은 이렇게 가르친다. "고통은 이러한 상황들 속에서 인생이란 그런 것임을 적절하게 인정하는 것이기에, 고통을 통해 일종의 앎을 얻을 수 있다"[53]고. 그리스 비극을 통해 프랑스령 알제리의 곤경을 이해하기 위한 노력 속에서, 카뮈의 작품은 마치 《오레스테이아》의 코러스가 노래하듯 우리에게 상기시킨다. "고통을 통해 앎이 온다"는 것을.

IV
FIDELITY

4. 충실

한 남자가 동이 트기 전에 일어나, 아내를 깨우지 않기 위해 조용히 옷을 입고, 사형 장면을 보러 말을 타고 마을로 향한다. 남자를 공개 처형장에 참석하도록 이끈 것은 강한 충동 때문도 피를 보고 싶다는 욕구 때문도 아닌, 정의가 짓밟혔다는 생각 때문이었다. 범죄자는 살인적인 광기로 농장의 부부뿐 아니라 그 자녀들까지 몽둥이로 때려 살해했다. 사형 집행 후 집으로 돌아온 남편은 황급히 아내를 지나쳐 화장실에서 구토를 한 뒤 침대 위로 쓰러졌다. 남자는 그날 본 것에 대해 죽을 때까지 입을 열려 하지 않았다.

카뮈의 많은 독자들은 이 이야기가 그의 아버지, 뤼시앵 카뮈에 관한 일화임을 알 것이다. 이 이야기는 카뮈의 첫 번째 소설 《이방인》과 마지막 소설 《최초의 인간》뿐 아니라, 그의 긴 에세이 〈단두대에 대한 성찰〉에도 고스란히 드러나며, 《페스트》에서도 지면 위에 드문드문 엿보인다. 사실상 이 이야기 ― 카뮈의 어머니가 남편에 대해 말할 수 있었던 몇 안 되는 일화 가운데 하나였다 ― 는 카뮈의 거의 모든 작품에 줄곧 따라다닌다.

《최초의 인간》에서 한 번도 본 적 없는 돌아가신 아버지의 소식을 찾아다니는 주인공 자크 코르므리도 자신이 다니던 학교의 교장 선생님인 르베스크 씨에게 유사한 이야기를 듣는다. 르베스크와 코르므리의 아버지는 수년 전 모로코에서 프랑스 사병으로 함께 군복무를 했다. 아틀라스 산맥에 배치된 그들은 전방 초소를 지키는 전우들과 교대하라는 명령을 받았다. 초소에 도착했을 때, 그들은 반란군이 전우들의 목을 베고 입속에 그들의 생식기를 쑤셔 박아놓은 모습을 발견했다.

일단 주둔지로 돌아온 뒤 코르므리는 갑자기 격하게 외쳤다. "인간이 그런 짓을 하면 안 되는 거야! 인간이냐 인간이 아니냐는 그런 걸로 결정된다고 … 나는 가난하고 고아 출신이라 이렇게 군복을 입고 전쟁터로 끌려왔지만, 그런 짓은 하지 않을 거야." 르베스크가 전우에게 프랑스 사람들도 똑같이 끔찍한 범죄를 저질렀다고 상기시키자 코르므리는 이렇게 쏘아붙였다. "그렇다면 그들도, 그들도 인간이 아닌 거지." 그러고는 외쳤다. "추잡한 족속들! 타락한 족속들 같으니! 전부 다 마찬가지야, 전부 다 … ." 뤼시앵 카뮈가 공개 처형장에서 집으로 돌아오자마자 침대로 몸을 피한 것처럼, 코르므리도 "얼굴이 새하얗게 질려서 자신의 막사로 돌아갔다."[1]

"아버지의 마음을 뒤흔들어 놓았던 그 두려움"은 "분명하고 확실한 단 하나의 유산으로"[2] 아들에게 물려준 것이었다. 사실상 두려움은 포도밭 감독관이던 뤼시앵 카뮈가 손질한 포도 덩굴들처럼 깊게 뿌리박힌 신념의 결과였다. 카뮈는 아버지가 표현한 본능적인 윤리에 평생 충실했다. 그것은 인간이 인간으로서 위상을 유지하길 원한다면, 동료 인간들의 인간성을 인정하면서 자유에 어느 정도 한계를 지켜야 한다는 것이었다. 그것은 우리의 근본적인 의무에 대한 충실함과 우리의 세계에 대한 충실함이 바탕이 된 윤리였다. 카뮈에게 이것은 아랍 테러리스트들이 그들 나름의 의식적인 행위로 프랑스 병사들의 시체를 훼손하는 것을 보았을 때, 그리고 프랑스 감옥에서 "바들바들 떠는 몸뚱어리를 목을 자르기 위해 단위에 올려놓는"[3] 역시나 의식적인 행위에 대해, 그의 아버지가 보인 것과 똑같은 충실함이었다.

철학자 앙드레 콩트 스퐁빌André Comte-Sponville은 충실함이 여러 미덕들 가운데 하나의 미덕이 아니라, 다른 미덕들을 가능하게 만드는 미덕이라고 주장한다.[4] 예를 들어, 세상에 정의라는 미덕에 충실한 사람이 아무도 없다면 정의가 과연 어떤 가치가 있을까? 평화라는 이상에 충실한 평화중재자가 존재하지 않는다면, 우리는 평화 속에서 어떤 가치를 찾을 수 있을까? 권력에 맞서 계속해서 진실을 촉구하는 개인들이 없다면 진실은 저절로 시들지 않을까?

그러나 우리는 주의해야 한다. 충실함의 대상을 먼저 평가한 뒤에야 충실함의 가치를 평가할 수 있을 테니 말이다. 블라디미르 얀켈레비치Vladimir Jankélévitch의 결론처럼 "어리석음에 충실해봤자 어리석음만 더 커질 뿐"[5]이니까. 인류에 대한 충성을 희생하고 정당에 충실한 것은 충실함이 아니라 배신이 되기 일쑤다. 페탱 원수를 향한 프랑스 관료들의 충성 서약은 우리를 미덕의 영역에서 악덕의 영역으로 이끈다. 그리고 이는 히틀러에 대한 SS 친위대의 충성 서약으로 더욱 분명해진다. 한 인터뷰에서 카뮈는 바로 이 예를 들면서 "충실함은 그 자체로는 미덕이 아니다"[6]라고 언급한다.

같은 이유에서, 허무주의nihilism에 대한 충실함 역시 충실함이라는 이름에 어울리지 않는다. 독일의 나치, 이탈리아의 파시스트, 그리고 러시아의 공산주의로 구체화된 이념적 허무주의에 의해 선동된 세계 대전의 광풍 속에서, 카뮈는 가상의 독일 친구에게 잇따라 네 통의 편지를 썼다. 종전을 2년 남겨둔 기간 동안 여러 저항 저널에 발표한 〈독일 친구에게 보내는 편지〉는 의미 없는 세상에 대한 원초적인 반응과 필연적으로 그것에 대립하는 반응이라는 두 가지 반응을 탐구한다. 첫 번째 편지에서 카뮈가 발표한 것처럼 "우리는 희생과 신비주의, 활력과 폭력, 힘과 잔인함을 구분하기 위해, 특히나 진실과 허위를 더욱 정교하게 구분하기 위해 싸워야 한다."[7]

충실함은 이런 구분 자체만으로 의미가 있는 게 아니라는 인식과 더불어, 힘과 희생과 활력이 가장 근본적인 진리의 요구에 부응해야 한다는 깨달음과 함께 시작한다. 그것은 무의미한 우주의 냉혹함이 모든 인간에게 냉혹함에 맞서 싸우지 않을 수 없도록 한다는 인식이다. 카뮈와 그의 독일인 친구의 차이가 바로 여기에 있다. "요컨대, 당신은 기꺼이 절망을 받아들였고 나는 절대로 그것에 굴복하지 않았습니다. 요컨대, 당신이 인간 조건의 부당함을 받아들인 나머지 기꺼이 불의를 가중시키기에 이른 반면, 나는 인간은 불의에 맞서 싸우기 위해 정의를 고취시키고, 세계의 불행에 항거하기 위해 행복을 창조해야 한다고 보았습니다." 달리 대안이 없다고 확신하며 허무주의를 덥석 받아들인 독일인과 달리, 카뮈는 "단지 인간들이 다시금 연대의식을 되찾아 자신의 혐오스러운 운명과 싸우기를 바랐다."[8]

이런 혐오스러운 운명은 거의 대체로 허무주의의 지배를 받는 사람들의 작품이었다. 연합 상륙작전을 몇 달 앞둔 독일군은 유혈 진압에 협력한 프랑스 친독 의용대, 밀리스la milice의 지원을 받아 프랑스 민간인을 상대로 전쟁을 벌였다. "그들이 프랑스인을 향해 총을 쏜 세 시간 동안"이라는 기사에서 카뮈는 아스크 마을에서 여든여섯 명이 살해된 사건에 대해 기록한다. 카뮈는 "[기차역에서] 몸을 엎드린 세 명의 직원에게 총을 발사한" 순간부터 예순 명의 남자들을 "초원으로 끌고 가" 총살을 한 순간까지 독일군의 행태를 매우 간략하게 기술한다. 그런 다음 독자들을 향해 말을 잇는다. "이 신문을 읽고 있는 독자들, 바로 당신과 똑같은 여든여섯 명의 남자들이 독일군의 총부리 앞에서 죽음을 당했다. 여러분이 앉아 있는 방만한 크기의 공간 서너 개를 가득 채우기에 충분한 인원이다. 여든여섯 사람의 표정은 일그러지거나 반항적이었으며 공포나 증오로 압도되어 있었다." 카뮈는 무자비한 살육이 벌어진 시간을 곱씹으며, 또다시 일상과 관련하여 언급한다. "세 시간. 누군가는 그날 친구들과 저녁을 먹거나 조용히 담소를 나누었을 시간. 누군가는 영화를 보거나 지어낸 모험담을 들으며 소리 내어 웃었을 시간. 그 세 시간 동안 프랑스의 한 마을에서는 조금도 잦아들 줄 모르고 쉴 새 없이 잇따라 총성이 울렸고 몸뚱어리들이 괴로움에 몸부림치며 바

닥에 쓰러졌다."⁹

혹은 그 시간은 이 책을 여기까지 읽는 데 걸리는 시간이기도 하다. 물론 기사가 일차적으로 목적하는 바는 정의다. 다시 말해, 일단 프랑스가 해방되면 독일군과 독일에 협조한 프랑스 부역자들을 고발하기 위한 증거를 모으는 것이다. 그러나 보다 광범위하게 본다면, 카뮈가 악의 현상학을 실행하는 목적은 "아무것도 잊지 않기 위함"¹⁰이다. 결국 가장 중요한 것은 동시대인들이 실제로 살았던 과거와 그들이 실제로 이해하는 과거에 우리의 능력이 닿는 한 충실해야 하며, 정부가 만들어낸 거짓이나 언론이 제시하는 도식적이고 낙관적인 이미지에 충실해서는 안 된다는 것이다. 과거를 희화화하거나 트집을 잡는 식의 비난도 삼가야 한다. 얀켈레비치는 사실상 충실함이란 "기억의 미덕이며, 기억 자체가 미덕"이라고 주장한다. 현재나 미래와 달리 과거는 스스로를 변호할 수 없다. 우리만이 잊거나 비방하거나 혹은 ─ 결국 거의 같은 말이겠지만 ─ 왜곡하려는 경향으로부터 과거를 지킬 수 있다."

네 번째이자 마지막 편지에서 카뮈는 독일인 친구에게, 그에게 저항하고 그를 물리치겠지만 미워하는 건 거부하겠노라고 말한다. "우리 국민들에게 행한 온갖 고문에도 불구하고, 고아들로 가득한 마을과 훼손된 시신들에도 불구하고, 우리가 당신을 무자비하게 파멸시키게 될 그 순간에도 우리는 여전히 당신을 증오하지는 않을 것입니다."¹² 이 말은 순전히 가식으로 여겨질지도 모르지만, 바로 이것이 충실함의 윤리라고 할 수 있다. 결국 원한은 증오나 분노 같은 가치 없는 감정에 대한 충실함이다. 이렇듯, 목적은 결코 수단을 정당화할 수 없다고 주장하는 윤리에는 원한이 들어설 자리가 없다. — 물론 때때로 목적만이 수단을 정당화한다는 주장 역시 중요하다. 몇 년 후, 한 인터뷰에서 카뮈는 우리가 추구해야 하는 것은 "모든 종류의 성실이 아니라, 유익하고 훌륭한 충실함"[13]이라는 얀 켈레비치의 주장을 반복한다. 충실함이 삶을 정당화할 수 있느냐는 질문에 카뮈는 — 충실함이 죽음과 예속이 아닌 생명과 행복에 기여할 **경우** — 그럴 수 있고 그래야 한다고 답했다. "의심할 여지 없이, 인간이 인생의 가치에 대해 마지막으로 던질 수 있는 질문 가운데 하나는 '나는 충실하게 살아왔는가?'이다. 그러나 무엇보다도 '나는 내 삶이나 타인의 삶을 저해하는 어떠한 행동도 하지 않았는가?'라는 의미가 아니라면 이 질문은 아무런 가치가 없다."[14]

여전히 오랑에서 지내던 1941년 말, 아내 프랑신과 그녀의 부모 소유의 아파트에서 함께 살고 있던 카뮈는 자신의 일기에, 훌륭한 예술 작품들은 대개 역사적 대격동의 시기에 완성되었다고 적었다. 그는 셰익스피어와 밀턴, 라블레와 몽테뉴를 예로 든다.[15] 실제로 카뮈는 인생의 대부분을 이 에세이의 창시자와 동행했다. 《알제 레퓌블리캥》 편집장 시절에는 프랑스 검열관들을 가지고 놀았는데, 몽테뉴의 《수상록》 가운데 몇 페이지를 출처를 밝히지 않은 채 끼워넣으면 당국에서는 대중의 사기를 해친다는 명목으로 득달같이 삭제하곤 했다. 1947년 초, 병에 걸린 폐를 안정시키기 위해 알프

스 산맥에 갔을 때에도 《수상록》은 그의 식이요법의 일부가 되어주었다.[16]

카뮈가 죽음에 대한 몽테뉴의 사색에 특히 감동을 받은 건 놀랄 일이 아니다. 그는 "철학적 사색은 죽는 법을 배우는 것"이라는 장을 읽은 후에 자신의 공책에 이렇게 적었다. "죽음에 직면하여 두려움을 이야기하는 놀라운 글." 인생의 절반을 폐결핵에 시달린 카뮈는 거듭해서 죽음과 대결하는 몽테뉴에 심취했다. 16세기에 활동하던 이 작가는 스토아 철학에 매료되어, 죽음의 생경함을 벗겨내고 죽음을 일상적인 것으로 돌려놓음으로써 죽음의 두려움에 맞서 싸우려 했다. "죽음이 어디에서 우리를 기다릴지 알 수 없다. 그러니 우리가 도처에서 그것을 기다리자." 그러나 단순히 기다리기만 하는 것이 아니다. 몽테뉴에 따르면, 죽음이 우리를 데리고 가는 바로 그 순간조차 우리는 세상 안에서 여전히 움직이고 있어야 한다. "양배추를 심고 있을 때, 죽음이 나를 찾아오면 좋겠다. 죽음에 대해 개의치 않을 때, 그보다는 끝나지 않은 정원 손질에 더 신경을 쓸 때."[17]

카뮈는 몽테뉴가 글을 쓰기 위해 대저택에 칩거하기 전까지 대부분의 인생을 공직 생활로 보냈다는 걸 알게 되었다. 몽테뉴는 보르도 의회에서 치안판사를 지냈고, 흑사병이 발병한 시기에는 시장을 지냈으며, 그보다 훨씬 치명적이고 끈질긴 전염병 — 프랑스 종교 전쟁 — 이 돌던 시기에는 중재자 역할을 맡았다. 소동에 초연하고, 가톨릭교도와 위그노교도를 살인적인 광란으로 몰아넣은 격정에도 전혀 아랑곳하지 않는 드문 능력으로, 몽테뉴는 신교도 지도

자인 앙리 드 나바르(후에 앙리 4세가 됨 — 옮긴이)와 가톨릭교도인 앙리 3세의 어머니, 카트린 드 메디치 사이에서 중요한 교섭 담당자가 되었다. 하지만 불가피하게도, 바로 이 능력 때문에 몽테뉴는 양측의 광신도들에게 철천지원수가 되기도 했다. 그는 신교도와 가톨릭 극단주의자들에게 수시로 위협받고 추격되고 감금당했다.

가톨릭에서(아마 한쪽 조상은 유대교도였을 것이다) 개신교로 갈라진 집안에서 태어난 몽테뉴는 양쪽 세계를 모두 알고 있었지만 어느 한쪽이 옳다고 말하려 하지 않았다. 각자 자기들만이 진리를 알고 있다는 확신에 질리고, 그 확신을 지지하기 위해 자행하는 일들에 충격을 받은 몽테뉴는 이성과 진리를 향한 충실함을 저버리려 하지 않았다. 몽테뉴는 이렇게 외쳤다. "보라, 신성한 이성을 함부로 입에 담는 우리의 저 끔찍한 오만함과, 대중의 동요 속에서 운명이 바뀔 때마다 이성을 거부했다가 다시 받아들였다가 하는 저 반종교적인 행태를." 그러면서 "우리는 진리는 욕구의 굴레를 견딜 수 있어야 한다고 주장하는 사람을 불태워 죽인다."[18]

그런 일이 아우토다페auto-da-fe(스페인 종교 재판에 의한 화형 — 옮긴이)에 국한되었다면 좋았으련만, 더욱 충격적인 사실은 그처럼 잔혹한 장면이 양측의 살육 현장에서 똑같이 펼쳐졌다는 것이다. 신교도 지도자인 콜리니 제독은 입안 깊숙이 검에 찔려 살해되었고, 그 시체는 창문 밖으로 내던져져 목이 베이고 사지가 절단된 채 매달려 불에 태워졌다. 알려지지 않은 신교도라고 해서 그들의 운명이 더 자비롭지는 않았다. 마튀랭 루소라는 한 남자는 노크 소리를 듣고 문을 열어주다가 살해당했고, 그의 아들은 소란스러운 소리에 나가보다가 살해당했다. 마튀랭의 아내는 폭도들을 피해 위층 창문 밖으로 뛰어내리다가 두 다리가 모두 부러졌는데, 군중이 그녀를 길거리로 끌고 와 두 손을 자른 뒤 기둥에 묶었다. 사람들은 개들이 그녀의 손을 뜯어먹는 광경을 며칠 동안 바라보았다.[19]

몽테뉴는 이런 행위들에 경악했고, 아마도 그리하여 잔인함을 주제로 에세이를 쓰는 데 박차를 가했을 것이다. "내가 직접 보기 전까지는, 단지 쾌락을 위해 살인을 저지를 만큼 극악한 영혼이 있으리라고는 좀처럼 믿을 수 없었다. 아무런 원한도 없고 이득도 없으면서, 고통 속에서 죽어가는 사람의 가련한 몸짓과 움직임을, 비통한 신음소리와 외침을 순전히 재미있는 구경거리인 양 즐길 목적으로 다른 사람의 사지를 절단하고 난도질할 수 있으리라고는, 생소한 고문 도구와 새로운 사형 방법을 고안하기 위해 기지를 발휘하리라고는 믿을 수 없었다. 이것은 잔인함이 도달할 수 있는 극단이기 때문에."[20]

오백 년 뒤, 알제리에서 일어난 일들은 과거와 조금도 달라진 것이 없음을 보여주었다. "자Ja 아무개라는 사람이 연신 미소 띤 얼굴로 내 눈 앞에서 전극 끝에 달린 집게들을 흔들어 보였다. 가늘고 기다란 톱니 모양 고리들은 광택이 나는 작은 강철 클립이었다… 그는 집게의 한쪽을 내 오른쪽 귓불에, 나머지 한쪽을 역시 오른쪽 손가락에 끼웠다. 그때 별안간 나는 묶인 상태에서 펄쩍 뛰며 있는 힘껏 소리를 질렀다…내 귀 옆으로 번갯불이 번쩍하고 터졌고, 나는 가슴에서 심장이 사정없이 뛰는 걸 느꼈다. 나는 묶인 끈이 살을 파고들 정도로 비명을 지르며 몸부림쳤고, 온몸이 뻣뻣해졌다."[21] 1941년에 프랑스 해방을 추구하는 비밀 출판사로 시작된 미뉘출판사는 1958년에 앙리 알레그Henri Alleg의 《의문》을 출간했다. 알제리 전투에 투입된 프랑스 공수부대에 체포되어 고문을 당한 알레그의 이야기는, 이 책의 출간 전까지 갈등의 본질을 들여다보지 않으려고 필사적으로 애써온 국가에 일침을 가했다(프랑스 정부는 이 책을 검열하려 했으나 실패했다). 나치 점령자들과 프랑스 협력자들이 레지스탕스를 뿌리 뽑으려는 헛된 노력으로 수백 명의 프랑스 남녀를 고문하고 살해한 지 겨우 20년이 지난 지금, 프랑스는 똑같은 이유로 알제리의 남녀를 고문하고 있었다. 알레그의 단언대로 그의 "경우는 대중의 관심을 끌었다는 점에서는 특별했지만, 그런 일 자체가 특별했던 건 아니다."[22]

프랑스군이 고문을 정당화하며 내세우는 이유는 직설적이고 설득력이 있었다. 프랑스는 폭격과 암살로 수백 명의 무고한 프랑스 남녀와 아이들의 목숨을 앗아간 테러 조직과 전쟁을 치르고 있었다. 체포된 테러리스트들이나 그들의 동조자로부터 정보를 빼내지 않는다면, 더 많은 무고한 시민들이 죽음을 당하게 될 터였다. 알제리에서 프랑스군의 작전 행동에 혁신을 일으킨 한편 고문을 감독했던 마르셀 비제아르Marcel Bigeard 대령에 따르면, 적에게 계획적이고 체계적으로 고통을 주는 것은 "필요악"이었다. 비제아르는 프랑스 참전의 중요성을 강조하기 위해 직접 물고문을 당해보면서 그 효과를 확인했다. 그러나 이 고문이 단 한 번으로 끝날 뿐 몇 시간, 며칠, 몇 주에 걸쳐 지속되지 않는다는 걸 그가 알고 있었다는 것, 자신은 "고문을 당하는 자들"에게 절대적인 권한을 행사할 수 있는 지휘관임을 알고 있었다는 것, 그리고 자신이 지금 경험을 **연출하고** 있다는 걸 알고 있었다는 것은 모두 이 개인적인 실험의 타당성을 약화시키는 것 같다. 비제아르의 특별한 경우는 알레그의 경우와 마찬가지로 이례적인 주목을 받았지만, 고문 행위를 대표할 수 없다는 점에서는 알레그의 경우와 전혀 달랐다.[23]

알레그의 책이 알제리에서 벌어진 프랑스와의 전쟁에 대한 인식을 바꾸어놓은 지 몇 달 후에 갈리마르에서는 알제리에 관한 카뮈의 시사평론집《알제리 연대기》를 출간했다. 그때까지만 해도 카뮈도 몽테뉴처럼 사회문제에서 — 적어도 그의 고국 알제리에 관한 문제에서 — 물러나 있었다. 전쟁 중인 양측에게 민간인 휴전을 채택하도록 설득하려는 노력에 실패한 후, 카뮈는 공적인 침묵으로 숨어들었다. 민간인 휴전이 무산된 직후인 1956년 2월, 카뮈는 알제리에서 일어난 일들에 대해 더 이상 공개적으로 쓰거나 말할 수 없다고 친구들에게 선포하고《렉스프레스》를 그만두었다. 그 당시 그가 더 이상 무슨 말을 할 수 있었을까? 침묵은 유일한 선택은 아니었을지라도 가장 의미 있는 선택이었을 것이다. 카뮈가 알제리 카빌리 지방 출신 작가인 친구 몰루드 프라운Mouloud Feraoun에게 썼듯이 "언어가 인간의 목숨을 처분하는 데에 함부로 이용될 때 침묵은 부정적인 특징이 아니다."[24]

그러나 카뮈의 침묵의 본질에 관해서는 당시에도 지금처럼 의견이 분분했다. 파리의 대다수 지식인을 대변하여, 시몬 드 보부아르는 "말을 하지 않으려는 [카뮈의] 태도가 몹시 불쾌하다"[25]고 선언했다. 유대계 튀니지 작가 알베르 메미Albert Memmi — 그의 첫 번째 소설《소금 기둥》에 카뮈의 서문이 실려 있다 — 같은 호의적인 비평가들조차 카뮈의 침묵은 "선의의 식민지 개척자들"이 역사 안에서 봉착한 대단히 곤란한 딜레마를 피하지 못해 발생한 일종의 무기력 때문이라고 피력했다. "사실상 그와 같은 상황에서 카뮈는 식민지 국민들의 의심의 표적, 프랑스 본국 좌파의 의분의 표적, 자기 나라 국민들의 분노의 표적이 될 것이 분명했다."[26]

몽테뉴라면 카뮈의 곤경을 즉시 자신의 곤경처럼 여겼을 것이다. 16세기 프랑스에서 가톨릭교도와 신교도 양측의 극단주의자들은 타협과 협상에 전념하는 온건파인 정치파 les politiques를 경멸했다. 상대방 종교를 악의 화신으로 여기며 점차 극단적으로 치닫는 나라에서, 정치파들은 불신을 받을 뿐만 아니라 반복되는 격렬한 폭력 앞에서 종종 무력해지기 일쑤였다. 위그노와 가톨릭으로 나뉜 채, 가톨릭 진영의 광신도들이 신교도와 정치파에게 테러를 가하는 위태로운 도시의 시장으로서 몽테뉴는 자신이 가망 없는 일에 아무런 보람 없이 매달려왔음을 절실하게 깨달았다. 그가 언급한 것처럼, "우리의 열성은 증오, 잔인성, 야망, 탐욕, 험담, 모반 쪽으로 기울 때 놀라운 결과를 만들어낸다. 이와 반대로 선량함과 자비, 온건함으로 향할 때는, 어떤 희귀한 본성이 기적적으로 열성을 지니지 않는 한, 열성은 걸으려고도 날려고도 하지 않을 것이다."[27]

몽테뉴는 정치인이었지만 도덕관념이 없는 사람이 아니었다 — 오히려 그 반대였다. 그는 유독 격렬하게 이렇게 주장했다. "나는 천성적으로나 판단에 의해서나, 다른 악덕들 가운데 잔인성이 아주 싫다."[28] 카뮈와 마찬가지로 몽테뉴도 훌륭하고 좋은 목적이 폭력적이고 사악한 수단을 정당화할 수 있다고 주장하는 사람들을 두려워했다. 외국과 전쟁을 개시하려는 생각은 일부 정치파들에게 호응이 좋았는데, 외국과의 전쟁이 국가를 통합시키고 종교 전쟁의 기세를 약화시키기 때문이었다. 몽테뉴는 외국과의 충돌이 내전보다 "가벼운 악"이라는 데에는 동의했지만, 그런 솔깃한 제안을 받아들이지는 않았다. "나는 우리 자신의 편의를 위해 다른 사람을 해치고 그들과 싸우려는 부당한 계획을 하느님이 찬성할 거라고 믿지 않는다."[29]

진실을 말하는 것이 치명적인 일이 되기 쉬운 상황에서, 몽테뉴는 그럼에도 불구하고 솔직함을 고집했다. "나는 [남의] 뒤에서나 할 수 있는 말도, 아무리 심각하거나 의견이 분분한 내용이라도 삼가지 않고 말한다." 몽테뉴는 정권들이 이용한 저열하고 비열한 방식들에 고개를 끄덕이며, "배신하고 거짓말하고 학살하는"[30] 인간의 불가피성을 인정했다. 그 자신에 대해 말하면, 그는 "보다 순종적이고 비굴한 사람들에게 이 권한을 넘겨줄" 것이다. 《알제리 연대기》 서문을 보면 카뮈는 마치 몽테뉴와 교신이라도 한 것 같다. 양측의 공통점을 찾기 위한 시도에서 카뮈는 알제리에 살지 않는 사람들의 판단을 묵살한다. 그리고 알제리에서 살지만 "원칙이 죽는 것보다는 형제가 죽는 것이 더 낫다고 여전히 용감무쌍하게 믿는 사람들에 대해 나는 멀리서 그들을 존경하는 것으로 그치겠다. 나는 그들과 같은 종족이 아니다"[31]라고 말한다. 실제로 분리 의식이 깊어질수록 카뮈는 그것을 "진실대로 말하기parler vrai"에 대한 자신의 고집 때문이라고 여겼다. "내가 거짓말을 늘 거부해왔다면

··· 그것은 내가 고독을 결코 받아들일 수 없었기 때문이다. 그러나 이제는 고독도 받아들여야겠다."[32]

역사학자 젬스 르 쉬외르James Le Sueur는 카뮈가 "알제리 인권 침해"[33]에 반대하는 프랑스 지식인 공동전선에서 "확실한 열외"라고 폄하하면서 이런 고립 상태를 강조한다. 카뮈는 분명 제외된 인물이었지만, 르 쉬외르가 암시한 것 같은 식은 아니었다. 카뮈는 프랑스군의 고문 관행과 사형에 대해 여러 번 비난했다. 그는 이러한 행위들이 비단 죄악일 뿐만 아니라 정치적으로도 무모한 행위라고 단언했다. 1955년 《렉스프레스》에 게재한 한 칼럼에서 카뮈는 돌이켜 보았을 때 명백한 문제들만을 강조했다. "모든 억압 행위 하나하나··· [그리고] 모든 경찰 고문 하나하나는··· 그것을 당한 피해자들의 절망과 폭력을 심화시킨다. 이런 식으로 경찰은 테러리스트를 양산하고, 테러리스트는 또 더 많은 경찰을 양산한다."[34]

3년 뒤에 카뮈는 《알제리 연대기》에서 이런 범죄적이고 형법상 근시안적인 정책의 비극적인 결과에 대해 고민했다. 그는 프랑스와 프랑스계 알제리 친구들에게 직설적으로 말했다. "민간인에 대한 보복과 고문 관행은 우리 모두에게 책임이 있는 범죄다. 이런 행위가 일어나도록 허용했다는 것은 굴욕이며 이후로 우리는 이 굴욕에 맞서야 할 것이다. 그러기 위해 우선 우리는 제아무리 효과적이라 할지라도 그런 수단들을 정당화하기를 일체 거부해야 한다. 간접적으로나마 그것을 정당화하는 순간부터 규칙도 가치도 존재하지 못하고, 모든 요구들은 똑같이 정당해지며, 무제한적, 무법적으로 치러지는 전쟁은 허무주의에 승리를 봉헌하게 될 것이다."[35]

분명히 카뮈는 고문을 비난했다. 그러나 그는 소위 "선택적 비난"이라는 것을 거부했다. 그는 알제리의 독립 투쟁을 이끌었던 알제리 민족해방전선FLN의 테러리즘에 대한, 이전까지 자신의 친구들이었던 프랑스 좌파의 침묵에 신물이 났다. 프랑스 군대와 정보부가 민족해방전선 투사들에게 전기처형, 물고문, 강간을 자행했다면, 민족해방전선은 상대 단체인 민족주의운동 지도자들은 물론이고 피에 누아르 시민들까지 살해하고 있었다. 1956년 민족해방전선의 두 지휘관이 사형을 당하자 즉시 민간인을 대상으로 보복하라는 명령이 하달되었다. "18세와 54세 사이의 모든 유럽인을 죽여라." 명령과 동시에 민족해방전선의 여성 첩보원들이 사람이 많이 모이는 카페에 잇따라 폭탄을 터뜨려 수많은 여자와 남자들이 목숨을 잃거나 불구가 되었다. 카뮈는 알제리가 소위 "광적인 외국인 혐오증"에 빠져들자, 이것은 그들이 공모한 결과임을 깨달아야 한다고 양측에 촉구했다. "민간인 대학살이 아랍 운동의 비난을 받아야 하는 것처럼, 프랑스 자유주의자들은 프랑스의 탄압을 마찬가지로 비난해야 한다." 그러나 이러한 설득에 실패하자 카뮈는 전면전의 유혈 사태 속에 죄와 무죄의 개념이 묻혀버렸다고 결론을 내렸다.[36]

카뮈는 몽테뉴가 인정했을 윤리적인 태도에 이례적일 정도로 충실했다. "나는 절박한 요구를 지닌 평범한 사람이다." 그는 일기장에 이렇게 적었다. "오늘날 내가 옹호하고 제시해야 하는 가치관은 평범한 가치관이다. 이것은 과연 나에게 있기나 할지 의심스러울 만큼 빈약하고 부족한 어떤 재능을 요구한다."[37] 카뮈의 평범한 가치관 가운데에는 목적이 결코 수단을 정당화해서는 안 된다는 신념이 포함되어 있었다. 이 규칙이 한 번 위반되면, 선의의 남자와 여자들은 서로 상반된 목적을 위해 경쟁을 시작할 테고, 그들 뒤엔 유린당한 인류만 남게 될 것이다. 카뮈는 고뇌에 찬 일기의 서두에서 스스로에게 이렇게 상기시켰다. "지금 내 노력은 이런 나 자신의 존재를 혼자서 끝까지 끌고 가기 위한 것이며, 내 인생이 어떤 양상을 취하든 그 존재를 유지하기 위한 것이다 ― 내가 지금 겪고 있는 무척이나 견디기 힘든 외로움을 걸고서라도. 항복하지 말 것, 그것이 모든 비결이다. 굴복하지 말 것, 배신하지 말 것."[38]

동료들의 훼손된 시체를 본 순간 본능적인 반응 ―"인간이 인간에게 그런 짓을 하면 안 돼!"― 에 충실했던 아버지의 모습은 훗날 카뮈가 평생 동안 사형제도를 반대하는 데 자극이 되었다. 이 점에서 카뮈는 몽테뉴와 마찬가지로 권력자들뿐만 아니라 그의 독자들에게도 ―어떤 면에서 훨씬 어려운 일― 진실을 말하곤 했다. 그가 〈단두대에 대한 성찰〉에서 썼듯이, "침묵이나 언어의 농간이 개혁해야 할 악폐나 없애야 할 고통을 유지하는 데 기여할 땐, 그럴 땐 큰 소리로 말해서 말의 가면 속에 감추어진 추악함을 드러내는 것 외에는 달리 방법이 없다."[39]

1940년대 후반, 프랑스뿐 아니라 전 세계 탄원자와 변호사들은 유죄를 선고받은 정치범들을 대신해 카뮈의 지지를 요청하고 있었다. 카뮈는 유죄 선고를 받은 전 세계 정치범들을 위한 연설에서, 에브 모리지Ève Morisi(캘리포니아 대학교 인문학부 조교수 — 옮긴이)의 말을 빌리자면 "'죽음을 중심에 두는' 온갖 형태의 국가"[40]에 대해 항변했다. 카뮈는 프랑코 시대의 스페인과 스탈린 시대의 러시아, 동유럽, 이란, 베트남, 그리스의 정치범을 위해 팔을 걷어붙였다.

　미국도 카뮈에게 개입은 하지 않더라도 — 죄수들이 이미 사형을 당했으므로 — 최소한 사형제도의 본질만이라도 추궁해달라고 촉구했다. 1959년에 로버트 와이즈Robert Wise의 영화 《나는 살고 싶다!》가 프랑스에서 개봉되었다. 이 영화에서 수전 헤이워드는 부자 과부를 살해한 죄로 유죄판결을 받고 가스실에서 사형을 당한 마약 중독자, 바버라 그레이엄 역을 맡았다. 잔인할 정도로 현실적으로 연출된 이 영화는 그레이엄의 죄에 대한 문제를 모호하게 처리하고 — 기록은 그녀가 사실상 유죄임을 시사한다 — 대신 국가가 허용하는 사형 집행 무대에 초점을 맞춘다. 카뮈는 이 영화에 깊은 감명을 받았는데, 두 번이나 보고 짧은 감상문을 쓸 정도였다. 카뮈는 "이 영화가 되짚는 무자비한 이야기는 실화다"라고 분명하게 말했다. 그리고 이 영화에 어떤 목적이 있다면 "우리를 이 시대의 현실과 대면시키는 것"이라고 주장하면서, 와이즈는 "우리에게 무시할 권리가 없는"[41] 현실에 우리를 직면하게 한다고 결론을 내렸다.

　이 비평은 프랑스에서는 게재되지 않았지만, 영어로 번역되어 영화 제작자에 의해 홍보되었다. 로스앤젤레스에서 활동하는 미국 기자 잭 벡Jack Beck은 그레이엄이 실제로 무죄라는 카뮈의 확고한 주장이 불편했다. 그는 카뮈에게 보내는 편지에서 세 페이지에 걸쳐 조목조목 반박하는 주장을 펼치며, 그레이엄의 범죄와 관련된 영화에서 와이즈가 많은 사실들을 생략했음을 보여주었다. 카뮈는 곧바로 백에게 답장을 보내, 아마도 자신이 그레이엄 사건에 관해 잘못 알고 있었던 것 같다고 시인했다. 그러나 뒤이어 다음과 같은 말도 덧붙인다. "그렇기는 하지만, 내가 틀렸다고 확신하지는 않는다고 말씀드리고 싶습니다." 카뮈에게는 그레이엄이 유죄든 아니든, 사형제도 자체는 여전히 범죄행위다. 실제로 그는 이렇게 설명한다. "피고 개개인이 결백한 경우에 한해서만 사형제도를 반대한다는 건 전혀 말이 되지 않는다."[42]

카뮈의 도덕적 상상력을 사로잡은 건 영화가 누군가 다른 인간을 죽이는 현실을 재현하는 방식이었다. "목을 자르기 위해" ― 혹은 폐에 독가스를 가득 채우거나, 총알로 심장을 갈가리 찢기 위해 ― "단 위에 내동댕이쳐놓은 바들바들 떠는 몸뚱어리"는 사실은 사형에 관한 기본 정보가 되었다. 따라서 카뮈는 이런 잔인한 사실을 관념적으로 만들려 하는, 민주주의 사회 혹은 전체주의 사회를 대표하는 제도나 개인의 노력에 공포를 느꼈다. 과거 스승이었던 장 그르니에게 보낸 편지에서 카뮈는, 전후 프랑스에서 숙청이 이루어지던 시기에 반역죄로 기소된 한 프랑스인의 재판을 보다가 자리를 뜬 적이 있다고 말했다. 카뮈는 기소된 남자에게 명백히 죄가 있음을 인정했다. "하지만 나는 재판이 끝나기 전에 나왔다. **나는 그의**[즉 피고인의] **편**이었으니까. … 모든 죄인에게는 결백한 부분이 있다. 그렇기 때문에 지나치게 단호한 비난이 혐오스러운 것이다.

우리는 고통에 대해 충분히 생각하지 않는다."[43]

고통은 추상적인 관념이 아니다. 고통은 구체적이고 실제적이며, 심한 경우 "세계를 파괴한다."[44] 미국의 영미문학 교수인 일레인 스케어리Elaine Scarry는 고통에 대한 기본적인 견해를 이같이 밝힌다. 즉, 인간의 감성은 대개 외부의 대상과 연결되는 반면 — 인간은 무언가와 사랑에 빠지고, 무언가 때문에 걱정한다 — 고통은 그런 대상이 없다. "고통은 무엇에 대해서도 혹은 무엇을 위해서도 아니다." 또한 스케어리는 고통을 객관화하거나 유추하려는 노력은 "그 자체로 고통의 승리를 드러내는 징후인데, 고통은 몇 피트 반경 내에서도 자신의 현실 감각과 다른 사람들의 현실 사이에 완벽한 분열을 초래함으로써 얼마간 혐오감을 일으키기 때문이다"[45]라고 주장한다.

관념의 위험성은 카뮈를 사로잡았다. 《페스트》가 출간된 해인 1947년에 카뮈는 십 년 이상 자신의 생각을 기록해온 학생용 공책들cahiers을 다시 읽어보았다. 그리고 정신이 번쩍 들었다. "나는 이 공책들을 전부 — 처음부터 — 찬찬히 읽어보았다. 이것은 나에게 분명한 깨달음을 주었다 — 풍경들이 차츰 사라지고 있었던 것이다. 현대의 암적인 요소에 나 역시 괴로움을 겪고 있다." 다시 말해 사상에 점차 깊이 몰두하는 동안 세계 — 그의 충실함의 대상 — 에 대한 그의 기억은 차츰 희미해지고 있었다. 카뮈는 같은 해에 파리에서 알제로 비행하는 동안 이와 똑같은 차이를 발견했다. "비행기는 현대의 비실재와 관념의 요소들 가운데 하나다. 여기에는 더 이상 자연이 없다. 깊은 협곡, 진정한 위안, 건널 수 없는 계

곡, 이 모든 것이 사라지고, 도해 — 지도 — 만 남는다. 한 마디로
인간은 신의 눈을 통해 바라본다. 그리고 이제 그는 신이 오로지
관념적인 시선만 지닐 수 있음을 깨닫는다. 이것은 바람직한 일이
아니다."[46]

　도덕적 상상은 시몬 베유와 마찬가지로 카뮈에게도 관심 있는 작
업이다. 우리에게 완고하고 무심한 물질세계에 대한 관심, 우주의
냉담함에 저항하기 위해 함께 투쟁을 벌이는 우리 인간에 대한 관
심. 프랑스 해방 직후, 카뮈는《콩바》에 "피해자도 가해자도 아닌"
이라는 제목의 연재 기사를 실었다. 이 기사들은《한낮의 어둠》,《요
가 수행자와 인민위원》을 통해 전체주의를 비판적으로 분석해 대
서양 양측에서 명성을 얻은 아서 케슬러Arthur Koestler와 파리에서
나눈 대화에서 일부 영감을 얻어 작성한 것이다. 그러나 카뮈의 에
세이들은 전쟁이 됐든 공장이 됐든 정부가 됐든, 폭력이 인간을 물
질로 바꾸어버리는 방식에 대한 베유의 묘사를 반영하기도 한다.
〈피해자도 가해자도 아닌〉은 권력을 휘두르는 사람들 역시 권력에
종속된 사람들만큼이나 피해자라는 베유의 주장에 대한 반향이자
응답이다. 마지막으로 이 기사들은 상세하고 구체적인 사실에 대
한 카뮈의 평생에 걸친 애착과, 보편적이고 관념적인 것에 대한 그
의 지속적인 의혹으로부터 기인한다. 카뮈가 〈두려움의 세기世紀〉
라는 권두 기사에서 밝혔듯이, 우리는 "세계의 아름다움과 사람들
얼굴의 아름다움을 마주하는" 우리 삶의 일상적 현실에 기반을 둔
"인간적인 언어"를 말하는 습관을 잃어버렸다. 카뮈는 각각의 범죄
사례를 들면서 "이런 행위를 저지르는 사람들을 설득하여 하지 않

도록 만드는 것은 불가능했다. 왜냐하면 그들은 스스로에 대해 확신이 있었고, 추상적인 개념에 사로잡히면 설득되지 않기 때문이다"[47]라고 주장했다.

역사의 홍수로 불어난 물에 실려 온 "몸뚱어리들을 구해내기" 위한 노력으로, 카뮈는 "현 세기의 오류들" 가운데 하나를 진단한다. 다시 말해, 카뮈는 이념이나 관료주의에 가치를 두는 사람은 "다른 사람의 죽음에 대한 상상력이 부족하다. … 오늘날 전화기를 통해 서로 사랑을 이야기하고, 직접 재료를 다루기보다 기계로 작업하는 것과 마찬가지로, 우리는 대리인을 통해 서로 죽고 죽임을 당한다. 청결함 면에서는 얻었지만 이해심 면에서는 잃은 셈이다"[48]라고 주장한다. 카뮈는 도덕적이고 경험적인 우리의 이해를 회복하기 위해, 일상적으로 사용하는 상투적인 문구를 거두어야 한다고, 다른 사람을 죽인다는 것이 어떤 의미인지 매우 꼼꼼하고 신중하게, 최대한 충실히 설명해야 한다고 주장한다. 우리는 불운한 죄수에게 그의 행동을 속죄하거나 사회에 빚을 갚아야 할 거라고 말하는 대신, "견딜 수 없는 절망과 끊임없이 되풀이되는 공포 사이에서 괴로워하며 몇 개월이고 몇 년이고 감옥에 갇히게 될" 거라고 알려주어야 한다. 어느 날 등 뒤로 손이 묶인 채 "복도를 따라 질질 끌리는 발걸음으로" 단두대로 끌려갈 거라고 말해주어야 한다. 사형집행인 한 사람이 "당신의 바지춤을 움켜쥐고 단 위에 수평으로 내동댕이치면, 다른 한 사람은 목을 끼우는 구멍에 당신의 목을 고정시키고, 나머지 한 사람은 2미터가 약간 넘는 높이에 매달린 120파운드(약 54킬로그램) 무게의 칼날을 떨어뜨려 마치 면도날처럼 당신의 목을 잘라버릴"[49] 거라고 말해주어야 한다.

　이렇게 그의 영향력 있는 에세이 〈단두대에 대한 성찰〉은 1957년, 케슬러의 에세이와 함께 묶어서 출간되었다. 에세이 서두에서 카뮈는 사형제도의 본질에 관해 예의를 갖추어 말하지 않겠노라고 경고한다. 선정적 혹은 가학적으로 표현하려는 것은 아니지만, "그것에 대해 노골적으로 말하는 것이 나의 의도다." 카뮈는 특정한 종류의 침묵, 다시 말해 도덕적 무기력이나 사회적 관습에서 비롯된 침묵을 결코 용인해서는 안 된다고 단언한다. "침묵이나 언어의 농간이 끝내야 할 악폐나 진정시켜야 할 고통을 지속시키는 데 일조한다면, 말의 가면 속에 숨은 추잡한 진실을 공개적으로 밝히거나 드러내는 수밖에 없다."[50]

　카뮈는 장황한 설명을 여기에서 그치지 않고, 오히려 목이 잘릴 때 인체의 생리학적 반응 — 가령, 우리는 샤를로트 코르데Charlotte Corday(프랑스 혁명 당시 정치가인 장 폴 마라를 암살한 25세의 처녀 — 옮긴이)의 처형을 통해 "사형집행인이 그녀의 베어진 머리를 들고 손바닥으로 찰싹 때리자 얼굴이 붉어졌다"는 걸 알고 있다 — 뿐 아니라, 반복되는 사형 장면을 지켜보는 사람, 예컨대 다른 죄수들의 심리적 반응으로 화제를 돌린다. 이런 이야기를 읽는 사람들은 카뮈가 너무 신랄한 것 아니냐고 생각할지 모른다. "정당한 처벌이 집행되었다는 기사를 읽으며 커피를 즐기던 사람은 조금이라도 상세한 내용을 알게 된다면 마시던 커피를 뱉어버릴 것이다."[51] 물론 칼날이 떨어지는 와중에도 커피를 음미하는 것보다야 훨씬 바람직한 반응이겠지만, 어차피 결과는 마찬가지다 — 인간은 머리 잘린

살덩어리가 되고, "사회는 아무것도 판단할 수 없는 원시적인 공포 상태로 전락한다."[52]

분노를 억누르는 긴장된 어조로, 카뮈는 국가가 허용한 살인 기계가 된, 법적 사회적 기술적 메커니즘에 종속된 인간에게 어떤 일이 일어나는지 자세하게 열거한다. 그리고 사형이 본보기가 된다거나 예방하는 기능이 있다는 공식적으로 알려진 주장이 위선임을 강조한다. 그것이 사실이라면, 국가는 사형 도구나 사형의 최종 행위를 대중의 시야에서 감추지 않을 것이라고 언급한다. "오늘날엔 사형 장면은 없고 형벌만 있을 뿐이며, 그나마도 우리는 이따금 순화된 문장으로 에둘러 표현한 사형 선고문과 함께 떠도는 소문에 의해서만 형벌에 대해 알 뿐이다."[53] 카뮈는 머리가 잘리고 남은 몸뚱이에 어떤 일이 일어나는지에 대한 자세한 보고서를 모든 시민들에게 배포하는 것이 차라리 더 일관되지 않겠느냐고 질문한다. 혹은 훨씬 효과적인 방법으로, 우리가 새로운 하루를 준비하는 동안 "잘린 머리를 우리에게 보여주든지."[54]

타인들을 도덕적 상상력이 없다는 이유로 고발하는 경우, 그들이 유죄라면 우리들 사이에서 생활할 권리 또한 없다는 결론을 내릴 위험이 있다. 짧은 기간 동안 카뮈는 프랑스를 대표해 죄인을 재판하고 사형에 처할 권리를 요구했다. 1944년 여름과 가을, 해방된 프랑스가 가까운 과거와 혼란스러운 현재와 싸울 때, 카뮈는 비밀리에 발행된 주간지 《레 레트르 프랑세즈 *Les Lettres françaises*》에 실은 사설에서, 비시 정권 시절 내무부 장관을 지냈으며 저항 운동가들에게 사형을 명령한 피에르 퓌셰를 사형시켜야 한다는 샤를르 드골의 결정을 옹호했다. 카뮈는 이렇게 말했다. "우리가 사랑하고 존경하는 너무나 많은 사람들이 죽었고, 너무나 많은 영광들이 배신을 당했으며, 너무나 많은 가치들이 굴욕을 당했다. … 그렇지 않았다면 지금 한창 전쟁을 겪으면서도 그를 용서하고 싶었을 바로 우리들로서도." [55]

아무리 악랄하기로서니 퓌셰의 반역죄가 최악의 범죄는 아니었다. 카뮈는 그의 최악의 범죄는 "상상력 부족" ─ 세계를 돌보지 못한 무능함과 그의 행동의 결과들 ─ 이라고 밝혔다. 국가의 경찰을 감독하는 비시 정권 관료로서 퓌셰는 프랑스의 패배와 독일의 점령 후에도 마치 아무것도 변하지 않은 것처럼 행동했다. "그가 늘 알고 있던 관념적이고 행정적인 제도"의 노예인 퓌셰는 자기 사무실에 태평하게 앉아 사형을 선고하는 법안에 서명했다. 이렇게 서명하고 날인한 서류들은 이제 "무고한 프랑스인들을 죽음으로 몰아넣은 공포의 새벽으로 바뀔 터였다." [56]

퓌셰의 이런 범죄는 카뮈에게 자신이 한 말들을 깊이 평가하게 했다. "우리의 상상력을 최대한 동원하는 가운데, 한 사람의 목숨이 이 세상에서 제거될 수 있다는 사실을 … 태연히 받아들이는 법을 우리는 배우고 있다." [57] 프랑스 해방 직후에 보도한 사설들에서 카뮈는 이와 같은 악의 "평범성"에 집중했다. 8월 말, 비시 정부의 잔악한 친독 의용대에 의해 서른네 명의 프랑스인이 고문과 살해를 당한 데 대해 카뮈는 이렇게 외쳤다. "누가 이곳에서 함부로 용서를 말할 것인가?" 이번에도 카뮈의 분노는 고문자의 상상력 부족에 초점을 맞춘다. 카뮈는 시체의 상태를 묘사한 다음, 무엇이 그들을 죽음에 이르게 했는지 상상하라고 우리를 다그친다. "두 남자가 마주 보고 있다. 한 남자는 상대방의 손톱을 빼려고 하고, 상대방 남자는 그 모습을 지켜보고 있다."[58] 전후 프랑스에 인간들이 이런 범죄를 자행할 여지가 있었단 말인가? 카뮈는 그렇지 않다고 답했다. 지난번 사설에서 분명하게 밝혔듯이, "더 이상 그 누구도 상상력이 부족할 권리는 없다. ··· 추상적 관념의 시간은 끝났다."[59]

다시 말해, 혁명적 숙청이 정의를 가장한 즉결심판의 보복 행위를 수반하며 점차 일관성 없는 일련의 재판들로 변질될 때까지는. 카뮈의 혐오감이 깊어질 무렵, 로베르 브라지야크Robert Brasillach의 재판이 열렸다. 소설가이며 에세이 작가이자 열렬한 나치 협력자였던 브라지야크는 1945년 초, 반역죄로 유죄 판결이 내려져 사형을 선고받았다. 브라지야크를 종신형으로 감형시켜 달라고 요구하며 드골 장군에게 탄원서를 제출한 작가 마르셀 에메Marcel Aymé는 확실히 상상력이 없지 않았다. 그는 카뮈에게 서명을 부탁했다.

저항 및 문학적인 업적에서 카뮈와 필적할 만한 작가인 프랑수와 모리아크François Mauriac는 이미 탄원서에 서명했다. 독실한 가톨릭 신자인 모리아크는 과거 숙청 문제에 관해 카뮈와 충돌을 일으킨 적이 있었다. 중년의 작가는 신의 은총과 국가의 화해를 주장한 반면, 《콩바》의 젊은 편집자는 국가적 치유가 이루어지려면 확고한 정의 위에 기반이 마련되어야 한다고 반론했다. 그러나 재판이 엉

터리 이벤트가 되어버리자 카뮈는 사설에서 이렇게 고백했다. "우리는 지금 모리아크 씨가 옳다는 걸 알게 되었다. 우리에게는 관용이 필요할 것이다."[60] 하지만 모리아크는 카뮈를 봐주려 하지 않았으며, "우리 젊은 선생이 그가 아직 쓰지 않은 최고의 작품들"의 내용을 언급해주어 감사하다며 경멸적인 투로 말했고, 이에 대해 카뮈는 모리아크가 주장하는 은총은 카뮈 자신이 대표하는 세대와 무관하다고 반박했다. "그리스도가 다른 이들을 구원하기 위해 죽었는지는 몰라도 우리를 구원하기 위해 죽은 건 아니라고 믿는, 이 고통스러운 세상에 사는 사람들"에게 기독교는 아무런 의미가 없었다. 결과적으로 "우리는 인간의 정의를 방해하는 신의 은총을 영원히 거부할 것이다."[61]

그러나 카뮈는 브라지야크의 탄원서에 서명했다. "더 이상 어느 누구도 상상력이 부족할 **권리**가 없다"는 그의 초기 주장에 온갖 복잡한 의미를 부여하며 뜬눈으로 밤을 새운 뒤, 브라지야크를 기다리는 현실적인 운명을 숙고하며 마침내 서명을 했다. 그는 탄원서와 함께 동봉한 편지에서 에메에게 이렇게 설명했다. "저는 언제나 사형제도를 두렵게 생각해왔으며, 적어도 개인적으로는, 기권으로조차 참여할 수 없는 일이라고 판단해왔습니다. 그게 전부입니다. 그리고 이런 양심이 어쩌면 브라지야크의 친구들을 만족시킬지 모르겠습니다."[62]

◈

이 같은 양심은 특히나 내전에 관해 입을 다문 이후에도 카뮈가 프랑스 법원이 사형 선고를 내린 알제리인들을 위해 탄원을 하게 만들었다. 최근 변호사와 정치인들과 주고받은 수십 통의 편지들이 출판되기 전까지는, 이런 상황에서 카뮈가 얼마나 두드러진 역할을 했는지 거의 알려진 바가 없었다. 가장 지속적으로 편지를 주고받은 사람들 가운데에는 그의 친구 이브 드셰젤Yves Dechezelles이 있었다. 두 사람은 알제 대학 동창이며 전쟁 중에 《콩바》에서 함께 일했다. 알제에 변호사 사무소를 개업한 드셰젤은 카뮈처럼 아랍인과 베르베르족 공동체를 위해 농성을 하며 싸우는 소수의 진보주의자에 속했다. 그러므로 1956년 1월에 카뮈가 알제 동포들에게 민간인 휴전을 요청하는 연설을 했을 때 드셰젤은 당연히 카뮈의 편이었다. 두 친구는 편지에서 서로를 "tu('너'라는 의미의 친칭 — 옮긴이)"라고 불렀는데, 가까운 친구인 르네 샤르에게조차 정중하게 "vous('당신'이라는 의미의 경칭 — 옮긴이)"라고 부르는 카뮈로서는 드문 일이었다.

1957년 7월 말, 프랑스 법원이 세 명의 알제리 투사들에게 사형 선고를 내리면서, 프랑스와 알제리 민족해방전선 간의 위태로운 협상이 무산될 조짐이 보였다. 알제리 투사들을 대변하던 드셰젤은 이 사형 선고에 무엇보다 정치적인 동기가 작용했다고 밝혔다. 세 사람 가운데 바데체 벤 함디는 살인을 범하지 않은 것으로 보이며, 나머지 두 사람의 경우도 사망자는 발생하지 않았다. 드셰젤은 카뮈에게 이 소송은 "전혀 정의라는 개념에 기반을 두지 않았다"며 열변을 토했다. 드셰젤은 오랜 친구에게 자신은 사형집행 생각에

"사로잡혀" 있으며 그 결과를 "두려워하고 있다"고 말하면서, 프랑스의 정치 지도자들이 [피에 누아르] 극단주의자들에게 시달리지 않기 위해 "투사들의 목이 잘리도록" 내버려둘 거라며 분개하기도 했다. 드셰젤은 신문에 기고를 하든 대중에게 연설을 하든 대통령이나 그밖에 정치 지도자와 중재를 하든, 어떻게든 행동해달라고 카뮈에게 간청했다. "이봐, 자넨 큰소리로 외쳐야 하네."[63]

드셰젤의 간청이 있은 지 이틀 후, 카뮈는 동료인 지젤 알리미 Gisele Halimi로부터 또다시 간청을 듣게 되었다. 튀니지계 유대인 변호사인 알리미는 그 무렵, 앞으로 50년 동안 이어질 인권 변호사로서 경력을 시작하고 있었다. 1956년에 알리미를 처음 만났을 때 카뮈는 그녀에게 이렇게 말했다. "어떤 경우든 제가 도움이 된다면 연락 주십시오."[64] 알리미에게 같은 얘기를 두 번 할 필요는 없었다. 그녀는 그 세 건의 소송 현황을 다급하게 요약했고, ― 변호사 특유의 방식으로 ― 카뮈가 개입해야 할 논거로 카뮈 본인의 〈단두대에 대한 성찰〉을 인용했다. 그녀는 사형이 바르베루스 감옥에서 집행된다는 사실을 덧붙일 필요가 없었다. 그 곳은 카뮈의 아버지가 본인의 인생뿐 아니라 아들의 인생에까지 각인시킨 사형 광경을 목격했던 바로 그 감옥이었던 것이다. 카뮈가 매우 자세하게 묘사했던 죽음의 관료정치가 더 큰 소리로 콧노래를 흥얼거리자, 마침내 알리미는 결정을 내렸다. "우리를 도와주셔야겠습니다."[65]

카뮈는 그렇게 했다. 비록 공개적이지는 않았고, 어쩌면 자신의 글에서처럼 항상 일관성 있게 도움을 준 건 아니었을지라도. 알제리에 대해 침묵을 깨는 것이 내키지 않은 카뮈는 대신 각 사건들을 주의 깊게 검토하고 — 그의 개인 서류에는 각 사건을 기록한 길고 도 상세한 묘사들이 포함되어 있다 — 대통령 르네 코티에게 편지 를 썼다. 프랑스 제4공화국에서 대통령은 거의 의례적인 지위에 불과했지만, 그럼에도 불구하고 죄수를 사면할 힘은 있었다. 편지 에서 카뮈는 탄원의 근거를 분명하게 밝혔다. 사형수 가운데 누구 도 "프랑스인이든 이슬람교도든 민간인을 상대로 무턱대고 공격 을 가하거나 혐오스러운 테러리즘을 행사하는" 죄를 저지르지 않 았다고 말이다. 카뮈는 코티에게 자신이 프랑스계 알제리인이고, 그의 가족은 아직 알제리에 살고 있으며, "현재의 극적인 사건들이 매일같이 내 안에서 메아리치고 있다"고 상기시켰다. 그리고 자신 이 공식적인 자리에서 말을 아낀 태도가 코티에게 이들의 사면을 요청할 충분한 정당화가 되지 않겠느냐고 하면서, "얼마 남지 않은 알제리의 장래를 보호하기 위해서라도"[66] 사면을 검토해달라고 말 을 맺는다.

코티는 카뮈의 편지를 받았다는 내용은 전달했지만 카뮈의 요청 에 대해 직접 답을 하지는 않았다. 그러나 이후의 사건들로 코티의 의사는 충분히 전달되었다. 카뮈가 총리인 기 몰레에게 편지로 간 략하게 언급했듯이, 그가 생명을 구하기 위해 애썼던 거의 모든 죄 수들이 사형에 처해졌다.[67](늘 그런 건 아니었다. 1959년에 세 명의 사 형수를 위해 샤를르 드골 장군에게 쓴 편지는 영향을 미쳐, 나중에 드골은 그들에게 감형을 선고했다.) 1958년에 집권한 드골에게 보낸 편지에 서와 마찬가지로 코티와 몰레에게 보낸 편지에서도 카뮈는 항상, 선거로 선출된 지위를 통해 이들이 부여받은 어마어마한 권한을 상기시켰다. 이런 암시와 차갑고 관료적인 표현 뒤에는 현실에 대한 카뮈의 주장이 맴돌고 있다. 그는 교섭 담당자들이 사형이라는 **최종** 판결을 묵살하거나 숨기기를 결코 원치 않았다. 이것은 그가《알제 레퓌블리캥》기자로 있을 때 이미 몰두하던 생각이었다. 무고죄로 투옥된 미셸 오당 사건에 대해 알제리 최고 권력자인 총독이 중재할 것을 요구하는 사설에서 카뮈는 인간 대 인간으로 이야기했다. 그는 물었다. "우리는 행렬과 법안과 연설에서 당신을 언뜻언뜻 보지만, 이 가운데 어디에서 인간을 찾을 수 있습니까?"라고. 이어서 카뮈는 장려한 배경 뒤에, 바로 그곳에 인간이 있으며, 총독 역시 그들 가운데 한명일 뿐이라고 말한다. 카뮈가 동포를 대신해 호소하는 대상은 바로 살과 피로 이루어진 이 인간, 언젠가 죽음의 공포를 알게 될 이 인간이다. "부조리와 고통으로 무수한 이들의 인간성이 사라진 세상에서" 개인의 생명을 구하는 것은 … "결국 나 자신을 구하는 일이다."[68]

카뮈는 몰레에게 보낸 편지에서 자신은 "일반적 원칙"으로서의 사형제도에 반대한다고 상기시켰지만 — 결국 이것은 〈단두대에 대한 성찰〉의 소산이다 — 극심한 심리적 시간적 압박이 이 일반 원칙을 시험했다. 이따금 그는 다분히 전술적인 결정을 했다. 가령, 몰레에게 보내는 편지에서 카뮈는 "당신이 알고 있는 [사형제도에 대한] 인간적인 요소는 차치하겠노라"[69]고 단언하며 이야기를 시작한다. 그리고 대신 사형을 감해야 하는 실질적이고 정치적인 이유들을 검토하는데, 그것들은 모두 프랑스인과 아랍인이 평화롭게 공존하도록 알제리를 지키자는 동일한 목표를 공유하고 있었다.

카뮈는 민간인을 살상하지 않는 행위와 "테러리즘의 무분별한 행위"를 구별할 때처럼, 이따금 인간적인 요소를 기꺼이 무시하려는 듯한 태도를 보였는데, 그런 태도 역시 전술적인 이유 때문일지 모른다. 실제로 알리미는 그녀의 회고록에서, 카뮈에게 지원을 요청하자 그가 이렇게 답했다고 말한다. "나는 여성과 아이들을 살해하는 자들을 경멸합니다." 이어서 그녀는 이렇게 쓴다. 바로 그날 카뮈는 "도와달라는 내 요청을 거절했다."[70]

그러나 카뮈가 돕기를 거절한 정확한 이유는 여전히 분명하지 않다. 사실 기록된 자료에 따르면 카뮈가 그런 요청을 거절한 것은 1958년 2월 한 번뿐인 것으로 나와 있다. 작가 베르나르 클라벨 Bernard Clavel은 카뮈에게 사형제 폐지 운동의 대표직을 수락하지 않겠느냐고 요청하는 편지를 보냈다. 그러나 카뮈의 비서인 쉬잔 아늘리가, 카뮈는 답장도 쓰기 힘들 정도로 병이 깊은 터라, 그런 직책을 맡는 건 더더욱 불가능하다고 답했다. 몇 주 전 노벨상을 받은 뒤로 카뮈의 병이 육체적으로뿐만 아니라 심리적으로도 악화된 듯 보여 더욱 그렇게 답했을 것이다. 질식 발작이 심해진 카뮈는 사람들이 있는 곳에서 산책하길 피했고, 낯선 사람들이 알아볼까 봐 두려워했다."

호메로스의 《오디세이아》의 핵심은 서로를 알아보지 못하는 아버지와 아들의 재회다. 이 서사시는 아들 텔레마코스가 20년이 지나도록 돌아오지 않는 아버지를 죽었다고 믿고, 아버지의 소식을 찾아 이타카를 떠나는 것으로 시작한다. 물론 그는 다시 돌아온 뒤에야 오디세우스가 건강하게 살아 있고, 다시 통치할 준비를 하고 있다는 사실을 알게 된다. 그런데 만일 텔레마코스가 아버지를 찾아 나선 지 몇 년 뒤에 저 멀리 떨어진 에게해 섬에서 우연히 아버지의 이름과 나이가 새겨진 묘지를 발견한다면 어떨까. 신이 사나운 힘으로 입김을 불자, 텔레마코스는 자신이 아버지가 살았던 것보다 더 오래 살고 있으며 지금 아버지의 무덤 위에 서 있다는 사실을 깨닫고 비틀거린다.

이것은 《최초의 인간》에서 보게 되는 호메로스 이야기의 다른 형태다. 자크 코르므리는 생브리외에서 묘지를 방문해 아버지의 무덤을 발견했을 때, 자신의 나이가 돌아가실 당시의 아버지 나이보다 많다는 사실을 깨닫는다. "낯선 사람처럼 잠시 머물렀던 이 세상에서 이름 없이 죽어간"[72] 아버지의 나이보다. 텔레마코스처럼 코르므리도 한 번도 본 적 없는 아버지를 "꼭 빼닮았다"는 말을 듣는다.[73] 그리고 텔레마코스처럼 코르므리도 아버지의 소식을 찾으러 떠나면서 자기 자신에게 말한다. "너무 늦은 건 아니야. 세상의 다른 어떤 존재보다 나와 닮은 그가 어떤 사람이었는지, 나는 지금도 여전히 찾을 수 있고 알 수 있어. 나는 반드시⋯."

그리고 그는 전해 들은 아버지에 대한 하나의 기억에 충실하게 매달림으로써 어느 정도 그렇게 할 수 있었다.

V
REVOLT

5. 반항

2010년 12월 17일, 역사의 기운은 튀니지의 시디 부지드Sidi Bouzid라는 마을로 몰려들었다. 그날 낮, 모하메드 부하지지Mohamed Bouazizi라는 이름의 과일 행상이 지역 관공서로 향했다. 그리고 건물 밖 거리에 서서 휘발유 한 통을 몸에 붓고 옷에 성냥을 그었다. 화염이 꺼질 즈음, 부아지지의 몸도 거의 완전히 타버렸다. 젊은이는 열여드레를 더 살았지만 혼수상태에서 깨어나지 못했다. 그가 땅에 묻히던 2011년 1월 4일, '아랍의 봄'의 첫 진동이 시디 부지드에서 시작해 북아프리카와 중동 국가 전역에 파문처럼 번지고 있었다.

그날 오전, 그 지역 공무원은 행상 허가증이 없다는 이유로 부아지지의 노점을 뒤엎고 저울 등 집기를 몰수했으며, 그것도 모자라 폭행을 하고 침을 뱉었다. 여덟 식구를 혼자 벌어 먹여 살려야 했던 부아지지는 그런 상황에서 흔히 요구하는 뇌물을 바치기엔 너무 가난했다. 경찰에 항의해보았지만 무시만 당하자, 부아지지는 근처 주유소로 가서 옷이 흠뻑 젖기에 충분한 양의 휘발유를 구입해 관공서로 돌아왔다. "대체 나더러 어떻게 먹고 살라는 겁니까?" 모하메드 부아지지는 이미 답을 알고 있었다. 그가 그은 성냥은 절규의 상징인 동시에 반항의 징표였다. 사실 부아지지는 이렇게 물었던 것이다. "당신들이 나에게 부과한 인생을 나더러 어떻게 받아들이라는 겁니까?"

질문할 만한 유일한 철학적 문제 — 자살이 부조리한 세계에 대한 우리의 대응이어야 하는지 — 에 대해 카뮈의 답은 분명했다. 그럴 수 없고 그래서도 안 된다고. 그가 《시지프 신화》에서 썼듯이, "반항이 삶을 가치있게 만든다"면 자살은 생명과 세계에 의미와 중요성이 없음을 인정하고 받아들이는 것이다. 카뮈는 이렇게 단언한다. "중요한 것은 화해하지 않은 채 죽는 것이다. 자유의지로 죽어서는 안 된다. 자살은 세상과의 절연이다. 부조리한 인간은 모든 것을 마지막까지 소진할 수 있을 뿐이다.…부조리는 그에게 고독한 노력으로 끊임없이 지탱해야 하는 극도로 팽팽한 긴장 상태이다. 왜냐하면 그는 그러한 의식과 매일매일의 반항 속에서 자신의 유일한 진실, 즉 도전을 증명해 보인다는 걸 알기 때문이다."[1]

정황상, 사려 깊고 책임감 강한 청년 모하메드 부아지지가 카뮈를 읽었을 것 같지는 않다. 그러나 만일 그가 카뮈를 읽었다면, 자살이 현 상태를 받아들이는 것, 즉 절망의 몸짓과 같다는 주장에 이의를 제기하지 않았을까? 프랑스 소설가 타하르 벤 젤룬Tahar Ben Jelloun은 부아지지 사건을 다룬 소설에서 청년의 마음에 떠오른 마지막 이미지를 재현하려 한다. "그에게 침을 뱉은 공무원, 그를 모욕한 다른 사람들 … 물을 받으려고 줄을 서서 기다리는 어머니와 누이들, 그를 괴롭히는 경찰들, 욕설과 구타, 욕설과 구타."[2] 한 마디로 그의 존엄성에 반복적으로 가해진 잔혹함. 물론 사실이 그랬는지는 알 수 없다. 그러나 우리는 수백만 명의 젊은이들이 그의 마지막 몸짓을 반항과 저항의 행위로 해석했음을 잘 알고 있다. 튀니지의 한 젊은 지식인은 이렇게 단언하기도 했다. "어제가 카뮈였다면 … 오늘은 부아지지다. 어쩌면 그는 더 이상 이 세상에 속하지 않을지 모르지만, 그는 침묵을 지키지 않는다. … 그의 외침은 본질적인 것을 향한다. 그는 존엄성을 지킬 권리, 일할 권리를 요구한다. 그는 모든 인간이 누려야 할 권리를 누릴 권리를 요구한다."[3]

카뮈는 공산주의의 지독한 궤변들, 대량 학살, 정치적 억압을 합리화하는 경향에 반박하는 글을 쓰고 있었다. 하지만 그는 또한 같은 어투로, 북아프리카에서의 정치적 범죄 행위를 "정치적 현실주의"라는 명분으로 포장하여 논리적으로 정당화하는 것을 반박하는 글을 쓸 수도 있었을 것이다. 지중해 남쪽 해안을 따라 이어지는 전제군주 국가의 옹호자들은 오랫동안 민주주의보다는 명령의 필요성을, 변화의 불확실성보다는 현재의 상황을 중요하게 여겨왔다. 우리는 이들 국가의 부패와 만행을 못 본 체하라고 요구받았으며, 어쩔 수 없이 그런 현장을 목격할 때면 이집트 지도자들이 문 밖으로 밀려나는 순간까지도 사용하던 온정주의적인 말투로 변명을 하려 했다. 사람들은 아직 민주주의를 맞을 준비가 되어 있지 않다고.

카뮈가 과거와 현재의 반항에 대해 쓴 것처럼, 북아프리카 젊은 이들은 "부당하고 이해할 수 없는 상황에 직면한 불합리한 상황"에 대응하고 있다. 살인적인 경찰 병력과 수십억에 달하는 미국 군사 원조를 지원받은 80대 대통령의 지배하에 있는 이집트 젊은이들에게, 온가족이 국가를 약탈하기 좋은 창고쯤으로 여기는 약탈적 통치자의 지배하에 있는 튀니지 젊은이들에게, 로마의 칼리굴라 황제에 버금가는 살인적인 미치광이의 지배하에 있는 리비아 젊은이들에게, 카뮈의 글처럼 마침내 "잔혹한 행위가 종말을 고할"[4] 순간이 찾아왔다.

외견상 카뮈는 《시지프 신화》의 초기 주제를 《반항하는 인간》으로 옮겨온 듯하다. 다시 말해 자살이라는 철학적 사안이 이제 살인으로 대체된 것이다. 카뮈는 자신과 동시대인들이 "사전 음모와 완전 범죄의 시대"에 살고 있다고 선언하면서, 우리는 "우리에게 동포를 죽일 권리 혹은 동포들이 살해당하도록 방관할 권리가 있는지 알기 전까지는 아무것도 알지 못하는 것이나 마찬가지"[5]라고 주장한다.

카뮈의 초기 에세이는 그 시대의 현실과 관련되지 않지만 — 최소한 이 에세이가 독일 검열관들의 주의 깊은 감독 아래서 출판되리라는 것을 예상했을 터이므로 — 《반항하는 인간》은 당대를 가능하게 만들었던 이념들에 정면으로 맞선다. 우리는 "7천만 명의 사람들을 정착지에서 내쫓거나 노예로 만들거나 죽인 50년이라는 기간이 즉각 심판받아 마땅하다"고 생각할지 모른다. 하지만 그것은 그리 간단한 문제가 아니라고 카뮈는 경고한다. 우리는 또한 이 시대가 "유죄"[6]라는 것을 이해하기 위해 노력해야 한다. 카뮈는 우리가 반항 행위를 혁명으로 발전시킬 때 — 아니, 정확히 말하면 혁명으로 퇴보시킬 때 — 형이상학적으로뿐만 아니라 역사적으로도 죄를 짓게 된다는 걸 깨닫는다.

프랑스가 해방되고 독일과 일본이 패한 지 몇 달 몇 주가 지나 미국과 소련 간의 골이 깊어질 무렵, 카뮈는 이미 반항인과 혁명가의 차이를 탐구하기 시작했다. 1946년에 "피해자도 가해자도 아닌"이라는 제목의 연재 사설에서, 카뮈는 테러가 세계를 얼어붙게 만들었다고 선언했다. 그 이유는 뭘까? 그것은 "더 이상 설득이 가능하지 않기 때문에, 인간이 역사의 손에 완전히 내맡겨졌기 때문에 … 그리고 우리는 관념의 세계, 관료정치와 기계 장치의 세계, 절대적 이념의 세계, 명민한 분석이 없는 절대적 메시아주의의 세계에 살기 때문이다. 우리는 기계에 대해서든 이념에 대해서든 자신이 절대적으로 옳다고 믿는 사람들 사이에서 질식해가고 있다."[7]

물론 러시아 공산주의만이 기계와 기계장치, 관념과 관료주의에 대해 독점권을 가진 건 아니었다. 카뮈는 미국의 문화와 정치에서 드러나는 이런 경향에 매우 관심을 보였다. 프랑수아 모리아크와 함께 카뮈는 히로시마 소식에 움츠러든 프랑스 언론에서 유일하게 목소리를 낸 사람이었다. 히로시마 폭격과 나가사키 폭격 사이의 짧은 기간 동안 게재한 사설에서 카뮈는 "기계 문명이 야만성의 궁극적인 단계에 도달했다"고 선언했다. 카뮈는 "추잡스러운" 기미가 묻어나는 이 사건을 축하할 것이 아니라, 오히려 잠시나마 반성할 것을 촉구했다. "이토록 고통스러운 세상에서 예전에도 숨을 쉬기가 쉽지 않았다. 그런데 이제 우리는 새로운 불안의 원천에 직면했고, 그것은 분명 치명적인 것일 가능성이 크다. 어쩌면 그것이 인류에게 주어진 마지막 기회일지 모르는데, 신문들은 특별판을 낼 구실로 삼고 있다. '호외요! 호외! 모두 읽어보시오!'"[8]

폭력을 진부한 것으로 만드는 것도 걱정스러운 일이지만, 그것을 합법적으로 만들려는 노력은 더욱 불안한 일이었다. 이런 이유 때문에 카뮈는 공산주의가 최소한 더 나은 — 혹은 그 시대 표현대로 말하면 — "노래하는 내일"을 건설하고 있다고 믿는, 프랑스 좌파 친구들의 태도에 분개했다. 이 특별한 후렴을 지휘한 합창단의 지휘자는 뜻밖에도 모리스 메를로 퐁티였다. 그는 카뮈가 〈피해자도 가해자도 아닌〉을 쓰기 바로 전에 《휴머니즘과 폭력Humanism and Terror》을 출간했고, 현상학자로서 그의 저서는 장 폴 사르트르에게 깊은 영향을 주었다. 그는 소련의 잔혹한 현실을 못 본 체하려 하지 않았는데, "소련이 과거 마르크스가 설명한 프롤레타리아 역사관"과 확실히 매우 다르다는 데 주목했다. 그럼에도 불구하고 메를로 퐁티는 계속해서 소련 강제노동 수용소의 존재가 마르크시즘의 명예를 떨어뜨릴 수는 없으며, 소련의 실험을 비난할 근거가 될 수도 없다고 말했다. 오직 역사의 전개만이 "특수한 경우의 폭력의 적법성에 관하여 최종적인 결정을 내릴" 것이다. 그리고 이제 메를로 퐁티는 마찬가지로 중요하지만 더욱 충격적인 발언을 했다. — 폭력은 전 사회의 혈관 구석구석을 고동치며 흐른다고. 그러나 혈

관마다 흐르는 혈액형은 다르며, 공산주의 혈액형은 자본주의 혈액형보다 훨씬 낫다는 것이었다. 마지막으로 메를로 퐁티는 "이 폭력이 역사의 의미와 어디에서 조화를 이룰 것인지, 그리고 그것이 미래의 폭력을 부정하겠다는 약속을 이행할 수 있을지"⁹가 관건이라며 이야기를 마쳤다.

요컨대, 공산주의 혈액은 독성이 포함되어 있을지언정 결국은 활기로 가득한 정치 체제 사이를 고동치며 흐르는 반면, 자본주의 혈액은 그 자체가 독성이라 체제를 죽음에 — 보다 정확하게 말하면 무의미함으로 — 이르게 한다는 것이다. 프랑스 좌파에 속하는 많은 사람들과 마찬가지로 — 혹은 그 점에 있어서는 다른 쪽 이념에 속한 사람들도 마찬가지인데 — 메를로 퐁티는 역사에 아무런 전망이 없다는 관점, 역사는 아무런 의미도 특별한 목적도 없다는 관점을 받아들일 수 없었다. 마르크스주의만은 역사에 의미와 목적을 부여한다. 따라서 이것은 그저 하나의 역사 철학일 뿐만 아니라 **"유일한** 역사 철학이며, 이에 대한 비난은 역사에서 이성의 무덤을 파는 것이다. 그 이후로는 더 이상 꿈이나 모험이 있을 수 없다."¹⁰

메를로 퐁티는 카뮈의 연재 기사에 결코 직접적인 반응을 보이지 않았다. 어쩌면 그럴 필요가 없었을 것이다. 메를로 퐁티가 사르트르와 보부아르가 만든 영향력 있는 잡지 《레 탕 모데른》에 자기 책의 일부를 실은 직후, 카뮈는 둘 다 잘 아는 친구의 아파트에서 열린 파티에서 그와 마주쳤다. 둘 사이에 기사에 대한 논쟁이 일었고, 사르트르는 카뮈의 맹렬한 공격에 당황한 메를로 퐁티를 옹호하려고 서둘러 달려갔다. 두 사람의 대립은 카뮈가 분노로 하얗게 질려서 아파트를 떠난 후에야 끝이 났다. 사르트르는 급히 카뮈를 좇아가 설득하려 해보았지만 아무런 성과 없이 파티 장소로 돌아와야 했다. 카뮈와 사르트르와의 우정은 이 충돌을 이겨냈지만, 이 피에 누아르와 그의 파리 친구들 사이에는 전선이 그어지고 있었다.

실제로 이 전선은 에마뉘엘 다스티에 드 라 비제리Emmanuel d'Astier de la Vigerie에 의해 더욱 뚜렷하게 드러났다. 이 귀족은 1920년대에 극우파 지식인으로 경력을 시작해 차츰 좌파 쪽으로 움직였으며, 특히 스페인 내전과 프랑스 레지스탕스에 참여해 프랑스 공산당 세력권 안에 진입한 뒤로 확고하게 자리를 굳혔다. 다스티에는 마르셀 오퓔스Marcel Ophuls가 비시 프랑스를 다룬 유명 다큐멘터리 《슬픔과 연민》에서 가장 매력적인 인물 가운데 한사람으로 등장한다. 넓은 이마에 드리운 텁수룩한 백발, 우아하게 움직이는 손에 편안하게 파이프를 쥔 다스티에는 레지스탕스 운동가들을 타고난 부적응자로 묘사한 것으로 유명하다. 즉, 평화로운 시기에는 사회에서 자기 자리를 찾지 못하지만 전쟁과 점령 기간에만 자신의 존재를 발견했던 사람들로 말이다.

한편 프랑스 공산당에서 보조금을 지원받는 일간지 《리베라시옹》의 전후 편집자로서, 다스티에는 그들의 특정한 세계관과 일치하는 신문을 만들기로 결심했다. 〈피해자도 가해자도 아닌〉이 발표되자 다스티에는 비평을 가장하여 카뮈의 뒤통수를 쳤다. 다스티에는 카뮈가 모든 종류의 과도한 폭력을 비난함으로써 레지스탕스의 혁명적인 존재 이유를 부인한다고 주장했다. 그리고 카뮈에게 깊은 상처가 될 게 뻔한 은유를 사용하여, 카뮈의 동료 저항 운동가들은 차라리 폐결핵 근절 운동이나 지지하는 편이 더 낫지 않겠냐고 따졌다. 단, 근절을 위한 어떠한 수단도 제공하지는 말고 말이다. 다스티에에게 카뮈는 자유주의와 서구 사회의 현상 유지를 옹호하는 자에 불과한 존재였다. 때로는 폭력만이 — 그의 비평 제목에서 분명하게 드러나듯 — 가해자의 손아귀에서 피해자를 빼낼 수 있는데도 말이다.[11]

  카뮈가 답신에서 분명하게 밝혔듯이, 정치적 폭력을 옹호하는 다스티에의 간결한 글은 사실이 아닌 것을 단정하고 있었다. 카뮈는 폭력의 불가피함을 알고 있었다. "몇 년의 점령 기간이 나에게 그 사실을 알려주었습니다." 그렇지만 그는 그 필연성을 정당성으로 오해하는 것은 누누이 거부해왔다. "폭력은 필연적인 것이기도 하지만 동시에 정당화할 수 없는 것이기도 합니다." 결과적으로 우리의 의무는 폭력을 격리시키는 것, 폭력의 사용을 극히 예외적인 것으로 만드는 것, 그리고 폭력을 가하는 사람이나 폭력이 가해지는 것을 반대하는 사람 모두에게 폭력이 행사하는 바를 생생하고도 분명하게 기억하게 하는 것이다. "나는 폭력이 아무렇지 않게 사용되는 것이 너무도 싫습니다." 카뮈는 다스티에에게 말했다. "나는 행동보다 말이 앞서는 사람들을 몹시 싫어합니다. 그렇기 때문에 나는 그런 위대한 사람들, 살인을 해야 한다고 호소하는 [그런] 사람들과 확연히 다른 입장에 서 있습니다. 그들이 직접 사형집행인의 총을 사용할 때까지 나는 그들을 경멸할 것입니다."[12]

❧

앙투안 드 생텍쥐페리의 글 ―"인간은 관계들의 망이며, 인간에게는 이것만이 중요하다" ― 을 즐겨 인용하는 메를로 퐁티는 아마도 카뮈와 프랑스 지식인 사회의 어색한 관계라는 측면에서 그와의 대립을 설명했을 것이다.[13] 그러나 경험과 기대치가 그의 파리 토박이 친구들과 확연하게 다른 이 노동자 계급 피에 누아르에게는 뭔가 다른 것, 인간에게 더 중요하고 더 심오한 무언가가 ― 다시 말해, 세계와 우리 삶의 의미에 대한 추구가 ― 있었다. 보다 정확히 말하면, 우리의 삶과 세계의 바깥에 있는, 그래서 우리와 세계 모두를 정당화시켜주는 무언가 혹은 누군가를 향한, 정의하기는 어렵지만 고집스런 요구가 있었다.

이러한 추구의 끝에 부조리, 즉 우리의 요구에도 불구하고 요지부동인 세계의 침묵이 놓여 있다. 그러나 이 끝은 미리 정해져 있는 반면 우리의 반응은 그렇지 않다. 이 침묵이 결코 끝나지 않으리라는 걸 깨닫고 난 뒤 우리는 마음 깊은 곳에서 이 상황을 거부해야겠다는 충동을 느낀다. 지금 있는 그대로의 세계에 "반대"를, 앞으로 와야 할 세계에 "찬성"을 외치는 것이다. 카뮈는 반항에 대해 이렇게 말한다. "반항은 부당하고 이해할 수 없는 조건 앞에서 비합리적인 광경을 목격할 때 비롯된다. 그러나 반항의 맹목적인 충동은 혼란의 한가운데서 질서를, 덧없는 것들의 한가운데서 통일을 요구한다. 그것은 잔혹한 행위를 끝내야 한다고, 지금까지 쉽게 허물어지는 모래 위에 세워졌던 것은 이제부터 바위 위에 지어져야 한다고 항변하고, 요구하며, 주장한다."[14]

문제는 자신의 지성에 대한 이런 지속적인 모욕을 감수할 수 없었던 너무나 많은 사람들이 신기루를 현실로 착각했다는 데 있었다. 의미가 발견될 수 없는 곳에서, 의미란 단지 역사의 혼란에 가져다 붙인 것에 불과했다. 한나 아렌트가 경고한 것처럼 의미는 행동의 목적과는 다르며 행동이 이루어진 후에야 인간의 정신 안에 확고해짐에도 불구하고, 현대의 이데올로기들은 두 개념을 혼동하고 있다.[15] 역사의 목적은 노동자 계급의 승리와 계급 없는 사회의 탄생으로 달성된다고 단언한 공산주의의 경우가 특히 그랬다. 불가피한 일이지만, 이러한 역사를 만들기 위해서는 무수한 남녀들의 삶을 파괴해야 한다. 하지만 카뮈가 냉혹하게 질문을 던진 것처럼, 그것이 도대체 무슨 상관이 있겠는가? "경이로운 기계들이 굉음을 내며 메아리치는 이 신예루살렘New Jerusalem에서 누가 아직도 희생자의 절규를 기억하겠는가?"[16]

훌륭하고도 역설적인 예는, 메를로 퐁티 자신이 의미를 구하기 위해 공산주의의 범죄 행위를 기꺼이 묵인한 것이다. 진보하고 있다는 믿음이 없는 역사는 "인간사의 의미 없는 과정"이거나 "우울한 우연"으로 이루어진 장면에 불과하다며 몹시 두려워하던 이마누엘 칸트처럼, 메를로 퐁티도 유사한 전망에 불편해했다. 메를로 퐁티는 마르크스주의에 의해 체계화된 이성이 역사가 웃음거리로 전락하지 않도록 역사의 의미를 보증할 거라고 — 즉, 결국 같은 말일 텐데, 역사의 목적들을 실현시킬 거라고 — 확신했다. 그러므로 카뮈에게 공산주의자와 그 지지자들은 모두 "완고한 스콜라 철학으로 자신들의 공허한 허상을 감춘 채, 무장한 무리들 속에 자신들의 고독을 묻길 갈망하며, 그들이 유일신으로 삼은 미래를 향해 여전히 전진한다. 하지만 전복해야 할 수많은 나라들, 지배해야 할 여러 대륙들에 의해 그 미래와 단절되어 있다."[17]

《콩바》의 편집자로서 카뮈는 독일에 저항하는 활동에서 사회적 경제적으로 불공평한 질서에 대한 저항 활동으로 움직일 필요성을 강조했다. 프랑스 해방 이후 몇 주 동안 카뮈가 독자들에게 상기시킨 것처럼, 혁명은 반항이 아니다. "레지스탕스를 4년 동안 지속시킨 건 반항이었다. 다시 말해 인간을 무릎 꿇리려는 질서에 대한 완전하고, 단호하며, 처음엔 거의 맹목적인 거부였다. 반항은 마음에서 시작한다. 그러나 그것이 머리로 이동하는 순간, 감정이 생각으로 변하는 순간, 자발적인 열정이 마침내 일치된 행동이 되는 순간이 온다. 그것이 바로 혁명의 순간이다."[18]

'CNL 프로그램'이 나치 점령하의 프랑스에 배포되기 시작한 건 몇 개월 후인 1944년 3월 15일이었다. 이 문서는 국가의 저항 운동 단체와 정당 대표자 모임인 국민해방위원회National Council of Liberation가 작성한 것으로, 이 단체의 당면 과제는 프랑스의 해방을 연합국 및 드골 장군의 자유 프랑스 정부와 조화시키는 것이었다. 이 프로그램은 헌장이라고 불리게 되었으며, 임박한 프랑스의 해방을 바스티유 점령으로 처음 시작된 일련의 사건들과 연결시키기 위한 영웅적인 노력의 결실이었다. 또 다른 지하 문건인 《정치수첩Les Cahiers politiques》은 전후의 저항이 "1789년의 끊어진 실을 이을"

것이라고 선언했다. 이것은 그야말로 "돈의 지배에서 벗어난 진정한 민주주의, 인민에게서 나온 강하고 안정된 권력, 공공의 부에 대한 국가의 공정한 배분, 자유로운 근로자들의 품위 있는 삶, 소수만이 아닌 모두에 의한 경제적 책임 공유"[19]를 의미했다.

헌장은 이러한 이상을 반영하고 성문화했다. 헌장 입안자들은 서두에서, 나치를 상대로 했던 투쟁은 이제 전쟁 전부터 프랑스에 굳건히 자리 잡고 있던 억압적인 사회정치적 세력에 대한 투쟁으로 이어질 것이라고 단언했다. 그럴 때 비로소 국가는 "도덕적 사회적 균형을 되찾고, 그 위대함과 세계와의 화합을 다시금 드러내 보일 수 있었다." 이 목적에 이르기 위해 헌장은 여러 정치, 경제, 사회적 법령을 제안했다. 가령 "인간에 대한 존중" "법 앞에 모든 시민의 절대적 평등"과 같은 여러 요구들은 점령하에서 피로 물든 현실과 직접 관련이 있었다. 헌장은 또 "진정한 경제적 사회적 민주주의 건설" "위대한 자산을 보유한 국가로의 회귀" "사적인 이익이 공공의 이익에 따르도록 보장하는 합리적인 경제 기구" 그리고 "근로자의 회사 경영 참여"를 요구했다. 뿐만 아니라 적정 임금 확립과 함께 건강 보험, 퇴직 연금을 포함한 완전한 사회보장제도 창출도 요구했다.[20]

헌장의 내용은 카뮈가 《콩바》 사설에 일필휘지로 써내려간 많은 경제적 정치적 요구들과 딱 들어맞았다. 최근 카뮈의 전기에서 철학자 미셸 옹프레는, 카뮈가 특히 노동자 협동조합만이 공정하고 정의로운 사회의 기반을 마련할 수 있다고 주장한 19세기 이론가, 장 피에르 프루동Jean-Pierre Proudhon의 저작에 소개된, 프랑스의 철저한 생디칼리슴 전통을 수용했음을 먼저 인정하지 않고는, 카뮈를 완전히 이해할 수 없을 거라고 주장했다. 확실히 카뮈는 그러한 노선에 따라 조직된 세계에서 더 나은 미래를 보았다. 카뮈는 "나는 결코 사회주의자가 아니며, 오히려 철저한 생디칼리슴 형태를 더 지지한다"[21]고 분명하게 밝혔다. 카뮈는 '돈Argent'의 역할을 누차 맹렬히 비난했다. 그는 "내일의 프랑스 공화국이 제3공화국(1871년 보불전쟁 이후부터 1940년 제2차 세계대전 때 독일군에게 점령당하고 해방될 때까지의 프랑스 정부 — 옮긴이) 때처럼 돈의 엄격한 통제 아래에 있게 된다면, 레지스탕스는 우리 과업의 극히 최소한만을 성취할 것"이라고 경고했다. 카뮈는 대신 "노동자 계급과 단절된 어떠한 정치 형태도 무의미하며, 내일의 프랑스는 노동자 계급의 향방에 달려 있을 것"[22]이라고 주장하면서 "진정한 인민민주주의"를 요구했다.

그러나 옹프레 스스로도 인정하듯이, 카뮈는 19세기의 혁명적인 생디칼리슴에 대해서도 그렇지만 푸르동에 대해서도 거의 언급이 없다.[23] 카뮈는 프루동주의자나 마르크스주의자라기보다 모럴리스트에 가까운 특이한 혁명가였다. 다스티에의 동료 한 사람이 카뮈가 마르크스의 저작들, 특히 자유에 대한 분석에 정통한지 의심스럽다고 했을 때, 카뮈는 감정적이고 오만한 답변으로 비평가들을 더욱 거슬리게 만들었다. "맞습니다. 나에게 자유를 가르쳐준 건 비참한 가난이었습니다. 하지만 당신들 대부분은 그 단어가 무엇을 뜻하는지 알지 못하지요."[24] 공산주의의 명목상 수혜자들 사이에서 일생을 보낸 카뮈는 공산주의 이론과 그 실천가들을 참을 수가 없었다. 퓌셰와 독일인 친구에 대해서처럼, 냉전 시대의 우파와 좌파의 이데올로그들에 대해서도 마찬가지였다. 그들은 "타인의 죽음에 대해 상상력이 부족하다."

카뮈는 미국의 외교 정책을 특징짓는 사명감에 불편함을 느꼈다. 그는 한편으로는 루즈벨트를 개인적인 질병과 잔혹한 이념들에 맞서 싸우는 동료 레지스탕스 활동가로 여기며 깊이 존경했다. "그의 웃음은 어떤 질병을 극복한 후에 발견하게 되는 힘겹게 얻은 평온 … 같았으며" 그의 "명백한 행복은 편안함에서 비롯된 것도, 인류의 고통을 인식하지 못할 만큼 협소한 정신에서 비롯된 것도 아니었다."[25] 그러나 다른 한편으로는 미국식 정의에 대해 염려했으며, 프랑스가 러시아를 본받았던 것처럼 미국을 본받는 걸 보고 싶지는 않았다.[26] 1946년에 잠시 뉴욕을 방문했을 때, 카뮈는 미국의 자연스럽고 관대한 분위기에 충격을 받았다. "인간의 위기"라는 적절한 제목의 컬럼비아 대학 강연을 마칠 무렵, 프랑스 어린이를 위해 모금한 티켓 판매 대금이 도난당했다는 소식이 전해졌다. 그러자 청중들이 돈을 모금했는데, 원래 모금액과 얼추 비슷한 금액을 넘어서 더 많은 돈이 걷혔다. 한편 충격적인 빈부 격차와 더불어 "철과 시멘트로 이루어진 이 사막"이 카뮈를 망연자실하게 만들기도 했다.[27] 카뮈는 공책에 이렇게 썼다. "바워리 가Bowery(싸구려 술집과 여관이 모여 있는 뉴욕 시의 큰 거리 ― 옮긴이)의 밤. 가난 ― 그리고 한 유럽인은 이렇게 말하고 싶다. '마침내, 현실.' 철저하게 버려진 곳 … 그리고, 몇 발자국 떨어진 곳에는 우리가 상상할 수 있는 가장 화려한 웨딩샵이 있다."[28]

카뮈가 더욱 이해할 수 없는 일이 있었는데, 그는 미국인의 자발적인 천진함에 당황했다. 바사Vassar 대학에서 학생들과 만났을 때 ─"그들이 이곳에서 젊은이를 위해 하는 일은 기억할 가치가 있다" ─ 카뮈는 그들이 일종의 부적절한 향수에 시달리고 있다고 말했다. "삶은 비극이 아님을 온몸으로 보여주는 이 나라에서 그들은 무언가를 그리워하고 있다."[29] 짧은 방문 기간 동안 결핵이 재발한 것도 그의 암울한 의견에 분명히 영향을 미쳤겠지만, 더 심오한 무언가가 함께 작용하고 있었다. 그는 몬트리올로 향하는 기차에서 창밖을 내다보며 깊은 인상을 받았지만, 한편으로는 몹시 당황스럽기도 했다. "이 큰 나라는 조용하고 느리다. 이곳은 전쟁을 전혀 모르는 것 같다. 지식에서 몇 세기 앞서 있던 유럽은 이 몇 년 사이 도덕의식에서도 몇 세기 앞섰다."[30]

물론 공책의 내용들은 간결한 만큼 우스꽝스럽게 보이기도 한다. 유럽의 우수한 "지식"에 대한 카뮈의 간략한 메모는 매우 인상적이지만 수수께끼 같다. 반면, 전쟁과 홀로코스트 덕분에 겉으로는 더욱 심오해진 유럽의 도덕의식은 이후로 이어진 해외의 식민지해방 전쟁과 국내의 인종 학살을 막아내는 데 전혀 도움이 되지 못했다. 그럼에도 불구하고 잘 모르는 나라에 대해 언급한다고 카뮈를 힐책하는 것은, 한 번도 만나본 적이 없는 게르만 종족들에 대해 개략적으로 언급했다고 타키투스를 폄훼하는 것만큼이나 터무니없다. 두 작가 누구도 역사가는 아니었다. 그들은 각자의 야만인들을 자신들의 문명을 더 잘 이해하거나 비판하기 위한 도구로 삼았던 모럴리스트들이었다.

아마도 이같은 순진함이 미국인들을 공산주의의 유혹에 거의 영향을 받지 않게 했을 것이다.(그렇지만 계속 염려하기는 했다. 에드거 후버 FBI 국장이 한나 아렌트가 유럽에서《네이션Nation》에 기고한 카뮈와 그의 동료 '실존주의자들'에 관한 기사를 주의 깊게 읽는 동안, 카뮈의 뉴욕 입국 수속이 몇 시간 지체되었는데, 아마 그의 정치적 견해 때문이었을 것이다.[31]) 분명히, 카뮈가 유럽을 괴롭히는 이념적 질병들, 특히 공산주의에 관해 끊임없이 숙고한 건 그가 뉴욕에서 줄곧 가지고 다녔던 바로 그 잡지를 통해서였다. 그는 이렇게 썼다. "모든 광신적 행위의 기저에 깔린 메시아주의. 인간에 반대하는 메시아주의."[32] 진부한 용어로 굳어지기 오래 전, 카뮈는 소위 이 "목적의 왕국(칸트가 구상한 자유와 자율이 지배하는 이상적인 공동체 — 옮긴이)"[33] 안에 있는 천년왕국의 요소를 폭로했다. 그는 그것이 위험한 이유만큼이나 그것의 매력적인 이유들도 파악했다. 그리고 공산주의는 세속의 심판일, 다시 말해 노동자 계급이 현세에서 구원을 얻는 것으로 절정을 이루는 심판일을 향해 역사가 흐른다는 신념을 바탕으로 한다고 주장했다. "개인들의 희생이 인류 전체의 구원에 기여한다면, 뭐가 그리 중요하겠는가. … 산업의 묵시록이 끝나고 화해의 날이 도래하면 진보는 비로소 고통을 가하길 멈출 것이다." 프롤레타리아 계급에 대해 말하자면, "그들은 자신들의 고통과 투쟁을 통해 소외라는 집단적 죄를 보속하는 인간 안에 있는 그리스도다."[34]

지금은 종말을 기다리는 공산주의자보다 기독교인이 더 많다. 그러나 아직 소련 공산주의의 속박 아래에 있던 전후 유럽에서는 그렇지 않았다. 역사학자 토니 주트의 말을 빌리면, 카뮈는 "명백한 사실을 위한 대변자"[35]가 되기로 결심했다. 물론 그 당시 좌파에 속한 사람들 가운데 그것을 명백하다고 생각한 사람이 거의 없었다는 것이 문제지만. 센 강 좌안의 정치사상뿐만 아니라 프랑스의 정치사상에 엄청난 영향력을 행사한 이념을 카뮈가 강하게 공격한 것은, 그 자신이 알제의 학생 시절 공산주의에 참여했기 때문일 것이다. 자신의 과거에서 이 시기에 대한 거북함은 오히려 카뮈에게 당시의 일을 최대한 솔직하고 단호하게 기록하게 만들었다.

그러나 더 간단히 말하면, 주트가 시사한 것처럼 카뮈는 "정의를 향한 끊임없는 관심"[36]에 의해 움직였다. 그는 사람들이 서로를 죽이지 않는 세상을 추구한 것이 아니라 — 제정신인 사람이라면 아무도 그런 세상을 목표로 붙들고 있지는 못할 것이다 — "살인이 합법화되지 않는 세상"을 추구했다. 따라서 그의 "조심스런" 목표는 "사람의 육신을 구하는 것"이었다. 실제로 "미래의 가능성을 열어두기에"[37] 충분할 만큼의 육신 말이다. 카뮈는 이 목표가 실현되려면, 반항과 혁명의 엄청난 차이를 세상에 그리고 자신에게 분명하게 밝혀야 한다고 믿었다.

"네메시스(그리스 신화에 등장하는 복수의 여신 — 옮긴이) 곁에는 늘 친구인 아이도스(그리스 신화에 등장하는 염치의 여신 — 옮긴이)가 있다. 나중에 그들의 이름은 복수와 염치로 번역되지만, 우리가 이야기하려는 그 시절에 그들이 먹구름에서 막 모습을 드러냈을 때, 그들의 성격은 훨씬 복잡하고 변화무쌍했다. 그들은 어떤 공통점을 지녔을까? 그것은 위법행위에 대한 개념이었다. 아이도스는 사람들이 범죄를 저지르지 못하게 저지했다. 네메시스는 범죄의 불가피한 결과를 보여주었다. 그들은 삶이란 상처를 입는 것, 그렇게 괴로움에 몸부림치다가 자기 차례가 되면 상처를 주는 것이라는 시각에 일치했다."[38]

로베르토 칼라소Roberto Calasso는 그리스 신화를 변주한 일련의 작품을 통해, 서사시부터 비극에 이르기까지 고대 그리스 예술가들이 기본적인 인물들을 재구성하되 결코 수정하지 않으면서 한계의 개념에 대해 끊임없이 숙고했음을 상기시킨다. 그리하여 호메로스는《오디세우스》를 써서, 이타카에서 크세니아xenia(그리스에서 이방인이나 손님을 환대하고 대접할 의무 — 옮긴이)의 규칙을 위반함으로써 아이도스를 내쫓은 구혼자들이 네메시스에 의해 어떻게 학살당하는지 이야기한다. 수세기 뒤, 아이스킬로스의 프로메테우스는 인간에게 불을 선물함으로써 제우스가 부과한 한계를 넘고, 이에 제우스는 이 범법자를 평생 동안 바위에 단단히 묶어놓는다.

5세기 그리스에서 이성이 등장한 후에도 네메시스는 퇴장하지 않았다. 네메시스는 단지 모습만 바뀌었는데, 신적인 존재에서 하나의 원칙이 되었다. 특히 역사학자들의 경우가 그랬는데, 그들에게 네메시스는 끊임없이 밀려들며 변화하는 사건들을 다스리는 존재였다. 헤로도토스의《페르시아 전쟁사》에서는 참모 한 명이 크세르크세스 왕에게 그리스를 침략해서는 안 된다고 조언한다. "신은 다른 존재들보다 월등히 큰 생명체들에게 번개를 내려쳐 그들이 우쭐대지 못하게 하시고, 작은 생물들은 조금도 신을 성가시게 자극하지 않습니다. 그 이유를 모르시겠습니까?"³⁹ 당연히 크세르크세스 왕은 이유를 알지 못했고, 서쪽으로 진군해 그리스인들에게 부상을 입히고는 자신도 부상을 입었다.

《반항하는 인간》에서 카뮈는 그리스인들에게 극적으로 "부상을 입힌" 크세르크세스 왕의 활약 — 다시 말해, 그리스 반도 침략과 아테네 방화 — 과 그 대가로 입은 치명적인 부상, 함대가 파괴되어 페르시아로 황급히 후퇴한 것에 대해 짧게 언급한다. 카뮈는 폭풍 때문에 그리스 침략이 지연되자 크세르크세스 왕이 보스포루스 해협을 채찍으로 친 일을 이야기한다. "그리스적 사고방식에서 볼 때 과도함의 정점은 채찍으로 바다를 치는 것이었다 — 이것은 야만인들이나 할 법한 정신이상적 행동이었다."⁴⁰ 그러나 카뮈는 《반항하는 인간》에서 이 이야기를 더 이어가지 않고 페르시아 전쟁에서 펠로폰네소스 전쟁으로 화제를 옮긴다. 그리고 그의 에세이와 마찬가지로 '프로메테우스' 작품군의 일부인 소설 《페스트》에서 이 주제를 다시 다룬다.

카뮈는 1942년 말, 샹봉쉬르리뇽에 거주할 때 헤로도토스의 뒤를 이은 투키디데스를 특히 주의 깊게 읽었다. 그는 심하게 망가진 폐 때문에 요양차 이 산간 마을로 향했는데, 그 시간과 거리는 전체주의 세력에 포위된 세계에서 행동의 근거로서 부조리의 한계를 숙고하게 해주었다. 카뮈는 페스트에 포위된 도시와 그곳 시민들의 반응에 관한, 1947년에 출간될 소설의 개요를 그리기 시작했다. 초기 초안들 가운데 하나에는 스테판이라는 고전문학 교사가 등장하는데, 그는 "자신이 페스트에 걸리기 전까지는 투키디데스를 이해하지 못했음"[41]을 깨닫는다. 카뮈도 마찬가지였다.

이 소설 작품의 분위기를 지배하는 것은 스파르타와의 전쟁 발발 직후 아테네를 휩쓴 페스트에 대한 투키디데스의 이야기이다. 투키디데스는 저서 서두에, 수십 번의 육해전보다, 사반세기에 걸쳐 이어진 포위와 약탈보다 더 큰 고통을 야기한 것은 바로 페스트라고 밝혔다.[42] 카뮈는 이 같은 놀라운 평가에 깊은 인상을 받았다. 카뮈는 이 아테네 역사가가 묘사한 사건의 무대들뿐 아니라 꾸밈없고 표면상 객관적으로 보이는 투키디데스의 각색된 문제들도 채택했다.

페스트에 대한 투키디데스의 설명에서 가장 충격적인 부분은 페스트가 아테네의 법과 전통을 무너뜨린 속도와 힘이다. 페리클레스가 추도문에서 대단히 웅변적으로 표현한 역사상 가장 위대한 민주주의 제도는 이 예상 밖의 전무후무한 사건으로 인해 거의 즉시 무너져버렸다. 아테네의 시민 생활과 정치 생활이라는 정교한 무대 장치는 며칠 만에 멈추었고 무대는 혼란에 빠졌다. 시신은 공동묘지에 아무렇게나 내동댕이쳐졌고, 가족들은 병든 친척들의 간청을 외면했으며, 이미 시체로 빼곡한 신전들은 신의 도움을 구하는 남자와 여자들로 여전히 인산인해를 이루었고, 신들에게 버림받았다고 판단한 시민들은 가장 충격적이고 범죄적인 행동에 빠져들었다. 한 마디로 아노미아anomia, 즉 무법 상태 ― 오늘날의 부조리와 상당히 유사한 도덕적, 지적 공백의 고대적 형태 ― 가 아테네를 지배하게 되었다.

아노미아는 페스트가 들끓는 아테네 성벽 전체에 거머리처럼 들러붙었다. 전통적인 법과 가치들은 이제 환상에 불과한 것으로 여겨졌고, 그것으로부터 해방된 아테네인들은 많은 평론가들이 정치적 리얼리즘이라고 말하지만 실은 일종의 허무주의에 가까운 것을 받아들였다. 빅터 데이비스 핸슨Victor Davis Hanson(캘리포니아 주립 대학 고전학과 명예교수 — 옮긴이)의 말처럼, 페스트는 도시를 도덕적 한계 너머로 밀어붙였다. "그 같은 곤경에 처한 뒤로 몇 년 동안 아테네인들은 그들의 도덕적 태도를 회복하기가 거의 불가능했다."[43] 핸슨의 말에 따르면, 페스트로 인한 비참한 죽음과 끔찍한 대응들은, 카뮈가 전시에 편지를 보낸 "독일인 친구"가 완수했던, 사전에 신중히 계획된 정책들의 "무법 상태의 전조들"이었다.

전략적인 관점에서, 이 같은 도덕의 추락을 설명하는 데에는 막간극으로밖에 보이지 않는 한 사건만큼 적절한 예가 없을 것이다. 기원전 416년, 아테네 해군이 엄청난 병력을 이끌고 당시까지만 해도 아테네와 스파르타 사이의 15년 전쟁에서 중립을 지키던 작은 섬, 밀로스에 도착했다. 아테네 지휘관들은 더 이상 선택의 여지가 없다고 선포했다. "오늘부터 당장 우리를 지지하든지 반대하든지 결정해야 한다. 전자를 선택하면 동맹국으로서 혜택과 책임을 공유하게 될 테고, 후자를 선택하면 우리에게 몰살을 당할 것이다." 어안이 벙벙해진 밀로스 사람들은 이 최후통첩이 부당하다고 항의하지만 소용이 없다. 아테네인들은 그들의 항의를 재빨리 차단하고 이렇게 답한다. "정의의 기준은 행사하는 힘의 균형에 달려 있다. 실제로 강자는 자신이 지닌 힘을 행사하고 약자는 받아들여야 할 것을 받아들일 뿐이다."[44] 또한 아테네인들은 밀로스 사람들이 신들에게 간청하거나 스파르타인의 중재에 희망을 두는 것을 "값비싼 사치"라며 조롱한다. 온갖 논변과 담판이 무위로 돌아간 뒤에도, 밀로스 사람들은 여전히 그들에게 굴복하길 거부한다. 도덕적 원칙이 없는 세계에 익숙한 아테네인들은 이렇게 결론을 내린다. "단지 그렇게 되길 희망한다는 이유로 눈앞에 있는 것보다 미래를 더 확실한 것으로 여기고, 불확실한 것을 현실로 바라보는 당신들의 능력은 우리가 보기에 가히 독보적인 것 같다."[45] 그들은 군함으로 돌아와 포위작전을 시작한다. 결국 남자들을 모두 죽이고 여자와 아이들을 노예로 만들며 도시를 점령한다.

더욱이 밀로스 섬에서 벌어진 사건은 카뮈가 르파늘리에서 투키디데스를 공부하는 동안 남아 있던 프랑스의 '자유 지역'을 휩쓴 독일군의 허무주의적 신념과 잔혹한 효율성을 거울처럼 보여주었다. 아테네 특사들이 밀로스 섬 주민들에게 "우리에 대한 당신들의 증오는 우리의 힘에 대한 증거"라고 말하고는, 섬을 점령한 뒤 그들의 최후통첩을 차근차근 이행할 때 — 아마도 밀로스 섬의 포로들을 일렬로 세워놓고 목을 자름으로써 — 카뮈는 점령된 프랑스에서 행해진 나치의 공포 정치를 떠올리지 않았을까? 물론 우리는 알 수 없다. 하지만 그의 "친구"에게 보낸 첫 번째 편지에서 카뮈는 독일인뿐 아니라 아테네인들에게도 답하는 것처럼 보인다. "나는 모든 것이 단일한 목적에 종속되어야 한다고 생각하지 않습니다. 용서받지 못할 수단들이 있지요."[46]

카뮈의 소지품 가운데에는 러시아 책에서 뜯어낸 게 분명한, 누렇게 바라고 해진 사진이 있었다. 이반 칼리아예프의 흑백 사진을 액자에 넣은 것으로, 제정 러시아 시대 경찰에게 범인식별용으로 찍힌 사진이었다. 사회혁명당 당원이며 제정 러시아 차르 체제 전복에 힘쓴 급진주의 운동가, 칼리아예프는 1905년에 세르게이 대공이 탄 마차에 폭탄을 던졌다. 폭발이 일어나자 희생자의 시신은 산산조각이 나 사방으로 튀었고, 달아나려는 시도조차 하지 않은 가해자는 몇 달 뒤 교수형에 처해졌다. 염소수염을 한 둥글고 평범한 얼굴에 양털 모자를 쓰고 또렷하고 차분한 시선으로 카메라를 응시하는 칼리아예프는 영웅으로 보이지 않는다 — 이 점은 아마도 1949년, 카뮈의 〈정의의 사람들Les Justes〉을 파리에서 제작할 무렵에 알려졌을 것으로 보이는데, 당시 잘생긴 이탈리아계 프랑스 배우, 세르지 레지아니가 암살범 역할을 맡았다.[47]

한 비평가는 연극이 공연된 에베르토 극장을 막 나서면서, 같은 연극을 본 관객이 한숨을 쉬며 내뱉는 말을 우연히 엿들었다. "어린 아이들을 죽이느냐 마느냐로 5막 내내 떠들어대는군."[48] 카뮈의 다른 무대 작품들과 마찬가지로 이 연극에 대해서도 의견이 상당히 분분했다. 일부는 칼리아예프와 동료 혁명가들이 모든 이들의 더 나은 내일을 위해 오늘 한 남자를 죽이는 행위의 윤리 문제를 토론하는 장면 묘사에 깊은 감명을 받았다. 반면, 등장인물들의 심리 묘사가 빈약하고 대사로 가르치려 든다며 짜증을 느끼는 사람들도 있었다. 카뮈는 자신의 다른 연극들과 마찬가지로 이 연극도 제대로 인정을 받지 못했다며 이따금 성마르게 한탄했다.[49]

전적으로 옹호할 수는 없지만 카뮈가 좌절을 느끼는 것도 이해할 만하다. 《햄릿》에 대해서도 죽느냐 마느냐로 5막 내내 떠들다 끝난 다고 말하는 사람들이 있을 테니까. 물론 카뮈는 셰익스피어가 아니었고 결코 셰익스피어인 척한 적도 없었다. 그의 목표는 심리 묘사를 창조하는 것이 아니라, 오히려 역사적 사건을 재현하고, 그가 사랑하는 고대 그리스 비극 작가들과 마찬가지로, 동일하게 강력한 두 개의 윤리적 관점을 대립시키는 것이었다.[50] 이 희곡에서 카뮈는 2년 뒤 《반항하는 인간》의 시작 부분에 제기하게 될 문제와 같은 문제 ─ 우리는 살인을 정당화할 수 있을까? ─ 를 놓고, 칼리아예프와 공모자 스테판 페도로프가 치열하게 싸우며 서로 겨루게 한다.

칼리아예프의 입장은 "좋다, 그렇지만"이다. 호기심 많고 온화한 태도 때문에 동료들에게 "시인"으로 불리는 그는, 혁명가로서의 의무와 칼리아예프를 향한 사랑 사이에서 괴로워하는 동료, 도라에게 이렇게 말한다. "아무렴, 혁명이지. 그렇지만 생명을 위한 혁명이어야 해 ─ 생명에 기회를 주는 혁명 말이야." 도라가 자기들은 생명을 주기는커녕 오히려 빼앗고 있지 않느냐며 단순한 진실을 말하자, 칼리아예프는 이렇게 해명하려 한다. "우리가 죽이는 건 더 이상 살인이 없는 세상을 건설하기 위해서야. 우리는 마침내 순진무구한 사람들이, 오직 그들만이 세계를 물려받게 하기 위해 범죄자가 되는 데 동의하는 거라고."[51]

그러나 범죄자가 된다는 것에 단순히 동의하는 것으로는 충분하지 않으며, 테러 행위의 대상을 세심하게 분별한다 해도 마찬가지다. 대공의 목숨을 빼앗는 행위를 정당화하기 위해, 칼리아예프는 자신의 목숨도 희생하면 되지 않느냐고 결론을 내린다. 그는 제정 러시아가 자신을 살인자로 만들었다고 확신하며 도라에게 말한다. "그러니까 나도 같이 죽으면 다 괜찮을 거라고 생각해." 무시무시한 응분의 대가에 대한 칼리아예프의 논리는 명확하다. "시인"은 자신도 죽기로 합의함으로써 대공의 목숨을 빼앗는 것이 정당하다고 믿는다. 어쩌면 그가 시인이라서 자신의 주장에 얼마나 섬뜩한 결함이 있는지 미처 깨닫지 못한 채 마냥 편하게 생각하는지도 모른다. 기꺼이 희생한 이의 목숨과 본의 아니게 희생된 이에게 빼앗은 목숨이 같지 않다는 걸.

그러나 도라는 의심을 그치지 않는다. 그들이 없애자고 공모 중인 생명도 어차피 생명, 바로 그것임을 부인할 수 없다. 이것은 추상적인 관념이 아니라 살아 있는 살과 피이고, 수단이 아니라 유일한 목적이다. "인간은 인간이야." 칼리아예프가 마차를 향해 달려갈 때, 도라는 이렇게 말한다. 그리고 다음과 같이 경고한다. "어쩌면 대공이 부드러운 눈매를 지닌 사람이라는 걸 발견하게 될지 몰라. 어쩌면 귀를 긁적이며 혼자 미소 짓는 그의 모습을 보게 될지도 모르지. 어쩌면 — 혹시 모르지? — 그가 면도하다가 뺨에 낸 작은 상처를 보게 될지도 몰라. 그리고 그가 널 보게 된다면, 그 순간 …." 대답을 궁리하던 칼리아예프는 자신은 사람이 아니라 전제정치를 죽이는 거라고 주장하지만, 이 대답이 적절치 않다는 걸 이내 깨닫는다. 그는 도라에게 말한다, 자신이 바라는 건 오직 하나, 폭탄을 던질 때가 되면 대공이 상징하는 모든 것에 대한 증오가 자신을 눈멀게 해 한 남자를 보지 못하게 만드는 것뿐이라고.

우리가 알고 있는, 대공을 보지 못하게 할 만큼 사나운 칼리아예프의 증오는 그럼에도 불구하고 선택적이다. 마차를 향해 달려가 창문으로 폭탄을 던지기 위해 몸을 웅크렸을 때, 칼리아예프는 두 어린아이들, 대공의 조카와 조카딸이 서로 마주보고 앉아 있는 모습을 보게 된다. 그는 그들의 은신처로 돌아오자마자 걱정으로 노심초사한 동료들에게 말한다. 아이들이 "허공을 응시한 채 아주 바른 자세로 앉아 있더군. 그 표정이 얼마나 슬퍼 보이던지! 가장 좋은 옷으로 차려 입은 아이들은 두 손을 허벅지 위에 얹고 있었어…. 그렇게 모든 상황이 서둘러 임무를 완수하기에 딱 좋았지. 진지한 표정을 짓고 있는 작은 얼굴의 두 아이들, 그리고 내 손에는 흉측한 무기가 들려 있고. 나는 **그들을** 향해 그것을 던져야 했어. 그렇게 했어야 했어! 그들을 향해 똑바로 던져야 했어. 그런데, 아니, 난 도저히 그럴 수가 없었어…."[52]

그러나 칼리아예프의 이야기를 들으며 점차 분노하는 스테판의 말에서 우리가 알게 되듯 아이들도 살해당해야 했다. 그는 무고한 대상과 죄를 지은 대상을 구분하려는 칼리아예프의 노력 때문에 "앞으로 수년 동안 수천 명의 러시아 어린이들이 계속 굶어죽고 말 거야. … 폭탄을 맞고 죽는 건 거기에 비하면 다행스런 죽음이라구"라고 소리쳤다. 칼리아예프가 묵묵히 듣고 있자, 스테판은 우리가 "어린아이들을 더 이상 감상적으로 생각하지 않을 때에야 비로소 혁명이 승리하고, 우리는 세계의 주인이 될 것"이라고 주장한다. 칼리아예프는 이런 논리가 그들이 파괴하려는 정권만큼이나 전제적이라고 항의하지만, 대립의 핵심을 찌른 건 스테판을 향한 도라의 경멸에 찬 대답이다. "그날이 오면 모든 인류가 혁명이라면 치를 떨겠지." 그녀는 모두가 치를 떠는 이유는 분명하다며 계속해서 말을 잇는다. "심지어 파괴에도 옳은 방법과 잘못된 방법이 있어. 한계라는 게 있는 거야."[53]

며칠 뒤에 대공의 마차가 다시 지나갈 거라는 소식이 들렸고, 칼리아예프는 두 번째 기회를 얻는다. 이번에는 성공이다. 그는 대공혼자 타고 있던 마차를 산산이 날려버린 뒤 경찰에 투항한다. 투옥된 칼리아예프가 남편을 여읜 대공비의 방문을 받은 일화와 함께이 모든 이야기들은 역사에 상세하고 충실하게 기록되어 있다. 소설에서 대공비는 폭탄이 터진 직후 남편이 암살당한 현장에 도착했다고 칼리아예프에게 말한다. "나는 수습할 수 있는 부분들은 다 모아서 들것 위에 올려놓았어. 온통 피투성이였지!" 커다란 슬픔 때문인지, 혹은 그보다 더 큰 사디즘 때문인지, 대공비는 불과 두 시간 전까지만 해도 남편은 잠을 자고 있었노라고 칼리아예프에게 털어놓는다. "안락의자에 앉아 두 다리를 다른 의자에 올려놓고서 말이지 — 그이가 자주 그랬던 것처럼." 칼리아예프가 지난 번 살려준 여자애에 대해서는 인정머리 없고 버르장머리도 없는 아이라고 말한다. "가난한 사람들에게 무언가를 주라고 하면 싫다고 하는 애야. 그 사람들 근처에도 안 가려고 했어."

갑자기 폭정이라든지 무고함 같은 추상적인 개념들이 고단하고 정신없는 일상사 속으로 무너져 내린다. 칼리아예프는 대공비의 폭로 — 우리는 독재자들이나 아이들이나 모두 똑같은 인간임을 이미 항상 알고 있으므로, 사실 이런 용어 선택은 부적절하다 — 에 처음에는 충격을 받았지만, 대공을 죽이고 이제 곧 자신이 죽게 될 명분에 대한 신념을 다시금 확인한다. 대공비가 사면 요청을 하겠다고 위협하자, 그는 그러지 말아달라고 간청한다. 연극의 마지막 부분에서, 동지들은 그가 차분하고 당당한 자세로 교수대를 향해 걸어갔다는 말을 듣는다. 그의 마지막 몸짓은 "신발에 묻은 진흙 부스러기를 털어내는" 것— 영웅으로 보이길 거부하고 한 인간으로 남길 고집한 한 남자의 행동— 이었다.

하지만 그가 자신의 죄도 털어냈을까? 칼리아예프는 더 나은 세상을 만들기 위해 자신의 생명과 대공의 생명을 맞바꿈으로써 사전에 계획된 살인을 정당화하는 데 성공했을까? 카뮈는 이 혁명가의 대답을 뒤집으며 이렇게 답한다. "아니다, 그렇지만." 그는 누군가의 목숨을 빼앗을 때 기꺼이 내 목숨을 내놓는 것이 도덕적으로 동등한 가치라는 주장을 거부한다. 카뮈는 칼리아예프의 논리는 "잘못되었다, 그렇지만 존경할 만하다"[54]라고 썼다.

어떤 면에서 보면 이처럼 기꺼이 죽을 수 있는 마음이 필요하긴 하지만, 폭군을 암살하는 이유로 충분히 타당한 것은 아니다. 카뮈는 정치적 살인이 정당화되려면 먼저 다른 기준들이 충족되어야 한다고 제시한다. 암살범은 책임을 져야 하고, 희생자는 폭군이어야 할 뿐만 아니라, 행동은 다른 대안이 없을 때 결정되어야 하며, 오로지 "죄가 있는" 쪽에 국한되어야 한다.[55] 아무 잘못이 없는 사람의 생명을 빼앗아서는 안 되며, 암살자는 자신의 생명을 포기해야 한다. 카뮈는 1905년의 "양심적인scrupulous 살인자들"은 우리에게, "반항은 반항이기를 포기하지 않는 한 도그마의 위안과 위로로 이어질 수 없다"[56]는 것을 보여준다고 주장한다.

존 폴리John Foley(《알베르 카뮈: 부조리에서 반항으로Albert Camus: From the Absurd to Revolt》의 저자 ─ 옮긴이)는 칼리아예프는 기꺼이 죽겠다는 의향보다는 의심을 품으려는 욕구 때문에 더욱 두드러져 보인다고 정확하게 진단한다. 칼리아예프와 그의 동지들을 그토록 비범하게 만드는 것은 자신들의 목적에 대한 믿음 ─ 다시 말해, 소작농을 빈곤과 노예 상태로부터 구하자거나, 국가를 더 나은 미래를 향해 이끌자는 ─ 이 아니라, 그들의 수단이 과연 정당한가에 대한 끊임없는 의심이다. 'scrupulous'의 라틴어 어원은 카뮈 자신의 도덕적 관점을 잘 설명해주듯, 칼리아예프의 경우를 가장 잘 설명한다. 고대 로마인에게 'scrupulus'는 걷는 행위 ─ 우리가 대수롭지 않게 여기는, 결코 숙고하지 않는 행동 ─ 를 끊임없이 성가시게 만드는, 샌들에 박힌 작고 뾰족한 돌을 의미했다. 걸음을 옮길 때마다 느껴지는 불편함은 우리에게 걷고 있음을 상기시킨다. 분명히 카뮈는 훌륭하고 선한 목적을 위한 수단으로 살인을 저지르는 혁명가는 행동 전후에 지적으로나 윤리적으로 절름거릴 수밖에 없다는 걸 말하려는 것으로 보인다. 쉽게 그리고 무분별하게 죽이는 것 ─ 퓌셰처럼 자신이 타인의 죽음을 명령할 때 어떤 일이 일어날지 이해하려 하지 않는 도덕적 상상력의 부족 ─ 은 바로 카뮈가 가장 두려워하는 것이다. 카뮈는 자신이 원하는 것은 오직 "합법적인 살인의 오류를 밝히고, 정신 나간 계획들에 명확히 한계를 정하는 것"[57]뿐이라고 분명하게 말한다.

∽

카뮈는 고대 그리스 사상이 한계라는 관념에 바탕을 두고 있다고 믿었다. "고대 그리스 사상은 이성도 종교도, 아무것도 부정하지 않았기 때문에, 이성과 종교 어느 쪽도 극단으로 흐르지 않았다. 그것은 빛과 그림자 사이에서 균형을 이루며 모든 것에 제 몫을 나누어주었다. 그러나 우리가 알다시피 전체를 정복하길 열망하는 유럽은 무절제의 딸이다. … 우리가 광기 속에서 영원한 한계들을 뒤로 밀어내면, 곧바로 음울한 복수의 세 여신 푸리에스가 우리를 파괴하려 덮친다. 네메시스는 복수의 여신이 아닌 절제의 여신이 되어 모든 것을 지켜보고 있다. 그녀는 한계를 넘는 모든 이에게 가차 없이 벌을 내린다."[58]

자기절제의 고대 그리스식 이상인 소프로쉬네sophrosyne(절제라는 의미로 고대 그리스인의 중요한 삶의 지표 ― 옮긴이)는 카뮈가 정의한 반항과 혁명의 차이를 아우른다. 자기절제가 대립되는 두 힘 사이의 지속적인 긴장을 내포하는 것처럼 ― 중앙에서 양방향을 향한 팽팽한 긴장이 창조와 진보의 공간이 된다 ― 반항 행위도 유사한 스트레스를 바탕으로 발전한다. 그리스 서사 시인과 비극 시인들이 개성이 뚜렷한 두 인물간의 이 같은 긴장을 묘사했다면 ― 호메로스의 페넬로페와 헬레네, 아이스킬로스의 프로메테우스와 제우스, 소포클레스의 아이아스와 오디세우스 ― 투키디데스는 페리클레스라는 한 인물 안에 이 요소를 통합시킨다. 이 역사학자에 따르면, 아테네 장군 페리클레스는 그 어떤 지도자보다 대담함과 신중함이 결합된 성격을 타고났다. 그가 추도문에서 아테네인들에 관해 한 말은 일종의 자화상이었다. "우리는 위험을 감수하는 동시에 위험을 미리 내다볼 수 있습니다. 다른 이들은 무지하기 때문에 용감합니다. 그리고 그들은 생각하기 위해 멈췄을 때 두려워하기 시작합니다. 그러나 진정으로 용감하다고 말할 수 있는 사람은 인생의 달콤함이 무엇인지, 쓰라림이 무엇인지 그 의미를 누구보다 잘 알고, 그런 다음 밖으로 나가 자신에게 닥치는 일에 꿋꿋이 맞서는 사람입니다."[59]

카뮈가 이 추도문에 대해 언급한 부분은 어디에도 없지만, 그럼에도 불구하고 이 추도문은 창조적 긴장에 대한 카뮈의 생각을 반영하고 어쩌면 소개도 한다. 카뮈에게 세계는 두 가지 형태의 부조리를 위한 무대였다. 하나는 의미를 요구하는 인류에게 의미를 주려 하지 않는, 세계의 거부에 기초한 형이상학적인 부조리이며, 다른 하나는 시민들에게 고통을 가하면서 그것에 의미를 부여하려 하는, 국가의 고집에서 비롯된 정치적 부조리다. 카뮈는 반항하는 인간은 두 가지 종류의 부조리를 모두 거부한다고 단언한다. 반항하는 인간은 부당한 지배자에게 "아니"라고 말할 뿐 아니라 말없는 우주에도 "아니"라고 말한다. 반항하는 인간은 "누구도 그 자기 본연의 모습에 손대는 것을 거부한다. 그는 자기 존재의 일부를 온전히 지키기 위해 싸운다. 무엇보다 그는 정복하려 하지 않으며 다만 자기 존재가 받아들여지도록 노력한다." 의미 없는 세상에서 자신의 존재를 받아들여지게 하려는 "반항하는 인간은 목숨이 아니라 살아야 할 이유를 필요로 한다."[60] 뿐만 아니라 그가 인간임을 부인하려는 이들에게 자신의 생각을 인식시키기 위해 "그는, 견딜 수 있는 한계 이상으로는 억압당하지 않을 일종의 권리를 주장하며, 자신을 억압하는 주변 질서와 대립한다."[61]

그러나 가장 결정적으로 반항인은 자기 자신에게 한계를 두려 한다. 반항은 공격이 아닌 방어적 행위다. 반항은 균형을 잡는 것이지, 상대를 향한 터무니없는 비난이 아니다. 궁극적으로 베유의 주의에 대한 개념처럼, 반항은 자신뿐 아니라 타인의 인간성에 적극적으로 주의를 기울이는 것이다. 부조리가 허무주의는 물론 절망도 허용하지 않는 것처럼, 폭군의 행동은 우리가 폭압적이 되는 것을 결코 인정하지 않는다. 반항하는 인간은 자기 주인이 같은 인간임을 부인하는 것은 아니다. 단지 그를 자신의 주인으로 받아들이지 않을 뿐이다. 반항하는 인간은 자신을 불공평하게 대하는 이들을 거부할 뿐 아니라 과거 압제자들의 인간성을 말살하고 싶은 불가피한 유혹 또한 거부한다. "노예가 자기 안의 무언가가 명령에 의해 침해당했다고 판단을 내릴 때 분연히 일어서는 것은 세상 모든 사람을 위해서다. 그 무언가는 비단 자기에게만 속한 것이 아니라, 모든 인간이 자연적인 공동체를 이루게 되는 공통의 토대다. 심지어 자신을 모욕하고 억압하는 자까지도 포함하여."[62]

2011년 아랍의 봄 성공에 가장 결정적인 역할을 한 페이스북과 트위터는 오래된 인류의 목적을 위한 기술적인 수단에 지나지 않는다. 카뮈가 인지한 것처럼, 반항은 언제나 개인적 반응에서 집단적 반응으로 이동한다. 카뮈가 이 집단적 자각의 순간에 대해 표현했듯이 반항은 "나는 반항한다 ― 그러므로 우리는 존재한다고 하는 … 사상의 영역에서 '코기토cogito'와 같은 역할을"[63] 우리의 일상적인 투쟁에서 수행한다. 카뮈의 진술은 데카르트의 표현처럼 논리적 엄밀함은 없지만, 우리가 늘 알고 있는 직관적인 진실로 가득하다. 시간과 장소를 막론하고 반항은 "이른바 고독으로부터 개인을 끌어내어 그에게 행동할 이유를 준다는 점에서 개인을 초월한다."[64]

이 집단행동은 우리의 훌륭한 특성을 요구하지만 우리의 비극적인 조건을 드러내기도 한다. 이런 면에서 진정한 반항은 페리클레스 시대의 아테네인들과 유사하다. 대담함과 신중함이 절묘하게 균형을 이루는 순간은 지속될 수 없으며, 조만간 전제정치나 평범한 집단에 의한 통치로 무너질 것이다. 카뮈가 "한계의 철학"을 제시한 "정오의 사상"을 투키디데스가 보았다면 틀림없이 자신의 사상이 그 안에 있음을 알아차렸을 것이다. 한계의 철학은 우리는 모든 것을 알 수는 없다는 증거를 바탕으로, 다른 사람을 우리 마음대로 할 수 없다고 결론을 내린다. 혁명과 달리 반항은 "상대적인 것을 목표로 하고, 상대적인 정의와 결합된 확실한 존엄성을 약속할 수 있을 뿐이다. 반항은 인간 공동체가 그 위에 세워진 어떤 한계를 전제로 한다."[65] 반항이 "순수한 긴장상태에 불과"한 반면, 혁명은 쉽게 찾아온다.

실제로 이러한 긴장 상태는 무기한 유지될 수 없다. 조만간 이상은 흔들릴 테고, 지도자들은 착각에 빠질 것이며, 추종자들은 환멸을 느끼게 될 것이다. 하지만 카뮈는 인류에게 이 긴장 상태만큼 좋은 것은 없다고 주장한다.《반항하는 인간》의 저자가 보기에, 인류라는 무리 속에 남아 있길 원하는 사람들은 이러한 긴장과 함께 인생을 살 수밖에 없다. 목적은 언제나 수단을 정당화할 수 있겠지만, 반항하는 인간은 기어코 수단만이 목적을 정당화한다고 대답한다. 카뮈는 에세이의 결말 부분에서, 반항하는 인간의 논리는 "인간 조건의 불평등을 더하지 않기 위해 정의를 이룩하는 것, 보편적인 허위를 더하지 않기 위해 알기 쉬운 말을 고집하는 것, 그리고 인간의 고통에도 불구하고 행복에 내기를 거는 것"이라고 결론을 내렸다. 처음 책이 출간되었을 땐 이 표현이 윤리적인 허술함을 가리기 위해 안일하게 덧붙인 과장된 내용으로 치부되었다. 그러나 우리는 지금 카뮈의 주장에서 안일하기는커녕 허술한 부분이 한 군데도 없다는 진실과 마주한다. 오히려 카뮈의 글은 진정한 반항을 위한 노력이 의혹과 절망을 줄 수 있음을 인정한다. 그리고 카뮈의 글은 우리가 잠정적인 결과와 상대적인 주장을 감수해야 하며, 그러는 동안 줄곧 한 가지 절대적인 원칙을 염두에 둘 것을 요구한다. ― 우리의 반항이 결코 혁명이 되지 않게 하라.

"반란 초기에는 죽여야 한다. 유럽인 한 명을 사살하는 것은 돌멩이 하나로 두 마리 새를 죽이는 것으로, 압제자와 그가 탄압하는 사람을 동시에 파괴하는 것이다. 이제 죽은 이와 자유로운 이가 남으며, 생존자는 비로소 발아래 제 나라 흙을 느낀다." 프란츠 파농

Frantz Fanon의 《대지의 저주받은 사람들》 서문에서 장 폴 사르트르는 자발적인 폭력, 한계를 두지 않음, 절대적인 확실성, 의심할 바 없음이 오늘날 요구되는 것들이라고 분명하게 밝혔다. 서로 등을 돌린 뒤 의절한 옛 친구가 된 카뮈가 자동차 사고로 사망한 지 1년 후 1961년에 실린 사르트르의 권고는 이 피에 누아르 작가를 무겁게 짓눌렀던 바로 그 "정신 나간 계획"을 즐겁게 받아들였다.

카뮈가 살아 있었다면 충격을 받았을 테지만, 사르트르가 국가의 해방과 자아실현을 위한 수단으로 시민을 살해한 이들을 옹호했다고 해서 놀라지는 않았을 것이다. 카뮈는 이미 《정의의 사람들》에서 스테판 페도로프를 통해 이런 종류의 혁명을 그려낸 바 있었다. "한계는 없다!" 1954년 민족해방전선이 모든 성인의 축일에 반란을 시작하기 직전에, 카뮈는 자신의 공책에 이렇게 썼다. "상충되는 것들을 조화시킬 수 있으리라 믿으며 각고의 노력 끝에 한계를 정한 바로 그 순간, 한계는 무너졌고 나는 무언의 불행 속으로 황급히 향했다."[66] 의심할 여지없이, 카뮈는 《반항하는 인간》에 대한 프랑스 좌파의 비판적인 반응이 일으킨 지적 예술적 의혹들에 상처받은 자신의 심정을 묘사하고 있다. 뿐만 아니라 그가 적지 않은 원인을 제공함으로써 점차 비참해져가는 가정생활에 대한 묘사이기도 했다. 당시 아내 프랑신은 자살충동을 느낄 만큼 심한 우울증에 반복적으로 시달렸는데, 〈정의의 사람들〉 연극에서 도라 역할로 출연한 여배우, 마리아 카사레스와 카뮈의 불륜 때문에 증상이 더욱 깊어졌을 것이다.

그런 것을 아는지 모르는지 카뮈는 그런 와중에도, 어느 쪽도 한계의 필요성을 인정하지 않는 혁명의 무대가 되어버린 조국 알제리를 배경으로 커다란 캔버스에 그림을 그리고 있었다. 1956년 말, 알제가 프랑스 군대와 알제리 민족해방전선 간의 전쟁터가 되었을 때, 양측 모두 교전 수칙을 짓밟고 무시했다. 전략적 전술적 이유에서 테러는 민족해방전선의 일상사가 되었으며, 이것은 불가피하게 민간인을 겨냥했다. 지도자 가운데 한 명인 람단 아반은 이렇게 말했다. "재킷 차림의 시체 한 구가 군복을 입은 스무 명의 군인보다 언제나 더 가치 있다."[67] 이 방침은 9월 30일에 실행되었다. 민족해방전선 요원들이 설치한 폭탄이 알제의 유명한 술집 두 군데에서 폭발해, 어린아이들 몇 명을 포함해 수십 명의 프랑스 주민들이 죽거나 불구가 되었다. 폭격과 반란을 중단시켜야 할 임무를 띤 프랑스 군대에서는 고문이 아주 흔한 일이 되었다.[68] 테러리즘과 고문의 옹호자들 모두가 선한 목적을 위해 악하지만 필요한 수단이라며 자신들의 관행을 정당화했는데, 그들 각자의 "선한" 목적이 상충되는 것은 많은 문제들 가운데 첫 번째에 불과했다.

카뮈는 《반항하는 인간》이 "당면한 작금의 현실에 맞서려는" 자신의 노력을 보여준다고 선언했다. 그리고 책이 출간된 후, 이 책이 "시사문제에 대한 자신의 입장"을 밝힌 것이라고 말했다. 카뮈가 말한 "작금의 현실"은 냉전을 의미했고, "시사문제"란 전체주의의 부상을 뜻하는 것이었다. 결과적으로 이 에세이의 배경은 서양의 자유민주주의 국가와 동양의 공산주의 정권 사이에서 분열된 세계였다. 그러나 혁명에 대한 분석은 소비에트 연방뿐만 아니라 민족해방전선에 대해서도 다루었다. 카뮈는 아랍인과 베르베르족을 제

나라의 이방인으로 만들어버린 식민지주의 정책에 대해 끊임없이 격렬하게 비난을 퍼부었다. 1945년에 그는 이렇게 경고했다. "이 사람들은 어쩔 수 없는 그들의 생활환경 부분을 제외하면 열등한 민족이 아니며, 그들이 우리에게 배우는 것만큼 우리 역시 그들에게 배워야 한다. 알제리와 그 밖의 지역에 있는 아주 많은 프랑스인들이 아랍인을 이해관계가 없는 무형의 대중이라고 생각한다."[69] 그는 피에 누아르 동포들에게도, 우리는 "알제리의 아랍인들을 일률적으로 살인자들의 민족으로 바라보는 것을 그만두어야 한다. 그들 가운데 상당수가 온갖 질병에 시달리고 있으며 그들만이 토로할 수 있는 종류의 고통을 겪고 있다"[70]고 경고했다.

그러나 아무도 그의 경고를 듣지 않았다. 카뮈는 커져가는 내전의 참상에 대해 침묵하기 전까지, 100년 넘게 알제리에서 지속되어 온 현상을 유지하기 위해 프랑스가 자행한 범죄를 끊임없이 공격했다. 알제리 전투에 뒤이어 발표한 그의 《알제리 연대기》 서문에서 카뮈는 직설적으로 말한다. "민간인에 대한 보복과 고문 관행은 우리 모두가 연루된 범죄다." 프랑스인들이 그런 행동에 책임이 있다는 것은 "향후 우리가 직면해야 할 굴욕이다." 한편 그는 "이런 수단들에 대한 정당화는, 제아무리 능률 면에서 정당화될 수 있다 하더라도 무조건 거부해야 한다"고 분명하게 밝혔다. 그 수단들이 정당화될 수 있다고 주장하는 순간 "규칙도 가치도 존재하지 않을 테고, 모든 대의명분은 동일해질 것이며, 무법 상태의 전쟁은 허무주의에 승리를 봉헌할 것이다."[71]

지금까지 카뮈의 친구이며 추종자였던 좌파 진영의 사람들이 당

황할 정도로 카뮈는 민족해방전선에 비우호적이었다. 카뮈는 1950
년대에 완전한 독립은 아니더라도 어떤 정치적 해결책이 존재할 거
라고 여전히 순진하게 확신했을 수도 있지만, 민족해방전선이 이
끄는 알제리의 미래에 대해서는 충분히 예견하고 있었다. 그는 자
유와 평등을 향한 아랍의 열망은 정당하지만, 민족해방전선이 취
한 수단은 잔인할 정도로 부당하다고 단언했다. 민족해방전선에
대한 카뮈의 확고한 적의는 목적을 이루기 위해서라면 어떠한 수단
도 마다하지 않겠노라는 조직의 방침 때문에 더욱 거세게 타올랐
다. 카뮈는 알제리의 독립 쟁취라는 민족해방전선의 목적 때문에
그들이 알제리 국민의 대표 자격이 없다고 본 것은 아니다. 그보다
는 데이비드 캐럴David Carroll(프랑스어 교수이며, 비평이론협회의 전
회장 — 옮긴이)의 언급처럼, 오히려 "조직 자체의 성격과 1954년
이후 민족을 불문한 알제리 민간인들을 대상으로 한 테러 작전"이
그들의 정당성을 해쳤다고 보았다.[72]

민족해방전선의 목적은, 그것이 얼마나 바람직하냐와 관계없이
— 당연히 카뮈는 나라가 결국 일당 독재 국가가 되는 것을 두려워
했다 — 피에 누아르와 아랍 주민 모두를 대상으로 한 그들의 테러
정권을 결코 정당화할 수 없었다. 그렇다면 칼리아예프는 어떻게
했을까? 카뮈에게 그 답은 단순하고 단호했다. 그와 그의 동료 혁
명가들은 무고한 사람들을 죽여 "스스로의 가치를 떨어뜨리느니
차라리 — 그들이 우리에게 입증했듯이 — 스스로 죽음을 택했을
것이다."[73] 그것은 어쩌면 낭만적인 허세일 수도 있고 비현실적인
신념일 수도 있겠지만, 모하메드 부아지지가 동의할 수 있을 만한,

그야말로 이름에 걸맞는 윤리의 유일한 근거일 것이다.

에필로그

1950년대 대부분의 시기 동안 카뮈는 대중의 평판으로 인한 중압감으로 몸부림쳤다. "나는 평범한 사람이며, [그러므로] 내가 오늘날 옹호하고 설명해야 하는 가치들도 평범한 가치들이다." 그는 일기에 이렇게 털어놓았다. "그렇기 때문에 나에게 있을지 의심스러운 여분의 재능이 필요하다." 이 같은 지적 겸손은 카뮈가 사망하기 한 달 전임을 감안했을 때 그의 마지막이 될 인터뷰에도 드러났다. 인터뷰 진행자가 카뮈에게 그의 세대의 안내자라고 말하자 카뮈는 즉시 분명하게 대답했다. "나는 누구도 대변하지 않습니다. 나 자신의 언어를 찾기에도 충분히 힘겨우니까요. 나는 누구도 안내하지 않습니다. 내가 어디로 가고 있는지도 모를뿐더러 안다 하더라도 희미하게 알 뿐입니다." [1]

아마도 카뮈는 공인으로서 자신의 자격을 깎아내리거나 부인할 때조차 대중 앞에 드러나는 모습에 무척 신경을 썼을 것이다. 그의 일기에는 짐짓 겸손한 척하는 태도와 자만심에 찬 가식이 적지 않게 눈에 띈다. 느닷없이 명성을 얻게 되었는지는 몰라도, 카뮈는 우연한 사회참여 지식인은 아니었다. 기자이며 편집자로서, 소설가이며 에세이스트로서, 극작가이며 연출자로서 카뮈는 끊임없이 대중의 관심을 추구했다. 때로는 자신이 이런 관심을 받을 만한 가치가 있는지 의심도 했으며, 특히 사망하기 마지막 십 년 동안은 더욱 그랬는데, 다른 사람들도 같은 의심을 하면 언제나 상처를 받았다. 《반항하는 인간》을 둘러싸고 사르트르와 치열하게 공방을 펼치던 시기에 그에게 받은 모욕은 — "당신의 음울한 자만심과 나약함이 한데 얽힌 성격이 언제나 진실을 있는 그대로 말하지 못하도록 사람들을 가로막은 거요." — 카뮈에게 깊은 상처를 주었는데, 바로 그의 말에 어느 정도 진실이 포함되어 있었기 때문이다.[2]

그러나 그 때문에 모럴리스트로서 카뮈의 위상이 낮아지지는 않는다. 오히려 이런 결함은 카뮈를 우리와 더 가깝게 만들어줌으로써 그 나름의 미덕을 지닌다. 카뮈는 다른 사람들이 종종 그를 불편하게 여기는 것만큼이나 스스로를 어색하게 여기는 터라, 대중 앞에 비친 자신의 모습을 들여다보길 민망해했다. "미덕이 싫은 게 아니라, 다만 미덕에 대한 연설이 역겨울 따름이다. 의심할 여지없이, 나는 물론이거니와 세상의 어떤 입도 미덕을 입에 담을 수 없다. 마찬가지로 누군가 나의 정직함에 대해 말하기 위해 끼어들 때마다 내 안의 누군가가 가볍게 전율한다."[3] 이처럼 반복적이고 고통스러운 자기회의에 대해, 그 진정성을 의심할 이유는 없으리라.

오늘날 카뮈가 살아있다면 여전히 가볍게 전율할 것이다. 매우 많은 작가들 — 나를 포함해 — 이 사람들에게 카뮈를 존경할 이유를 상기시킨다. 오늘날 플로베르가 살아있다면 아마 그의 《통상 관념 사전》에 이렇게 덧붙였을 것이다. "카뮈: 어두운 시대의 선인." 카뮈가 오늘날 살아있다면, 자신이 이런저런 대의명분이나 사건들을 어떤 식으로 오해했는지 알게 될지 모른다. 그러나 우리는 오늘날 살아 있는 사람들이다. 잠시 생각해보면, **당시**에 그것을 올바로 판단하기란 얼마나 어려웠을지 알 수 있다. 그리고 카뮈에 찬성하든 혹은, 틀림없이 그럴 텐데, 그에게 반대하든, **오늘날에도** 올바로 판단하기란 여전히 힘든 일이다. 카뮈는 한 친구에게 쓴 편지에서 바로 이 점을 우리에게 상기시킨다. "우리 존재가 그러하므로, 인간은 모두에게 사랑받고 인정받길 원하지. 하지만 그건 청년기의 욕망이야. 조만간 우리는 나이를 먹으면서 재판이나 선고를 받고, 부당한 … 사랑의 선물도 받기 마련이지. 도덕은 아무런 도움이 되지 않아. 오직 진실만이 … 끊임없이 진실을 추구하는 마음만이, 진실을 알아볼 때 항상 진실에 대해 말하고 진실에 따라 살겠다는 결의만이 우리에게 의미를 주고 나아갈 방향을 제시하지. 그러나 불신의 시대에 거짓으로부터 진실을 구분하길 포기하지 않으려는 이들은 일종의 유형에 처해지고 말아."[4]

카뮈의 비평가들은 카뮈 스스로 자신이 중요한 이유에 대해 수차례 밝혔다고 지적할지 모른다. 하지만 그게 뭐 어떻단 말인가? 그는 그럴 권리를 얻었을 뿐 아니라 적절한 말을 찾기도 했다. 그의 노벨상 수상 연설은 과장된 표현이 거의 없으며 훌륭한 문장들로 가득하다. 카뮈는 작가는 자신의 작품뿐만 아니라 동료 인간들에게도 변함없이 충실해야 한다고 분명하게 말했다. 작가는 "역사를 만드는 이들을 위해서가 아니라, 역사를 견뎌야 하는 이들을 위해 봉사할 수밖에 없습니다. … 세상의 반대편 끝에서 버려지고 굴욕당한 이름 없는 죄수의 침묵은, 작가를 유배지에서 벗어나게 하기에 충분합니다. 작가가 자유롭고 특권을 누리는 자신의 삶 속에서 이 침묵을 잊지 않고 작품을 통해 널리 알릴 때마다 말입니다." 카뮈는 작가가 하는 일에 대해 이렇게 말한다. 이 일이 가진 고귀함은 "지키기 어려운 두 가지 약속에 영원히 뿌리 박혀 있습니다. 알고 있는 사실에 대해 거짓을 말하지 않는 것과 억압에 저항하는 것이 그것입니다."

이 두 가지 약속은 우리가 이 책에서 살펴본 특성들, 즉 우리의 부조리한 조건을 인식하는 카뮈의 명료한 의식, 세계와 그곳에 거주하는 사람들의 침묵에 대한 세심한 주의, 우리가 함께 처한 상황에 대한 그의 충실함, 우리가 공유하는 인간성을 부정하는 자들에게 반항할 때 절도를 지켜야 한다는 그의 단호함을 설명하는 데 도움이 된다.

그러나 이것들이 카뮈의 유일한 약속은 아니었다. 스톡홀름에서 카뮈는 예술가의 곤경에 대해, 예술가는 "없어서는 안 될 아름다움과 뿌리치고 떠날 수 없는 공동체 사이에" 끼어 있다고 묘사했다. 다시 말해, 예술가는 세상의 부정의뿐만 아니라 세상의 아름다움에도 주의를 기울여야 한다. "명철한 진지함으로 인간의 양심의 문제를 밝히는" 작가로 소개된 카뮈는 항변할 때에도 진지했다. 그는 청중에게 이렇게 고백했다. "저는 단 한 번도 빛을, 존재의 기쁨을, 나를 성장시킨 자유를 포기할 수 없었습니다."

카뮈가 자연에서 발견한 아름다움과 행복의 주제들은 마치 해류처럼 그의 작품들 속에서 흘러나온다. 좋은 예로 그의 에세이 〈티파사로의 귀환〉을 들 수 있겠다. 카뮈는 1953년 — 유독 괴로운 시기 — 에 이 에세이를 썼다. 당시 카뮈는 《반항하는 인간》을 두고 사르트르와 격렬한 언쟁이 오간 데다, 배신감과 옴짝달싹할 수 없을 것만 같은 기분 속에서 창조적인 재능이 고갈되어 버렸다는 두려움에 시달렸다. 알제로 떠났을 때, 그곳에는 며칠째 비가 내리고 있었다. 그러나 이내 하늘이 맑아져, 카뮈는 지난날 여러 차례 티파사를 방문했던 기억 — 이후로는 모두 잃어버린 천진함과 확신으로 가득 찼던 — 에 가슴이 벅차올라 그곳을 향해 차를 몰았다.

카뮈는 로마 유적지를 향해 올라가면서 굶주린 베르베르족, 억압받는 피에 누아르, 고문당하는 저항운동가, 침묵을 지켜야 하는 정치범 등, 직접 나서지 못하는 이들을 대신해 투쟁했던 전투의 상처들을 떠올렸다. "굴욕당한 이들"의 목소리도 들렸지만, 가장 먼저 그를 맞이한 것은 "침묵을 빚어내는 거의 지각할 수 없는 소리들"이었다. 관목 속에 안긴 새들의 외침, 뜨거운 돌 위를 마구 휘젓고 다니는 도마뱀들의 꿈틀거림, 압생트 나무들의 속삭임, 그 아래 바다의 "짧고 가벼운 한숨." 망가진 폐에도 불구하고 카뮈는 바윗길을 기어 올라갔다. 길을 오르며 "내면에서 행복이 분출하는 소리를 들었다. 마침내 항구에 도착했을 때, 적어도 잠시 동안은 이 순간이 영원히 끝나지 않을 것만 같았다."[5]

중년의 지친 카뮈는 무너져가는 아치형 구조물들 — 젊은 시절 친구들과 함께 했던 여행지의 배경이던 — 사이에서 소박한 계시를 경험했다. "그래, 아름다움도 있고 굴욕당하는 이들도 있다. 어떤 어려움이 있더라도, 나는 아름다움에 대해서든 굴욕받는 이들에 대해서든 결코 불성실하고 싶지 않다." 그렇다, 불평등도 존재하지만 태양도 존재한다. 이것이 중용의 원천이다. 실제로 카뮈는 "우리의 광기가 최악으로 치닫던 시절에도, 저 하늘에 대한 기억만큼은 한 번도 떠난 적이 없었음을 마침내 깨달으며 [그의] 행운을 **가늠했다.** 결국 절망으로부터 나를 구한 것은 바로 이 기억이었으니⋯ 겨울의 한가운데에서 나는 마침내 결코 사라지지 않을 여름이 내 안에 있다는 걸 깨달았다."[6]

정치 참여의 순수성과 도덕적 헌신의 긴박함을 주장하는 사람들에게, 자연을 노래하는 카뮈의 서정적인 비행은 불쾌감을 주었다. 아무리 좋게 보아도 경솔해 보였고, 최악의 경우 반동분자로 보였다. 조지 오웰은 이와 같은 비난을 무사히 헤쳐 나갔다. 이것은 놀라운데 부분적으로 두 남자가 여러 면에서 서로 닮은 점들이 뚜렷하기 때문이다. 두 사람 모두 헌신적인 반파시스트주의자였을 뿐 아니라 헌신적인 반전체주의자였다. 두 사람 모두 목숨을 걸고 파시즘에 대항했고(오웰은 스페인에서, 카뮈는 프랑스 점령지에서), 두 사람 모두 기자이며 에세이스트인 동시에 소설가였으며, 두 사람 모두 유럽 좌파에 속한 다수에게 멸시를 당했지만 그럼에도 불구하고 민주사회주의적 가치관을 지닌 자신들의 정체성을 결코 포기하지 않았고, 두 사람 모두 자기 나라의 제국주의 정책에 똑같이 강하게 반대했으며, 식민지에서 살았고, 복잡한 현실을 단순화시키려 하지 않았다. 또한 두 남자 모두 지독한 골초에 결핵 환자에다 마흔여섯의 나이에 사망했고, 안타깝게도 사망 후에 세속의 성인으로 칭송받았다.

무엇보다 두 남자 모두 많은 논평자들에게 무시를 당하면서도 아름다움의 필요성을 주장했다. 오웰은 전쟁 직후 발표한 에세이, 〈두꺼비에 대한 단상〉에서 변함없으면서도 필요불가결한 자연에 대한 기쁨을 곱씹었다. 오웰은 묻는다. "찌르레기 우는 소리 때문에, 시월의 노란 느릅나무 때문에, 혹은 돈을 지불하지 않아도 되고 좌파 신문 편집자들이 계급적인 관점이라고 부르는 것도 없는 다른 자연현상 때문에 인생은 더 자주 살 만할 가치가 있다고 언급하는 것이 … 정치적으로 비난받을 일인가?"라고. 실제로 오웰은 카뮈의 '지중해' 철학에 해당하는, 일종의 코츠월드 사상pensée de Cotswalds (코츠월드는 오웰이 요양하던 잉글랜드의 작고 아름다운 도시다 — 옮긴이)을 제시한다.

나는 우리가 나무들, 물고기들, 나비들, 그리고 — 나의 첫 사례로 돌아가면 — 두꺼비들 같은 것들에 대한 어린 시절의 사랑을 간직함으로써, 평화롭고 격조 있는 미래를 좀 더 가능하게 만들 수 있다고 생각한다. 그리고 강철과 콘크리트 외에는 아무것도 감탄할 것이 없다는 교리를 역설함으로써, 증오와 지도자에 대한 숭배 말고는 달리 여력을 발산할 출구가 없어질 것이 좀 더 확실해질 뿐이라고 생각한다.[7]

두꺼비는 아니지만, 다른 일상적인 경이로움들은 카뮈의 어린 시절에도 중요한 부분이다. 모래와 바다, 빛과 열기, 바람과 별. 이런 것들은 무궁무진한 행복의 원천이었다. 카뮈는 부조리가 길모퉁이에서 혹은 태양이 작열하는 해변에서 우리를 급습할지 모른다고 말했다. 그러나 그것에 수반하는 아름다움과 행복도 마찬가지다. 우리는 더 이상 행복하지 않을 때 비로소 행복을 알게 되는 경우가 너무나 많다. 뫼르소가 아랍인을 총으로 쏘았을 때, 그는 세상의 한 조각이었던 그래서 평화로웠던 자신을 세상으로부터 떼어놓았다. 총성과 함께 뫼르소는 "[그가] 행복을 느꼈던 해변의 이례적인 침묵"을 부순다.

칼리아예프 역시 세상과 결별한다. 하지만 그는 뫼르소와 달리 자신의 희생을 대단히 신중하게 충분히 인식한다. 《정의의 사람들》 서두에서, 칼리아예프와 도라는 제정 러시아 경찰의 주의를 끌지 않으려고 변장한 모습을 보고 서로 칭찬한다. 도라가 칼리아예프에게 신사다운 복장이 잘 어울린다고 칭찬하자, 칼리아예프도 웃으면서 "화려한 드레스"를 입은 도라의 모습이 무척 예쁘다며 똑같이 답례한다. 하지만 도라는 칭찬을 거부한다. 결국 두 친구는 대공의 암살을 계획하고 있고, 그 행위는 자신들의 죽음으로 이어질 테니까. 그러나 칼리아예프는 그녀의 말을 받아들이려 하지 않는다. "도라, 당신의 눈빛은 언제나 그토록 슬퍼보이는군요. 하지만 명랑하게 지내야 해요.…세상에는 아름다운 것들이 무척이나 많고, 즐거운 일들도 무궁무진하니까."

인생의 말기에 카뮈는 텔레비전 프로그램 〈그로 플랑Gros Plan〉에 출연해 연극에 대한 사랑을 이야기했다. 도스토예프스키의 《악령》 각색과 연출을 맡은 카뮈는 앙투안 극장 복도를 편안하게 활보하면서, 트렌치코트를 벗고 카메라를 향해 돌아선다. "오늘날 행복은 특이한 활동이 되고 있습니다." 카뮈는 짓궂은 표정으로 미소를 지으며 말한다. "우리가 행복하게 생활하는 걸 다른 사람들에게 감추려고 하는 것이 그 증거지요." 그는 이런 현상이 유감스럽다며 말을 맺는다. "제 생각에 우리는 불행한 사람들을 돕기 위해 강해지고 행복해질 필요가 있을 것 같습니다."[8]

1937년 말 알제리의 카빌리를 방문하는 동안 카뮈는 일기에 이렇게 썼다. "행복에 대한 요구와 행복을 향한 참을성 있는 추구 … 세상과 조화를 이루며 우리의 친구들과 더불어 행복하게 지내자. 죽음으로 이어지는 길을 따라갈 때에도 우리의 행복을 얻어내도록 하자."[9] 한 마디로 행복은 필요일 뿐 아니라 의무이기도 했다. 행복을 이루기란 쉬운 일이 아니다. 이는 고대 에피쿠로스 학파가 발견했고 카뮈가 공감한 진실이다. 〈티파사에서의 결혼〉에서 카뮈는 행복해지는 것은 부끄러워할 일이 아니라고 단언했다. 그러나 카뮈는 행복과 게으름을 혼동하지 않았다. 행복은 오락이나 여흥을 통해서가 아니라 관심과 노력을 통해 성취하는 상태다. 카뮈는 같은 에세이에서 이렇게 경고한다. "본연의 자기 자신이 되는 것, 자신의 가장 깊은 한계를 재발견하는 것은 그렇게 쉬운 일이 아니다."[10]

15년 뒤, 이제 궁핍한 환경에서 생활하는 무명작가가 아니라 논쟁의 중심에 선 유명 지식인이 된 카뮈는 티파사로 돌아와 다시 한 번 스스로를 가늠해본다. 정치 참여는 엄청난 피해를 주었고, 티파사는 카뮈에게 다른 요구들을 상기시켰다. 카뮈는 이렇게 결론을 내렸다. "아름다움과 그에 따른 관능적인 행복을 버리고, 오로지 불행에 봉사하기 위해서는 나에게 부족한 고귀함이 요구된다."[11] 물론 카뮈가 재차 확인한 것은 도덕적 실천에 반하는 감각적인 욕구가 아니라 그 둘 사이에 필요한 균형, 다시 말해 절제이다. 카뮈에게 진정한 고귀함은 세계를 명쾌하게 받아들이는 것, 즉 세계의 아름다움과 한계, 그 즐거움과 요구, 그 거주자들과 우리의 공동 운명을 명쾌하게 수용하는 데에 있다.

고대 그리스 시대 이후 우리는 정의와 아름다움 사이에 — 덜 간결하지만 훨씬 정확하게 표현하자면, 사람들 간의 평등 상태와 대상들 간의 비율 사이에 — 어떤 연결이 존재한다고 느껴왔다. 언젠가 철학자 스튜어트 햄프셔Stuart Hampshire는, 비유적으로 표현한다면, 분배의 정의와 아름다움은 "양쪽의 균형과 무게를 공유한다"[12]고 말했다. 그러나 이 공통점에는 단순한 비유 이상으로 더 깊은 근거가 있는지도 모른다. 일레인 스케어리는 카뮈와 관련된 심오한 에세이에서, 균형 혹은 아름다움을 향한 우리의 강렬한 끌림이 우리를 평등을 향한 열망으로 이끈다고 주장한다. 우리는 균형과 대칭에 근거하여 미를 인식하는 세상에 발을 딛고 있기 때문에 정치적 사회적 공정성을 갈망하기 마련이다. "정의를 빼앗긴 시기에, 더욱이 정의를 구현할 시간을 갖기에는 아직 너무 젊은 인간 사회에서, 아름다운 것들은 한결같이 … 평등과 균형이라는 눈에 보이는 분명한 선善을 담고 있다."[13] 이 둘은 눈으로 볼 수 있으며 나누어지지도 않는다. 하나가 없이 다른 하나만 존재하는 삶은 충족되지 않는 삶이라는 것을 우리는 어렴풋이나마 알고 있다.

게다가 아름다움은 일반적으로 우리 삶을 지배하는 이기적인 관심과 집착을 짧은 순간이나마 물리친다. 경이로움으로 가득 찬 혹은 사랑으로 가득 찬 우리는 자기 자신을 잊는다 — 그리고 이것이 타인을 위한 공간을 마련하기 위한 전제조건이다. 시몬 베유에게 이것은 주의가 필요한 일이었다. 제대로 보기 위해, 아름다움과 정의에 스스로 마음을 열기 위해 우리는 "생각에 거리를 두고, 생각을 비우고, 대상에 깊은 감동을 받을 준비를 하면서"[14] 생각을 중단해야 한다. 알제 해변 모래사장 위로 펼쳐진 티파사 유적 한가운데 서 있는 순간은, 침묵이 지배하는 그곳에 홀로 서 있는 그 순간은 카뮈에게 정의라는 대의를 향한 헌신이 다시금 정당화되는 순간이었다.

카뮈는 대학 학위만 겨우 손에 넣은 채 직장은 기대할 수 없던 시기에 쓴 초기 에세이, 〈긍정과 부정의 사이〉에서 이렇게 말했다. "우리가 완전히 발가벗겨져서 더 이상 그 무엇도 우리를 어떤 곳으로도 이끌지 못하는 지점까지 갔을 때, 희망과 절망은 똑같이 근거가 없으며 생 전체가 하나의 이미지로 요약된다."[15]

20세기 전반기에 대한 아무런 기억 없이 태어난 사람들에게는 어쩌면 그 이미지가 흑백으로 나타날지 모른다. 카뮈도 확실히 이 경우에 해당한다. 가장 잘 알려진 카뮈의 이미지 역시 흑백이다. 트렌치코트 깃을 세우고 입술이나 손가락 사이에 담배를 끼운 모습이랄지, 책상 너머에 앉거나 벽에 기대어 서서 신문을 읽는 모습이랄지, 친구나 연인을 뚫어져라 응시하면서 미간을 찡그리거나 미소를 짓는 얼굴선이랄지.

어떤 면에서는 이런 흑백의 이미지들이 적절하다. 사진작가 로버트 프랭크Robert Frank에게는 흑백의 이미지가 유일한 사진의 색이었다. "나에게 흑백의 색은 인간을 영원히 지배하는 희망과 절망이라는 선택을 상징한다." 카뮈는 우리에게 희망을 가질 이유가 없는 시기에도 결코 절망해서는 안 된다는 걸 줄곧 상기시키며 그의 말에 동의했을 것이다. 하지만 어쩌면 카뮈는 우리가 카르티에 브레송이 찍은 흑백 사진이 아닌 다른 이미지에 주목해주길 바랐을지도 모른다. 그것은 카뮈와 절친한 친구인 미셸 갈리마르가 자동차 사고로 사망하기 며칠 전 한 프랑스 주간지에 실으려고 찍은 잘 알려지지 않은 사진이다. 지중해풍 색감으로 가득한 이 사진에서 두 남자는 접시와 병이 잔뜩 놓인 어느 카페 테라스의 테이블 앞에 앉아 있다. 갈리마르는 붉은 빛을 띤 수염이 까칠하게 자란 얼굴로 무언가 말을 하던 중인 듯 수줍게 미소를 띠고 있고, 카뮈는 한 팔은 친구의 어깨에 두르고 다른 팔은 턱 밑에 괴고서 햇볕에 그을린 얼굴이 환해지도록 활짝 웃음을 지어 보이며 카메라의 오른쪽을 슬쩍 쳐다본다. 이 사진을 가만히 보고 있노라면 〈티파사에서의 결혼〉 가운데 한 구절이 떠오른다. "이곳에서는 모든 것이 나를 있는 그대로 놓아둔다. 나는 나 자신의 어느 부분도 포기하지 않으며 아무런 가면도 쓰지 않는다. 나로서는 세상사는 법을 참을성 있게 열심히 배우는 것으로 충분하다."[16]

카메라가 아닌 카뮈의 펜은 우리에게 또 하나의 선명한 색채 이미지를 제공한다. 그것은《최초의 인간》에 나오는, 카뮈가 어린 시절 알제에서 하던 놀이를 회상하는 장에서 볼 수 있다. 학기 중에 바람이 많이 부는 날이면, 카뮈와 친구들은 종려나무 가지들을 모아 사막 평원이 내려다보이는 학교 테라스로 달려가서, 나뭇가지들을 움켜쥐고 정면으로 바람을 맞았다. 카뮈는 "나뭇가지들이 곧장 그를 향해 휘몰아쳤고, 그러면 숨을 쉴 때마다 흙먼지와 짚 냄새"를 들이마셨다고 회상한다. 그는 "바람에도 손에서 나뭇가지를 놓치지 않고 달려가 테라스 끝에 제일 먼저 도착한 다음, 종려나무 가지들을 붙잡고 팔을 쭉 뻗은 채 똑바로 서서 … 의기양양하게 바람의 거센 힘에 맞서 최대한 오래 버티는 사람"'이 이 놀이의 승자라고 적는다.

이 이미지 덕분에 나는 언제나 행복한 카뮈를 상상하게 될 것이다.

주

프롤로그

1 Albert Camus, *Notebooks 1951-1959*, trans. Ryan Bloom (Chicago: Ivan Dee, 2008), 31.

2 Albert Camus, *Lyrical and Critical Essays*, trans. Ellen Kennedy (New York: Knopf, 1968), 66.

3 같은 책, 164-165.

4 같은 책, 168-169.

5 가령, 《르피가로》, 2007년 12월 5일자 참조.

6 2009년 11월 말부터 프랑스 언론은 이 문제에 관한 기사들로 넘쳐났다. 가령, "Le fils d'Albert Camus refuse le transfert de son père au Panthéon (알베르 카뮈의 아들, 팡테옹으로 아버지 유해 이전 거부)," 《르 몽드》, 2009년 11월 21일자 참조.

7 2012년 여름, 카뮈의 유산을 둘러싸고 또 한 차례 논쟁이 벌어졌다. 엑상프로방스 시와 카트린 카뮈가 전시의 성격에 관해 의견 충돌을 보이면서 엑상프로방스에서 개최하기로 한 카뮈 탄생 100주년 기념행사 계획이 무산되었다. 1962년 이후 엑상프로방스에 정착한 대규모 피에 누아르 집단을 대표한 시장은 애초에 임명된 전시 책임자인 역사학자, 벵자멩 스토라Benjamin Stora를 달가워하지 않았다. 그의 저서는 프랑스령 알제리 사회의 정치에 대해 매우 비판적이다. 이후로 철학자 미셸 옹프레가 전시 책임자로 임명되었으나, 스토라를 지지하던 사회주의 정권이 보조금 지급을 거절하면서 또다시 정치적 논쟁이 시작되었다.

8 Alix de Saint-André, *Papa est au Panthéon* (Paris: Gallimard, 2001), 92.

9 Assia Djebar, *Le Blanc de l'Algérie* (Paris: Albin Michel, 1995).

10 Djemaï Abdelkader, "J'ai grandi au milieu des clochers," 《르 몽드》, 2009년 12월 17일자.

11 카뮈의 사생활에 관해 카뮈의 추종자들은 그의 여러 차례 불륜, 특히 여배우 마리
아 카사레스와의 불륜에 대한 논의를 피해왔다. 카사레스와의 불륜은 의심할 여
지없이 카뮈 아내의 반복적인 임상 우울증과 자살 시도의 원인이었다. 하지만 가
령, 미셸 옹프레의 최근 주장은 프랑신 카뮈의 반복적인 우울증을 그녀의 책임이
라고 둘러대는 한편, 그녀의 친정 식구들이 카뮈를 비난하며 그를 "만만한 희생
양"으로 만들었다고 결론을 내렸다. 그의 책, *L'Ordre libertaire: La vie philoso-
phique d'Albert Camus* (Paris: Flammarion, 2012), 478 참조. 최근 또 한 명의
전기 작가, 엘리자베스 호스Elizabeth Hawes는 훨씬 미묘하고 통찰력 있게 카뮈
를 묘사한다. *Camus: A Romance* (New York: Grove Press, 2009), 213-228
참조.

12 Hawes, *Camus: A Romance*, 217.

13 Tony Judt, *The Burden of Responsibility* (Chicago: University of Chicago
Press, 1998), 25.

14 같은 책, 122.

15 Camus, *Lyrical and Critical Essays*, 160-161.

16 *The Myth of Sisyphus and Other Essays*, trans. Justin O'Brien (New York:
Vintage 1991), 3.

17 *The Oresteia*, trans. Robert Fagles (New York: Penguin, 1975), 109.

18 Martha Nussbaum, *The Fragility of Goodness* (Cambridge: Cambridge University
Press, 1986), 45.

19 같은 책, 49-50.

20 Camus, *Lyrical and Critical Essays*, 169.

1. 부조리

1 Albert Camus, *Essais*, ed. Roger Quilliot (Paris: Gallimard, 1965), 99.

2 Oliver Todd, *Albert Camus: Une Vie* (Paris: Gallimard, 1996), 281.

3 Albert Camus, *The Myth of Sisyphus and Other Essays*, trans. Justin O'Brien
(New York: Vintage, 1991), 6.

4 Camus, *Essais*, 100.

5 Robert Solomon, *Dark Feelings, Grim Thoughts* (New York: Oxford University
Press, 2006), 37.

6 Thomas Nagel, *The View from Nowhere* (New York: Oxford University Press, 1986), 214.

7 Camus, *The Myth of Sisyphus*, 2.

8 Sarah Bakewell, *How to Live: Or, A Life of Montaigne* (New York: Other Press, 2010), 37에서 인용.

9 Camus, *The Myth of Sisyphus*, 21.

10 같은 책, 39.

11 같은 책, 41.

12 같은 책, 80.

13 같은 책, 53.

14 Albert Camus, *Notebooks: 1935-1951*, trans. Philip Thody and Justin O'Brien (New York: Marlowe and Co., 1998), 27.

15 알베르 카뮈가 장 그르니에에게 1939년 2월 2일에 보낸 편지, *Albert Camus and Jean Grenier: Correspondence, 1932-1960*, trans. Jan F. Rigaud (Lincoln: University of Nebraska Press, 2003), 20.

16 Camus, *Essais*, 1417-22.

17 Todd, *Camus*, 252.

18 같은 책, 214.

19 Albert Camus, *Le Soir republicain*, 1939년 11월 6일자, *Essais*, 1380에 재수록됨.

20 Camus, *Notebooks*, 151-152.

21 Camus, *Le Soir republicain*, 1939년 11월 6일자, *Essais*, 1378, 1380에 재수록됨.

22 Camus, *Notebooks*, 179, 175.

23 전반적인 배경에 대해서는, Alan Riding, *And the Show Went On* (New York: Knopf, 2010) 참조.

24 Alistaire Horne, *The Fall of France* (New York: Penguin, 1977)에 이 상황에 대해 확실하게 설명되어 있다.

25 Camille Bourniquel, Hanna Diamond의 *Fleeing Hitler: France 1940* (Oxford: Oxford University Press, 2007), 2에서 인용.

26 Albert Camus, *The Rebel*, trans. Anthony Bower (New York: Vintage, 1991), 4.

27 국립학교에서 이 책이 널리 이용되는 것도 프랑스에서 매년 약 13만 부의 《이방인》이 판매되는 부분적인 이유이다. *Marianne*, http://www.marianne.net/Le-choc-des-Titans_a225070.html에서 "Le Choc des Titans"참조.

28 Albert Camus, *The Stranger*, trans. Matthew Ward (New York: Vintage, 1989), 24.

29 같은 책, 35.

30 같은 책, 59.

31 Jean-Jacques Rousseau, *The First and Second Discourses* 에서 "Discourse on the Origin and Foundations of Inequality Among Men," trans. Roger Masters and Judith Masters (New York: St. Martin's Press, 1964), 117.

32 Camus, *The Stranger*, 97, 80.

33 Todd, *Camus*, 253.

34 Todd, *Camus*, 256에서 인용.

35 Camus, *The Myth of Sisyphus*, 30.

36 Albert Camus, *The First Man*, trans. David Hapgood (New York: Knopf, 1995), 95-96, 268.

37 Camus, *The Myth of Sisyphus*, v.

38 같은 책, 12.

39 같은 책, 14.

40 Camus, *Notebooks*, 182.

41 Henry Bordeaux, Richard Vinen의 *The Unfree French* (New Haven: Yale University Press, 2007), 54에서 인용.

42 Todd, *Camus*, 259-260에서 인용.

43 Camus, *Notebooks*, 182-183.

44 Camus, *Thy Myth of Sisyphus*, 138.

45 Robert Graves, *The Greek Myths* (Penguin: New York, 1975), vol. I, 216-220 참조.

46 Camus, *The Myth of Sisyphus*, 130.

47 같은 책, 119.

48 http://people.wku.edu/jan.garrett/302/critias.htm에서 베리 R.G. Bury의 번역과 개러트 J. Garrett의 해설 참조.

49 Homer, *The Iliad*, trans. Robert Fitzgerald (New York: Anchor, 1987), Bk. 6, II. 168-173.

50 Camus, *Notebooks*, 186.

51 "The Minotaur, Or the Stop in Oran)," in *The Myth of Sisyphus and Other*

Essays, 165.

52 Todd, *Camus*, 271.

53 Herbert Lottman, *Albert Camus* (Corte Madera, CA: Gingko Press, 1997), 254.

54 Camus, *Notebooks*, 189.

55 Camus, *The Myth of Sisyphus*, 119.

56 리처드 테일러는 "The Meaning of Life," in *The Meaning of Life* ed. E. D. Klemke (New York: Oxford University Press, 1981), 141-150에서 이 부분을 강조한다.

57 같은 책, 148.

58 Lottman, *Camus*, 272.

59 크리스티안 갈랭도Christiane Galindo에게 보내는 편지, Todd, *Camus*, 303; Camus, *Notebooks*, 23에서 인용.

60 Camus, *Notebooks*, 24.

61 같은 책, 25.

62 같은 책.

63 Camus, *The Myth of Sisyphus*, 27.

64 Albert Camus, *Oeuvres complètes*, ed. Jacqueline Levi-Valensi (Paris: Gallimard, 2008), vol. I, 1259.

65 Todd, *Camus*, 304에서 인용.

66 같은 책, 308.

67 Jean-Paul Sartre, "A Commentary on *The Stranger*" in *Existentialism Is a Humanism*, trans. Carol Macomber (New Haven: Yale University Press, 2007), 78-79.

68 Camus, *The Myth of Sisyphus,* 15.

69 Colin Wilson, *Anti-Sartre* (London: Borgos Press, 1981), 10.

70 Sartre, "A Commentary on *The Stranger*," 90-91.

71 Camus, *The Stranger*, 101.

72 같은 책, 122.

73 Stendhal, *Scarlet and Black*, trans. Margaret Shaw (New York: Penguin, 1953), 502.

74 Taylor, "The Meaning of Life," 32.

75 A. J. Ayer, "Albert Camus," *Horizon 13* (1946): 159.

76 같은 책, 168.

77 같은 책, 160.

78 A. J. Ayer, *Part of My Life* (New York: Harcourt, Brace, Jovanovich, 1977), 284.

79 Thomas Nagel, "The Absurd," *Journal of Philosophy 63*, no.20 (1971): 716.

80 Nagel, "The Absurd," 718.

81 같은 책.

82 같은 책, 720.

83 같은 책, 722.

84 같은 책, 727.

85 Taylor, "The Meaning of Life," 102.

86 Jeffrey Gordon, "Nagel or Camus on the Absurd?" *Philosophy and Phenomenological Research 45*, no. I (1984): 16.

87 Camus, *The Myth of Sisyphus*, 55.

88 Solomon, *Dark Feelings, Grim Thoughts*, 45.

89 Iris Murdoch, *The Sovereignity of Good* (London: Routledge, 1970), 65.

90 Robert Alter, *The Wisdom Books* (New York: Vintage, 2011), 여러 부분 참조.

91 Jennifer Hecht, *Doubt: A History* (New York: Harper, 2004), 71 인용.

92 Jack Miles, *God: A Biography* (New York: Vintage, 1994), II.

93 Patrick Gerard Henry, *We Only Know Men* (Washington, DC: Catholic University Press, 2007), 113.

94 Camus, *Notebooks*, 42.

95 Camus, *The Myth of Sisyphus*, vi.

96 Camus, *Notebooks*, 24.

97 Philip Haillie, *Lest Innocent Blood Be Shed* (New York: Harper, 1994), 103.

98 Camus, *Notebooks*, 93.

2. 침묵

1 *The Confessions of Saint Augustine*, trans. Rex Warner (New York: Penguin, 1963), 20.

2 Albert Camus, *The First Man* (New York: Knopf, 1994), trans. David Hapgood, 27.

3 Max Picard, *The World of Silence*, trans. Stanley Godman (Chicago: Henry Regnery, 1952), I.

4 Camus, *The First Man*, 98.

5 같은 책, 97.

6 Albert Camus, "Between Yes and No," in *Lyrical and Critical Essays*, trans. Ellen Kennedy (New York: Knopf, 1968), 32, 38.

7 같은 책, 33-34.

8 Camus, "Preface to the Wrong and the Right Side," in *Lyrical and Critical Essays*, 16.

9 Camus, *The First Man,* 300.

10 Albert Camus, *Oeuvres complètes*, vol. I, ed. Jacqueline Lèvi-Valensi (Paris: Gallimard, 2006), 1436.

11 같은 책, 1098.

12 Albert Camus, "Le Vent à Djémila," in *Oeuvres complètes,* I: 111

13 같은 책, 112.

14 같은 곳.

15 Stuart Sim, *Manifesto for Silence* (Edinburgh: Edinburgh University Press, 2007), 39.

16 Albert Camus, "Summer in Algiers," in *Lyrical and Critical Essays*, 90.

17 *Cahiers Albert Camus 3: Fragments d'un combat: 1938-1940*, vol. I, ed. Jacqueline Lévi-Valensi (Paris: Gallimard, 1978), 288. 플레이아드 Pleiade 총서에서 최근 출간된 카뮈 작품 제4권에는 그의 알제리 시절 저작물들이 포함된 반면, 이전 모음집에서 수록되었던 글들은 포함되지 않는다. 베르베르족 친구에 대한 언급은 Patrick McCarthy, Camus (New York: Random House, 1982), 118에 있다.

18 Camus, *Fragments d'un combat*, I: 289.

19 Albert Camus, *Essais*, ed. Roger Quilliot (Paris: Gallimard, 1965), 910.

20 같은 책, 915.

21 Camus, *Fragments d'un combat*, I: 288.

22 같은 책, 314.

23 같은 책, 335-336.

24 같은 책, 300.

25 Camus, *The First Man*, 186.

26 같은 책, 192-193.

27 Albert Camus, *Notebooks 1951-1959*, trans. Ryan Bloom (Chicago: Ivan Dee, 2008), 20.

28 Albert Camus, *The Rebel*, trans. Anthony Bower (New York: Vintage, 1992), 236.

29 John Foley, *Albert Camus: From the Absurd to Revolt* (Montreal: McGil-Queen's University Press, 2008), 117에서 인용.

30 같은 책.

31 Camus, *Notebooks: 1951-1959*, 51.

32 같은 책, 50.

33 같은 책, 56-57.

34 같은 책, 40.

35 Albert Camus, *Exile and the Kingdom*, trans. Carol Cosman (New York: Vintage, 2007), 50.

36 같은 책, 52.

37 같은 책, 60.

38 같은 곳.

39 Olivier Todd, *Camus: Une Vie* (Paris: Gallimard, 1996), 346.

40 Vercors, *The Silence of the Sea*, trans. Cyril Connolly (New York: Berg, 1991), 74.

41 Picard, *World of Silence*, 13.

42 Camus, *Oeuvres complètes*, 4: 1358.

43 Camus, *Exile and the Kingdom*, 65.

44 Camus, *Oeuvres complètes*, 4: 372.

45 같은 책, 4: 375.

46 같은 책, 4: 376.

47 Todd, *Camus*, 633에서 인용.

48 《르 몽드》, 1957년 12월 14일자, Camus, *Essais*, 1881-1882에 재수록.

49 Camus, *Oeuvres complètes* 4: 1405-6. 카뮈에 관한 나의 이전 저서에서 이 오역

에 의존한 실수를 저질렀다.

50 Albert Camus, "Letters to a German Friend," in *Resistance, Rebelliion and Death*, trans. Justin O'Brien (New York: Knopf, 1963), 21.

51 Camus, "Between Yes and No," 37-38.

52 Camus, *Lyrical and Critical Essays*, 169-170.

53 Camus, *Essais*, 1490.

54 Albert Camus, *The Myth of Sisyphus*, trans. Justin O'Brien (New York: Vintage, 1991), 137.

55 Camus, *The Rebel*, 66.

56 Michel Onfray, *L'Ordre Libertaire: La vie philosophique d'Albert Camus* (Paris: Flammarion. 2012), 68.

57 Camus, *The Rebel*, 76.

58 Friedrich Nietzsche, *The Gay Science*, trans. Walter Kaufman (New York: Vintage, 1974), 272.

59 Camus, *Notebooks 1951-1959*, 116.

60 사진은 Catherine Camus ed., *Albert Camus: Solitaire et solidaire* (Paris: Lafon, 2009), 30에 수록.

61 Erich Heller, *The Importance of Nietzsche* (Chicago: University of Chicago Press, 1988), 184.

62 Camus, *Notebooks 1951-1959*, 176.

63 같은 책, 243.

3. 절제

1 Albert Camus, *The Rebel*, trans. Anthony Bower (New York: Vintage, 1991), 300.

2 Ronald Aronson, *Camus and Sartre: The Story of a Friendship and the Quarrel that Ended It* (Chicago: University of Chicago Press, 2004), 147에서 인용.

3 Albert Camus, *Notebooks: 1935-1951*, trans. Philip Thody and Justin O'Brien (New York: Marlowe and Co., 1998), 13.

4 Camus, *The Rebel*, 306. 카뮈는 1948년에 출간된 에세이 〈헬레네의 추방〉에서 이 같은 감상을 처음으로 드러낸다. "칼립소의 섬에서 율리시스는 영생과 조상의

땅 사이에서 선택을 해야 한다. 그는 이 땅을, 그리고 땅과 더불어 죽음을 선택한다." (Albert Camus, *Lyrical and Critical Essays*, trans. Ellen Kennedy [New York: Knopf, 1968], 152)

5 Paul Archambault, *Camus' Hellenic Sources* (Chapel Hill: University of North Carolina Press, 1972), II.

6 Bernard Williams, *Shame and Necessity* (Berkeley: University of California Press, 1993), 19에서 인용.

7 Albert Camus, *Lyrical and Critical Essays*에서 "Prometheus in the Underworld," 141.

8 Herbert Lottman, *Albert Camus* (Madera, CA: Gingko Press, 1997), 101에서 인용.

9 Camus, *Notebooks 1935-1951*, 84.

10 같은 책, 85.

11 Albert Camus, "Nuptials at Tipasa," in *Lyrical and Critical Essays*, 67.

12 같은 책, 68.

13 제라르 크레스포 Gérard Crespo의 지적처럼, 오디지오는 "알제리아주의" 문학 운동에 경악했다. 이 운동은 이탈리아 파시즘(샤를 모라스 Charles Maurras 같은 프랑스 파시스트 작가들뿐만 아니라)의 영향 아래에서 지중해의 정신을 고대 제국과 연결시키고 이슬람교와 아랍아프리카 역사를 배제했다. "Camus, Audisio et la Méditerranée," in *Albert Camus et la pensée du Midi*, ed. Jean-François Mattéi (Nice: Editions Ovadia, 2008) 123-134 참조. Peter Dunwoodie, "From *Noces* to *L'Etranger*," in *The Cambridge Companion to Camus*, ed. Edward Hughes (Cambridge: Cambridge University Press, 2007), 147-164 도 참조.

14 Albert Camus, "The New Mediterranean Culture," in *Lyrical and Critical Essays*, 191.

15 Conor Cruise O'Brien, *Albert Camus of Europe and Africa* (New York: Viking, 1970), 9.

16 Neil Foxlee, *"The New Mediterranean Culture": A Text and Its Contexts* (Bern: Peter Lang, 2010).

17 Lottman, *Camus*, 59 참조.

18 Albert Camus, *Cahiers Albert Camus 3: Fragments d'un combat, 1938-1940* V. I,

ed. Jacqueline Lévi-Valensi (Paris: Gallimard, 1978), 278-279.

19 같은 책, 289.

20 같은 책, 288.

21 Lottman, *Camus*, 59.

22 Camus, "Prometheus in the Underworld,": 138-139.

23 같은 책, 139.

24 같은 책, 140.

25 Lottman, *Camus*, 645.

26 Olivier Todd, *Albert Camus: Une vie* (Paris: Gallimard, 1996), 525.

27 Lottman, *Camus*, 395.

28 Simone Weil, "The Iliad, or the Poem of Force," in *Simone Weil: An Anthology*, ed. Sian Miles (New York: Weidenfeld and Nicolson, 1986), 171.

29 같은 책, 175.

30 같은 곳.

31 Williams, *Shame and Necessity*, 151.

32 Albert Camus, *The Plague*, trans. Stuart Gilbert (New York: Vintage, 1991), 127.

33 Albert Camus, *Camus at Combat*, ed. Jacqueline Lévi-Valensi (Princeton: Princeton University Press, 2006), 205, 200.

34 같은 곳.

35 같은 곳.

36 같은 책, 216.

37 같은 곳.

38 Albert Camus, "On the Future of Tragedy," in *Lyrical and Critical Essays*, 310.

39 같은 곳.

40 Albert Camus, "L'Algèrie déchirée," in *Essais*, ed. Roger Quilliot (Paris: Gallimard, 1965), 985.

41 Philippe Vanney, "Sur l'idée de trêve dans l'oeuvre politique d'Albert Camus," in *Albert Camus: Les Extremes et l'equilibre*, ed. David Walker (Amsterdam: Rodopi, 1994), 115-128.

42 Albert Camus, "Appeal for a Civilian Truce," in *Resistance, Rebellion, Death*, trans. Justin O'Brien (New York: Knopf, 1963), 131.

43 Aurelain Craiutu, *A Virtue for Courageous Minds: Moderation in French Political Thought, 1748-1830* (Princeton: Princeton University Press, 2012), 15.

44 같은 책, 21.

45 카뮈의 생애와 사상에 관한 가장 최근의 대규모 연구에서, 프랑스 철학자 미셸 옹프레는 카뮈가 반복하는 이 주장들을 강조하는 한편, 카뮈에 대해 고대의 철학 학파들이 이해하는 의미 — 철학은 인간이 삶을 살아가는 길잡이다 — 에서 철학자라고 주장했다. Michel Onfray, *L'Ordre Libertaire: La vie philosophique d'Albert Camus* (Paris: Flammarion, 2012).

46 Archambault, *Camus' Hellenic Sources*, 44.

47 Martha Nussbaum, *The Fragility of Goodness* (Cambridge: Cambridge University Press, 1986), 32.

48 같은 곳.

49 같은 책, 50.

50 Aeschylus, *Seven Against Thebes*, trans. Anthony Hecht and Helen Bacon (Oxford: Oxford University Press, 1973), 67.

51 David Carroll, *Albert Camus the Algerian* (New York: Columbia University Press, 2007), 137-138에서 인용.

52 Camus, *The Rebel*, 27.

53 Nussbaum, *The Fragility of Goodness*, 45.

4. 충실

1 Albert Camus, *The First Man*, trans. David Hapgood (New York: Knopf, 1994), 64-66.

2 같은 책, 82.

3 Albert Camus, "Reflections on the Guillotine," in *Resistance, Rebellion and Death*, trans. Justin O'Brien (New York: Knopf, 1963), 132.

4 Andre Comte-Sponville, *Petit traité des grandes vertues* (Paris: PUF, 1995), 28.

5 같은 책, 30.

6 Albert Camus, *Actuelles II, Ouevres complètes*, vol. 2 (Paris: Gallimard, 2008),

401.

7 Albert Camus, "Letters to a German Friend," in *Resistance, Rebellion and Death*, trans. O'Brien, 7.

8 같은 책, 21.

9 Albert Camus, *Camus at Combat*, ed. Jacqueline Lévi-Valensi (Princeton: Princeton University Press, 2007), 4.

10 같은 책, 6.

11 Comte-Sponville, *Petit traité des grandes vertues*, 29.

12 Camus, "Letters to a German Friend," 24.

13 Comte-Sponville, *Petit traité des grandes vertues*, 29.

14 Camus, *Ouevres complètes*, 2: 402.

15 Albert Camus, *Notebooks: 1935-1951*, trans. Philip Thody and Justin O'Brien (New York: Marlowe and Co., 1998), 202.

16 Olivier Todd, *Albert Camus: Une Vie* (Paris: Gallimard, 1996), 507.

17 Michele de Montaigne, *The Complete Essays of Montaigne*, trans. Donald Frame (Palo Alto: Stanford University Press, 1958), 60-62.

18 같은 책, 323.

19 Sarah Bakewell, *How to Live: Or, a Life of Montaigne* (New York: Other Press, 2010), 205 참조.

20 Montaigne, *Essays*, 315-316.

21 Henri Alleg, *The Question*, trans. John Calder (Lincoln: University of Nebraska Press, 2006), 44.

22 같은 책, 34.

23 혹은 거의 유일무이하다: 자크 마쉬Jacques Massu 장군도 비제아르와 같은 이유로 고문을 받기로 결정했다. 2001년, 마쉬의 부하들에게 고문을 당한 루이제트 이길라흐리즈Louisette Ighilahriz가《르 몽드》지에 고문 사실을 폭로하자, 놀랍게도 마쉬가 곧바로 공개 사과를 했을 뿐 아니라, 고문은 결코 "필수적"이 아님을 시인했다.

24 Agnes Spiquel and Philippe Vanney, "Notice," in *Ouevres complètes*, 4: 1415 에서 인용.

25 Simone de Beauvoir, *The Force of Circumstance*, trans. Richard Howard (New York: Putnam, 1965), 391-392, 396.

26 Ronald Aronson, *Camus and Sartre: The Story of a Friendship and the Quarrel that Ended It* (Chicago: University of Chicago Press, 2004), 211에서 인용.

27 Montaigne, *Essays*, 324.

28 같은 책, 313.

29 같은 책, 518.

30 같은 책, 600-601.

31 Camus, *Ouevres complètes*, 4: 298.

32 Albert Camus, *Notebooks 1951-1959*, trans. Ryan Bloom (Chicago: Ivan Dee, 2008), 68.

33 Alleg, *The Question*, xvi.

34 Camus, *Ouevres complètes*, 3: 1025.

35 같은 책, 4: 299.

36 같은 책, 363.

37 Albert Camus, *Notebooks 1951-1959*, trans. Ryan Bloom (Chicago: Ivan Dee, 2008), 144.

38 Camus, *Notebooks 1951-1959*, 58.

39 Camus, "Reflections," 133.

40 Eve Morisi, ed., *Albert Camus contre la peine de mort* (Paris: Gallimard, 2011).

41 같은 책, 244.

42 같은 책, 246.

43 *Albert Camus and Jean Grenier: Correspondence 1932-1960*, trans. Jan Rigaud (Lincoln: University of Nebraska Press, 1981), 112.

44 Elaine Scarry, *The Body in Pain* (Oxford: Oxford University Press, 1985), 29.

45 같은 책, 4-5.

46 Camus, *Notebooks 1935-1951*, 182.

47 Camus, *Camus at Combat*, 258-259.

48 같은 책, 260.

49 Camus, "Reflections," 137.

50 Camus, *Ouevres complètes*, 4: 129.

51 같은 책, 141.

52 같은 책, 155.

53 같은 책, 131.

54 같은 책, 135.

55 Albert Camus, *Essais*, ed. Rogert Quilliot (Paris: Gallimard, 1965), 1469.

56 같은 곳.

57 같은 책, 1470.

58 Camus, *Camus at Combat*, 20-21.

59 Camus, *Essais*, 1469.

60 Camus, *Camus at Combat*, 165.

61 같은 책, 168-169.

62 Todd, *Camus*, 374.

63 Morisi, *Albert Camus contre la peine de mort*, 195-196.

64 Gisèle Halimi, *Le Lait d'orager* (Paris: Pocket, 2001), 181.

65 Morisi, *Albert Camus contre la peine de mort*, 197-198.

66 같은 책, 201-202.

67 같은 책, 204.

68 Albert Camus, *Cahiers Albert Camus 3: Fragments d'un combat, 1938-1940*, ed. Jacqueline Lévi-Valensi (Paris: Gallimard, 1978), v.2, 368.

69 Morisi, *Albert Camus contre la peine de mort*, 205.

70 Halimi, *Le Lait d'orager*, 177.

71 Herbert Lottman, *Albert Camus* (Madera, CA: Gingko Press, 1997), 652-653 참조.

72 Camus, *The First Man*, 27.

73 같은 책, 61.

5. 반항

1 Albert Camus, *The Myth of Sisyphus*, trans. Justin O'Brien (New York ; Vintage, 1991), 55.

2 Tahar Ben Jelloun, *Par le feu* (Paris: Gallimard, 2011).

3 Akram Belkaïd, "Mohamed Bouazizi parle encore aux Tunisiens," *Slate Afrique*, 2011년 12월 18일자.

4 Albert Camus, *The Rebel*, trans. Anthony Bower (New York: Vintage, 1991), 10.

5 같은 책, 3-4.

6 같은 책, 3.

7 Albert Camus, *Camus at Combat*, ed. Jacqueline Lévi-Valensi (Princeton: Princeton University Press, 2007), 259.

8 같은 책, 236-237.

9 John Foley, *Albert Camus* (Montreal: McGill-Queen's Press, 2008), 39에서 인용.

10 Maurice Merleau-Ponty, *Humanism and Terror* (Boston: Beacon Press, 1969), 153.

11 이 같은 대립에 대한 설명을 위해 Olivier Todd, *Albert Camus: Une Vie* (Paris: Gallimard, 1996), 445-446 참조.

12 Albert Camus, *Essais*, ed. Rogert Quilliot (Paris: Gallimard, 1965), 355-356.

13 Robert Solomon, *Dark Feelings, Grim Thoughts* (Oxford: Oxford University Press, 2006), 189에서 인용.

14 Camus, *The Rebel*, 10.

15 Hannah Arendt, *Between Past and Future* (New York: Penguin, 2006), 78.

16 Camus, *The Rebel*, 207.

17 같은 책, 226.

18 Camus, *Camus at Combat*, 42.

19 John Sweet, *The Politics of Resistance in France, 1940-1944* (Dekalb: Northern Illinois University Press, 1976), 218.

20 전체 원문을 보려면, http://blogs.mediapart.fr/mot-cle/conseil-national-de-la-resistance/ 참조.

21 Albert Camus, *Oeuvres complètes*, vol. 3, ed. Raymond Gay-Crosier (Paris: Gallimard, 2008), 1099.

22 Camus, *Camus at Combat*, 55.

23 Michel Onfray, *L'Ordre Libertaire: La vie philosophique d'Albert Camus* (Paris: Flammarion, 2012), 317.

24 Camus, *Essais*, 357.

25 Camus, *Camus at Combat*, 107.

26 같은 책, 267.

27 Albert Camus, *American Journals*, trans. Hugh Levick (New York: Paragon House, 1987), 51.

28 같은 책, 42.

29 같은 곳.

30 같은 책, 49.

31 Elizabeth Hawes, *Camus, a Romance* (New York: Grove Press, 2009), 101.

32 Camus, *American Journals*, 49.

33 Camus, *The Rebel*, 206.

34 같은 책, 205.

35 Tony Judt, *The Burden of Responsibility* (Chicago: University of Chicago Press, 1998), 116.

36 같은 책, 104.

37 Camus, *Camus at Combat*, 260-261.

38 Roberto Calasso, *The Marriage of Cadmus and Harmony* (New York: Knopf, 1993), 125.

39 Herodotus, *The History*, trans. David Grene (Chicago: University of Chicago Press, 1987), 472.

40 Camus, *The Rebel*. 27.

41 Camus, *Notebooks 1935-1951*, trans. Philip Thody (New York: Marlowe & Co, 1998), 193.

42 Thucydides, *History of the Peloponnesian War*, trans. Rex Warner (New York: Penguin, 1988), 48.

43 Victor Davis Hanson, *A War Like No Other* (New York: Random House, 2005), 77-78.

44 Thucydides, *History of the Peloponnesian War*, 402.

45 같은 책, 407.

46 Albert Camus, *Resistance, Rebellion and Death,* trans. Justin O'Brien (New York: Knopf, 1963), 3-4.

47 Catherine Camus, ed., *Albert Camus: Solitaire et solidaire* (Paris: Lafon, 2009), 122-125 참조.

48 이런 비평을 한 사람은 작가(이며 카뮈의 친구)인 니콜라 쉬아로몽트 Nicola

Chiaromonte였다. Hebert Lottman, *Albert Camus* (Madera, CA: Gingko Press, 1997), 502 참조.

49 크리스틴 마거리슨Christine Margerisson에 따르면, "[카뮈의] 연극에 대한 반응은 그와 관객간의 대립을 불러일으킨 것 같다." "Camus and the Theatre," in *The Cambridge Companion to Camus*, ed. Edward Hughes (Cambridge: Cambridge University Press, 2007), 71.

50 *Caligula and Three Other Plays*, trans. Stuart Gilbert (New York: Vintage, 1958), 카뮈의 서문 참조.

51 같은 책, 245.

52 같은 책, 254.

53 같은 책, 256-258.

54 Foley, *Albert Camus: From the Absurd to Revolt*, 217에서 인용.

55 John Foley, "Albert Camus and Political Violence" in *Albert Camus in the 21st Century*, ed. Christine Margerrison, Mark Orme, Lissa Lincoln (Amsterdam: Rodopi, 2008), 219의 분석에 도움을 받았다.

56 Camus, *The Rebel*, 170.

57 Camus, *Oeuvres complètes*, 3: 375.

58 Albert Camus, *Lyrical and Critical Essays*, trans. Ellen Kennedy (New York: Knopf, 1968), 148-149.

59 Thucydides, *The History of the Peloponnesian War*, 147.

60 Camus, *The Rebel*, 101.

61 같은 책, 13.

62 같은 책, 16.

63 같은 책, 22.

64 같은 책, 16.

65 같은 책, 289-290.

66 Camus, *Notebooks 1951-1959*, trans. Ryan Bloom (Chicago: Ivan Dee, 2008), 102.

67 Alastair Horne, *A Savage War of Peace* (New York: Penguin, 1985), 132에서 인용.

68 프랑스 군대의 고문 사용, 폭격 및 그 후유증에 대해서는, 질로 폰테코르보Gillo Pontecorvo의 다큐멘터리 〈알제리 전투〉에서 끔찍한 장면들이 상세하고 정교하게 재연된다.

69 Camus, *Camus at Combat*, 200.

70 Albert Camus, *Oeuvres complètes*, vol. 4, ed. Raymond Gay-Crosier (Paris: Gallimard, 2008), 301.

71 같은 책, 299.

72 David Carroll, *Albert Camus the Algerian: Colonialism, Terrorism, Justice* (New York: Columbia University Press, 2007), 109. 날카롭고 예리한 캐럴의 저서는 민족해방전선에 대한 카뮈의 태도를 이해하는 데 도움이 되었다.

73 Camus, *Oeuvres complètes*, 4: 300.

에필로그

1 Albert Camus, *Oeuvres complètes*, vol. 4, ed. Raymond Gay-Crosier (Paris: Gallimard, 2008), 661.

2 Ronald Aronson, *Camus and Sartre: The Story of a Friendship and the Quarrel that Ended It* (Chicago: University of Chicago Press, 2004), 147에서 인용.

3 Albert Camus, *Notebooks, 1951-1959*, trans. Ryan Bloom (Chicago: Ivan Dee, 2008), 72.

4 Herbert Lottman, *Albert Camus* (Madera, CA: Gingko Press, 1997), 606.

5 Albert Camus, *Lyrical and Critical Essays*, trans. Ellen Kennedy (New York: Knopf, 1968), 167-168.

6 같은 책, 168-169.

7 *The Orwell Reader*, ed. Richard Rovere (New York: Harcourt, Brace, Jovanovich, 1956), 386.

8 Camus, *Oeuvres complètes*, 4: 603.

9 Camus, *Notebooks, 1951-1959*, 73.

10 Camus, *Lyrical and Critical Essays*, 67.

11 같은 책, 165.

12 Elaine Scarry, *On Beauty and Being Just* (Princeton: Princeton University Press, 1999), 94에서 인용.

13 같은 책, 97.

14 *Simone Weil: An Anthology*, ed. Sian Reynolds (New York: Atheneum, 1986), 6.

15 Camus, *Lyrical and Critical Essays*, 37.

16 같은 책, 69. 사진은 Catherine Camus 편집, *Albert Camus: Solitaire et Solidaire* (Paris: Lafon, 2009), 202 참조.

17 Albert Camus, *The First Man*, trans. David Hapgood (New York: Knopf, 1994), 243.

감사의 글

친구와 동료들의 도움이 없었다면 이 작은 책을 쓸 수 없었을 것이다. 하버드 대학 출판부의 담당 편집자 존 쿨카는 이 프로젝트를 진행할 수 있도록 용기를 북돋아주었다. 신랄하면서도 관대한 그의 비평이 없었다면 나는 이 프로젝트를 끝까지 해내지 못했을 것이다. 이따금 우리는 카뮈의 사상에 대해 일부 의견 차이를 보일 때가 있었지만, 그런 차이는 언제나 카뮈가 우리 세대에 중요한 인물이라는 공통된 확신을 바탕으로 했다. 그의 편집부 직원인 헤더 휴스는 언제나 한결같이 나를 배려하고 도와주었으며, 에드워드 웨이드는 편집 과정을 정확하고 꼼꼼하게 관리했다. 원고를 읽은 두 익명의 독자들이 제공한 여러 현명한 질문 및 격려의 말에도 깊이 감사드린다.

이 책의 원고를 미리 읽고 정곡을 찌르는 의견을 말해준 맬러리 체서와 폴 슬라빈에게도 감사하다는 말을 전해야겠다. 아너 대학 학장인 빈 먼로는 지지와 격려를 아끼지 않았다. 《히스토리컬 리플렉션 Historical Reflections / Réflexions historiques》 특별호를 위해 노스탤지어에 관한 카뮈의 비극적 인식에 대해 글을 쓸 수 있도록 추천해주신 대학 시절의 스승, 패트릭 허턴 교수님께도 감사드린다. 교수님의 비판적 언급들 덕분에 이 책의 주제 가운데 일부를 재고하고 재구성할 수 있었다. 더 좋은 책을 만들기 위해 최선을 다한 데이비드 미킥스에게 뭐라고 감사의 인사를 하면 좋을지 모르겠다. 직업적으로나 개인적으로 맡은 일이 많은데도 통렬한 비판과 지칠 줄 모르는 열정을 탁월하게 조화시키며 원고 전체를 읽고 또 읽어주었다.

마지막으로 가족들에게 감사한다. 아내 줄리와 아이들 루벤과 루이자는 지난 1년 반 동안 많은 것을 참아주었으며, 뿐만 아니라 책의 출간을 위해 필요한 시간과 애정을 변함없이 쏟아주었다. 그들의 배려에 언제까지나 감사할 것이다.

내 스승인 더글러스 홀 교수님께 이 책을 바치고 싶다. 맥길 대학교 기독교역사 수업을 위해 강의실에 들어섰을 때 한 교수님을 접하게 되었는데, 그 분은 훌륭한 인성과 열성으로 우리 모두가 인생의 의미를 찾도록 이끌어주었다. 이 첫 만남 이후 약 40년이 지난 지금도 선생님은 나에게, 우리는 스스로를 작가일 뿐 아니라 교사로 생각해야 한다고 일깨워주신다.

부조리에서 반항으로 가는 여정

이현우

알베르 카뮈에 대해 우리가 알고 있는 것은 무엇인가?《이방인》과 《페스트》의 작가? 노벨문학상을 수상한 프랑스 작가? 젊은 나이에 교통사고로 요절함으로써 20세기 문학의 신화가 된 작가? 그의 작품을 읽지 않은 독자라면 그 정도 상식으로도 충분할 것이다. 하지만 젊은 시절《이방인》의 간결한 문장과 냉담한 정조에 매혹되고 《시지프 신화》의 명철한 문구들에 이끌린 적이 있는 독자라면 '작가 카뮈'를 넘어서 '인간 카뮈'에 대한 호기심도 가질 법하다. 그는 어떤 삶을 살았던가. 그는 대체 누구인가. 로버트 자레츠키의《카뮈, 침묵하지 않는 삶》은 바로 그런 독자들을 위한 책이다.

저자가 이해하는 카뮈의 삶과 문학, 그리고 공적 지식인으로서의 활동은 '부조리와 반항 사이'에 걸쳐 있다. 그것은 카뮈의 다른 표현으로는 '부정과 긍정 사이'이기도 하다. 잘 알려진 대로 카뮈는 부조리와 반항이라는 두 주제를 세 가지 장르에 걸쳐서 다뤘다. 대표작으로만 꼽자면 부조리 사이클에 해당하는 작품이 소설《이방인》과 희곡《칼리굴라》, 그리고 에세이《시지프 신화》이며, 반항 사이클에 해당하는 작품이 소설《페스트》와 희곡《정의의 사람들》, 에세이《반항하는 인간》이다. 무엇보다도 이런 문학작품들을 쓴 작가로 기억되지만, 당대인들에게 카뮈는 저널리스트이자 지식인으로서 열정적인 시사평론가였다(3권으로 묶여서 출간된《시사평론》가운데 국내에는 1권이 번역돼 있다).

카뮈의 출발점은 무엇이었나. 자레츠키는《시지프 신화》의 서두를 지목한다. 정말로 중요한 단 하나의 철학적 문제는 자살이라고 단언한 대목이다. "인생이 살 만한 가치가 있는지 그렇지 않은지를 판단하는 것은 철학의 근본적인 질문에 답하는 것"이라는 주장에 젊은 카뮈의 야심과 패기가 집약돼 있다. 인생의 의미에 대한 물음이 제기되는 것은 그것이 자명하게 주어져 있지 않기 때문이다. 오히려 인간은 의미를 추구하지만 세계가 우리에게 내보이는 것은 확고부동한 무관심이다. 이렇듯 서로 어긋나 보이는 관계가 부조리한 관계다. 곧 인간과 세계의 불일치 혹은 어긋남이 바로 부조리다.

카뮈에게서 중요한 것은 이 부조리가 최종 결론이 아니라 출발점이라는 데 있다. 인생의 부조리를 깨닫는 것은 결코 목표가 아니다. 그것은 단지 시작일 뿐이다. 그리고 이 때문에 카뮈는 부조리에 대한 대응으로서 자살에 반대한다. 자살이란 문제를 화두로 제시했지만《시지프 신화》에서 자살은 부조리에 대한 잘못된 대응으로 기각된다. 인생이 살 만한 가치가 없다는 이유에서 자살한다면 그것은 인생이 의미가 있어야 한다는 전제에서만 타당하다. 하지만 카뮈가 보기에 부조리는 기본값이며 중요한 것은 그로부터 도피하는 것이 아니라 그것을 견뎌내는 것이다. 그가 재해석한 그리스 신화 속 시지프처럼 산 정상까지 밀어올린 바위가 매번 굴러떨어지더라도 다시금 반복해서 밀어 올리는 것이다.

이러한 입장과 태도가 카뮈를 여느 부조리의 철학자들로부터 구별해준다. 카뮈가 보기에 몇몇 철학자들 역시 부조리를 발견했지만 동시에 그 부조리로부터 벗어나려고 했다. 회피하거나 초월하려고 했다. 그것은 자살과 마찬가지로 부조리를 수용하지 않는 태도이기에 카뮈는 이를 '철학적 자살'이라고 부른다. 카뮈는 자살을 거부한다. 그는 부조리를 부정하거나 부인하지 않고 끝까지 함께하려고 한다. 이런 태도를 가리키는 말이 '반항'이다.

자레츠키는 부조리에서 반항으로 가는 카뮈의 여정에 '침묵'과 '절제', 그리고 '충실'이라는 이정표들을 배치한다. 먼저, 침묵. 카뮈에게서 침묵이란 무엇보다도 어머니의 침묵이었다. 카뮈는 자신의 문학을 "어머니의 존경스러운 침묵과 이 침묵에 필적하는 정의나 사랑을 재발견하기 위한 한 남자의 노력"이라고 표현하기도 했다. 어떤 침묵이었던가. 젊은 시절에 발표한 에세이 《안과 겉》에 따르면, 카뮈의 어머니는 의자에 앉아 멍하니 마룻바닥을 들여다보거나 해질 무렵 발코니에 의자를 놓고 앉아서 지나가는 사람들을 바라보는 습관이 있었다. 1차 세계대전에 참전한 남편이 전사하자 그녀는 어린 두 아들을 데리고 다시 친정으로 들어와 하녀 일을 하며 가족의 생계를 꾸리던 터였다. 그녀는 귀가 어두웠고 말을 더듬었으며 문맹이었다. 침묵은 그녀의 습관이자 유일한 선택이었을 것이다.

하지만 어린 카뮈는 집에 돌아와 그런 어머니의 모습을 보면서 슬픔에 잠기고는 했다. 어머니는 자식들을 사랑했지만 그 사랑을 좀처럼 표현하지 않았다. 심지어 아들을 쓰다듬어주지도 않았다.

갑작스런 죽음으로 인하여 유고로 남기게 된 미완성작《최초의 인간》에서 카뮈가 묘사하고 있는 어머니의 모습 그대로다. 자신의 가족사를 소설화한《최초의 인간》에서 주인공 코르므리는 어머니의 칭찬을 엿듣자 "어머니가 나를 사랑하고 있어, 나를 사랑한다니까!"며 환호한다. 그것은 어린 코르므리가 속으로 얼마나 어머니의 사랑을 갈망했는지 말해주는 에피소드다. 바로 카뮈 자신의 심정이 아니었을까.

《이방인》의 주인공 뫼르소는 어머니의 죽음을 알리는 전보를 받고서도 무덤덤한 반응을 보이며 심지어 어머니의 장례식에서조차 눈물을 흘리지 않는다. 하지만 뫼르소와 어머니의 관계는《이방인》에 등장하는 검사나 배심원단처럼 쉽게 판단할 수 있는 사안이 아니다. 카뮈 자신이 생전에 가장 두려워했던 일이 어머니의 죽음이었다는 사실을 고려하더라도 그렇다. 뫼르소의 과묵함은 어머니의 침묵에 대한 카뮈의 반향이 아닐까. 1950년대 중반 알제리 독립전쟁이 격화되자 카뮈는 프랑스 정부도, 알제리 민족해방전선도 편들지 않은 채 침묵을 지킨다. 양측을 중재하려는 그의 시도가 실패로 돌아가고 오히려 프랑스와 알제리 양편에서 비난이 쏟아지던 때였다. 그에 대한 비난은 1957년 노벨문학상을 수상한 이후에도 계속되었는데, 카뮈는 "나는 정의가 옳다고 믿지만 정의 이전에 내 어머니를 보호할 것"이라고 응대했다. 그는 프랑스 편도 알제리 편도 아닌 그의 어머니 편이었다. 그 침묵은 비겁한 후퇴를 의미하지 않는다. 카뮈에게 침묵은 정치적 폭력에 대한 반항의 표시이며, '말 없는 사람들'에 대한 연대의 표현이었다.

카뮈는 프랑스에서 알제로 이주해온 가난한 노동자 집안 출생이다. 알제리에서 태어난 프랑스인을 가리키는 '피에 누아르'에 속했다. 이 유럽 정착민들은 유럽인도 아니었고 아랍인과 베르베르족으로 구성된 알제리 토착민도 아니었다. 2차 세계대전 당시 레지스탕스 잡지《콩바》의 편집장으로 맹활약을 펼치면서 지식인 저널리스트로 이름을 떨치지만 카뮈는 파리의 지식인 사회에 동화할 수 없었다. 지식인이란 말 자체를 불편해한 카뮈였다.《반항하는 인간》을 둘러싼 논쟁으로 오랜 우정을 나누던 사르트르와 결별하고 말지만, 그들 사이에는 결코 좁혀질 수 없는 거리가 있었다. 그 차이는 목적이 수단을 정당화할 수 있느냐는 물음에 대한 응답에서 잘 드러난다.

아무리 옳은 정치적 대의를 갖고 있더라도 폭력적 수단을 정당화할 수 없다고 본 카뮈는 형이상학적 반항을 옹호했지만 그 과도함은 경계했다. 즉 그는 반항과 폭력을 구분하고자 했다. 모두 공포정치로 귀결된 프랑스 혁명과 러시아 혁명은 카뮈가 보기에 반항의 변질이면서 반항에 대한 배신이었다.《정의의 사람들》에 등장하는 러시아 테러리스트 칼리아예프는 혁명의 대의를 위해 폭탄을 투척하여 황제의 숙부였던 세르게이 대공을 암살하지만 자신의 행동을 결코 논리적으로 정당화하지 않는다. 비록 살인이 불가피한 경우라 할지라도 결코 정당화될 수는 없다는 것이 칼리아예프의 생각이자 카뮈의 믿음이었다. 때문에 칼리아예프의 선택은 순순히 체포돼 교수형을 받아들이는 것이다. 이처럼 반항에는 반드시 어떤 한계가 두어져야 한다고 카뮈는 생각했다. 그는 그것을《반항하는 인간》에서 '정오의 사상'이라고 불렸다. 정오의 사상이란 절제와 절도의 사상이다. 그것은 모자라거나 넘치는 것을 경계하며 중용과 적도適度를 지향한다. 카뮈가 회복하고자 했던 고대 그리스의 정신이자 '지중해의 정신'이다.

이러한 '절제'는 '충실'과도 연결된다. 무엇에 대한 충실인가. 충실은 소설 《이방인》과 《최초의 인간》뿐 아니라 《단두대에 대한 성찰》에서도 등장하는 그의 아버지에 대한 기억과 연관된다. 직접적인 기억은 아니고 어머니의 회고에 따른 것인데, 그의 아버지는 흉악한 살인범의 공개 처형 장면을 보기 위해 아침 일찍 마을로 떠났다가 큰 충격을 받고 집에 돌아와서는 구토를 하고 침대에 쓰러졌다. 살인범을 처형하는 것이 그가 저지른 죄에 합당한 정의라고 생각했지만 막상 단두대형이 집행되고 목이 잘려나가는 광경을 목격하자 그는 이 또 다른 살인에 경악했던 것이다. 카뮈는 바로 이런 아버지의 감정과 태도를 계승한다. 그는 자살이란 선택에 반대했던 것과 마찬가지로 살인에 대해서도 반대한다. 특히 그가 문제 삼은 것은 국가에 의한 테러와 합법적 살인이다. 그는 정의를 갈망하고 지향했지만 동시에 '살인이 합법화되지 않는 세상'을 추구했다. 그러한 윤리적 태도를 통해서 카뮈의 아버지는 카뮈 속에 자리했다.

부조리에서 반항까지 카뮈의 삶과 사유의 여정은 프랑스 지성사에서 '모럴리스트'의 여정에 부합한다. 모럴리스트의 역할은 질문을 던지고 문제를 제기함으로써 기존의 질서를 뒤흔들고 다시 생각하게끔 하는 것이다. 모럴리스트로서 카뮈는 작가 카뮈나 지식인 카뮈보다도 넓은 테두리를 갖는다. 이 모럴리스트 카뮈를 재조명

함으로써 자레츠키의《카뮈, 침묵하지 않는 삶》은 우리가 알고 있는 카뮈를 좀 더 넓은 시야에서 바라볼 수 있도록 해준다. 인생이 살 만한 가치가 있는지 혹은 그렇지 않은지, 여전히 고민하는 독자에게 카뮈의 생각과 행동은 충분히 되새겨봄직한 사례다.

찾아보기

카뮈, 침묵하지 않는 삶

초판 1쇄 발행 | 2015년 5월 11일

지은이 | 로버트 자레츠키
옮긴이 | 서민아
펴낸이 | 이은성
펴낸곳 | 필로소픽
편 집 | 황서린, 구윤희
디자인 | 백지선

주 소 | 서울시 동작구 상도동 206 가동 1층
전 화 | (02) 883-3495
팩 스 | (02) 883-3496
이메일 | philosophik@hanmail.net
등록번호 | 제 379-2006-000010호

ISBN 979-11-5783-008-4 03300

필로소픽은 푸른커뮤니케이션의 출판브랜드입니다.

이 도서의 국립중앙도서관 출판시도서목록(CIP)은 서지정보유통지원시스템 홈페이지(seoji.nl.go.kr)와
국가자료공동목록시스템(www.nl.go.kr/kolisnet)에서 이용하실 수 있습니다. (CIP제어번호: CIP2015010352)